读懂古希腊哲学的第一本书

苏格拉底

[古希腊] 色诺芬　柏拉图◎著　　黄颖◎译

中国华侨出版社

图书在版编目（CIP）数据

读懂古希腊哲学的第一本书：苏格拉底 /（古希腊）色诺芬，（古希腊）柏拉图著；黄颖译 . —北京：中国华侨出版社，2017.5

ISBN 978-7-5113-6844-7

Ⅰ . ①读… Ⅱ . ①色… ②柏… ③黄… Ⅲ . ①苏格拉底（Socrates 前 469-前 399）—哲学思想—思想评论 Ⅳ . ① B502.231

中国版本图书馆 CIP 数据核字（2017）第 113173 号

读懂古希腊哲学的第一本书：苏格拉底

著　　者 /［古希腊］色诺芬 柏拉图

译　　者 / 黄　颖

责任编辑 / 千　寻

责任校对 / 王京燕

经　　销 / 新华书店

开　　本 / 787 毫米 ×1092 毫米　1/16　印张 /22　字数 /283 千字

印　　刷 / 三河市华润印刷有限公司

版　　次 / 2022 年 2 月第 1 版第 6 次印刷

书　　号 / ISBN 978-7-5113-6844-7

定　　价 / 46.00 元

中国华侨出版社　北京市朝阳区静安里26号通成达大厦3层　邮编：100028

法律顾问：陈鹰律师事务所

编辑部：（010）64443056　　64443979

发行部：（010）64443051　　传真：（010）64439708

网　址：www.oveaschin.com

E-mail：oveaschin@sina.com

译者序

苏格拉底（Σωκρτη），英译为 Socrates，公元前 469—公元前 399 年，古希腊著名的思想家、哲学家、教育家，他和他的学生柏拉图，以及柏拉图的学生亚里士多德被并称为"古希腊三杰"，更被后人广泛认为是西方哲学的奠基者。据记载，身为雅典公民的苏格拉底最后被雅典法庭以"引进新的神和腐蚀雅典青年思想"之罪名判处死刑。尽管他曾获得逃离雅典的机会，但苏格拉底仍选择饮下毒堇汁而死，因为他认为逃亡只会进一步破坏雅典法律的权威，同时也因为担心他逃亡后雅典将再没有好的导师可以教育人们了。

苏格拉底是一座丰碑，古往今来，如此多的人都对苏格拉底顶礼膜拜。不过，当你对苏格拉底了解越来越深的时候，就会发现，他是一个非常有趣的人。

关于苏格拉底的著作非常多，他的门人、他的崇拜者，都对他进行了大量的研究。这个生活在遥远古代的智者，用他闪光的智慧给后人留下了无穷无尽的宝藏，即使在今天，苏格拉底的智慧依然让我们受用不尽。关于勇敢、真诚、自制、朋友、虔诚等方面，苏格拉底都在与他人辩论的过程中淋漓尽致地表现出来了。所以，作为读者，要想了解苏格拉底，就必须悉心揣摩，在字里行间发现这位智者的可爱之处、智慧之处。

此次翻译苏格拉底弟子色诺芬的《回忆苏格拉底》及柏拉图的《苏格拉底之死》，对译者来说是极大的挑战，因为不通希腊语，只好参照多个英语版本进行意译。译者已尽最大可能地保留了原著的真实性，在篇章布局上没有多大的变化。只是译者能力粗浅，对伟人的理解远远不够，在翻译的过程中多有疏漏，还望读者斧正！

目录
CONTENTS

回忆苏格拉底

【古希腊】色诺芬 著

第一卷 虔敬

第四卷　死亡

苏格拉底之死

【古希腊】柏拉图 著

回忆苏格拉底

【古希腊】色诺芬 著

第一卷　虔敬

第一章　虔敬的苏格拉底

经常让我感到难以理解的是，雅典那些控告苏格拉底的检察官们[1]到底是用什么论点论据让他们觉得苏格拉底必须被判处死刑。在对苏格拉底的起诉书中这样写道：苏格拉底之所以触犯律法不仅是由于他亵渎了城邦所敬仰的诸神，还由于他引进了新神[2]而启发年轻人关心城邦大事，也就是教会了年轻人坚持真理、学说真话。

他们所说的苏格拉底亵渎诸神的根据是指他经常在家中设坛献祭，并且还经常在城邦的公共祭坛上献祭献礼，这是无人不知的；他经常占卜也是众所周知的；他经常说的"是神明给予了我指引"这句话也成为了人民的口头禅。这些虚像都成为了指控他引进新神的推断论据。其实，和那些求教于征候、声音、异兆和祭祀的人相比，苏格拉底并没有引进过什么新

1　检察官们：在柏拉图的《申辩篇》里提到了检察官的名字，美雷特斯—— 一个拙劣的悲剧歌曲作者，阿尼图斯—— 一个制革匠，吕孔—— 一个演说家。

2　新神：希腊神话十二神分为旧神谱和新神谱两种。旧神谱记载了天地的起源，新神谱中的诸神都居于奥林匹斯山上，宙斯推翻了父亲的统治，建立了新的统治秩序，共有十二主神。

神。虽然这些人并不认为异鸟或者征兆代表了什么有利或者有害的预示，但他们认为神明是通过它们来体现吉凶之势的。同样，苏格拉底也是这样认为的。很多人说他们是因为收到了异鸟所给予的暗示而做或者不做某些事情，其实这都只是表面上的，苏格拉底则坚持以自己的内心指引为方向，他认为他所信仰的是神明的劝告。他不时地奉劝一些朋友要有所为，有所不为，并示意这是神明授予他的指引。事实也证明了，采纳他建议的人都得到了良好的结果，不采纳的人则相反。

不得不承认的是，苏格拉底在朋友面前不愿被认为是个愚人或者自夸者。不过，如果他说的事情在被证明并非如此时，他就不会说是收到了神的指引，因为这样会让人觉得他既愚蠢又自夸。所以，显然在他认为自己的话未被证实之前，他是不会事先说出来的。不过这种事情没有谁会相信，除了神明以外的人。一个对神有信仰的人，如果说他认为自身不存在，那简直就是无稽之谈。他总是劝诫他的朋友要根据他的信念和他所认为最好的方式行事，告诉他们怎么做是必要并且能明显获得成功的。对于那些无法确定结果好坏的事情，他会让他们通过占卜去定夺。他说过，但凡是想把小家、大家治理好的人都离不开占卜。在他看来，可以通过学习、提升个人智力来掌握的事情涵盖了建筑、金工、农艺、人事管理等方面，也包括做一个艺术类的鉴赏家，富有逻辑推理能力、精明能干且善于持家或具备一身武艺的将领这些方面。他经常说神明会保留事情最重要的部分，不会让人看破。可以这样说，能够收获谷物的人并不一定就是种田的人；住在华丽房屋中的人不一定就是这座房屋的建造者；让一个人做将领不一定比让他带兵更适合；做了国家领袖的人肯定拥有政治才能，但是做领袖并不一定最适合他；家中有如花美妻，想从她身上获得幸福的人不一定不会因为她而遭受祸害；通过关系去巴结他人或趋炎附势的人或许会因此得到终结。有些人认为，这些事情只由人的智慧所决定，而不受神的旨意的影响，苏格拉底觉得有这种想法的人都是荒谬的。他认为神明已经授予人类一些才能让人运用，但有些人仍然要依靠占卜来求得方法指引，他称这些人的行为犹如疯子一般。就像有人问，怎样评价一个车夫的好坏，是会赶车的好，还是不会赶车的好？又或者怎样去挑选一个船的管理者，是一个会驾驶船的人好，还是一个不会驾驶船的人好？又比如把一些可以通过量化、测算、类比进行比较的事物拿去寻求神的旨意。这些人的行为在苏格拉底的眼中就是对神的大不敬，是对神的亵渎。他认为神已经指明了哪些是人类通过学习就可以学会并且做好的事情，哪些是需要借助占卜的方法来向神明寻求指引的事情。因为神明是会为那些该受到眷顾的人做出正确的指引的。

在公共场所里经常能看到苏格拉底。他喜欢早上进行体育锻炼，经常会在那里散步；市场里人慢慢多了起来，还能看到他在那；只要是在人多的地方，就经常能看到他。他经常发表演讲，喜欢听他演讲的人都可以来听，没有任何限制。并没有人看到过他做任何对神表示不敬的事情，他也没有发表过亵渎神明的言论；他不会去对事物的本性进行辩驳，不会像很多哲学家那样去分析、推测宇宙产生的奥秘，所有宇宙中的事物是以怎样的规律而存在的。他反而是寻找各种伦理论据来证明这些理论是虚妄的。

他经常向他们发问，他们研究宇宙奥秘这类的事物是否是认为自身已经研究透了关于人类生命伦理[1]的事物了，还是认为研究人类事物的事情并不是最重要的。他更加感到诧异的是，这些人自己居然看不出来人类事实上是不会满足于自己所做的这类事情的。那些研究这类事物的人们，他们

1　人类生命伦理：生命伦理学（Bioethics）是一门新兴学科，它主要研究生命科学、生物技术及医疗保健中的伦理道德问题，并加以规范，使人们有所遵循。

彼此之间也存在着很大的差异，所以他们经常为了一些不同的意见而疯狂地争论。人一旦处于疯狂状态下，就会在意识上存在偏差，对那些应该感到惧怕的事物觉得无所畏惧，反而对那些不应当惧怕的事情而感到畏惧不已。在他们之中，有的人不会觉得自己在人前所发表的言论有任何不妥，有的人认为自己存在于人群中是个错误，有的人对庙宇[1]、祭坛或者任何向神明表达敬献的事物表现出极大的不尊重，还有些很奇特的人会向石头、木头和野兽表示敬拜。所以，这些研究宇宙本性的人中，有人认为现有事物的存在就是唯一的，相反有人认为世界是以无数个状态存在的；有的人认为万事万物是恒定不动的，而有的人则认为万事万物是永远保持运动状态的；有的人认为万物处于不断地变化当中，但还有一些人却认为世界万物是一成不变的。

他会问这一类型的哲学家们，是否会像那些在学会了这些技能之后，为了自己或者为了他们愿意为之付出的人而将这些技能运用在相关事物上。他也会问那些研究宇宙事物的人们，他们是不是会因为发现了宇宙万物的存在规律之后，能创造出来新生的事物或者是他们想要得到的东西，甚至只是认为想了解这些事情而感到满足。他一直以来都是这样评论做这类研究的人的。就他自身而言，他经常会与人去辩论一些关于人类的命题，比如对于一些事情来说虔诚与否、适当与否、正义与否、精神是否健全；坚忍为何物，怯懦为何物，国家是怎样的，政治家的风度又该如何；统治人民的政府如何定义，拥有怎样品格的人才适合统治人民。他认为精通一些类似于这些问题的人是极具价值的，也是值得被尊重的。只有奴隶或者和奴隶差不多级别的人才会不了解这些问题的真谛。

1　庙宇：供养神佛或历史名人的处所。

有很多问题，苏格拉底并没有表示过他个人的意见，所以出现法官们对他的误判也是正常的，但他们居然都没有提及那些尽人皆知的事情，这一点有些奇怪。当他的身份还仅仅是一个议员的时候，他就庄重地做了就职宣誓[1]，表示他将会依法进行表决，并且对自己的表决负责。曾经有一次，民众要求他做出一次违法的表决，目的是处死塞拉苏洛斯、艾拉西尼底斯[2]和他们的同事。那时候他是人民大会的主席[3]，但是他受到了很多权贵的威胁，被很多群众怒气相向，以各种方式要他做出这样的表决，他仍然没有低头，还是遵守当时的誓言，做出了公正的表决。他认为誓言比任何都更为重要。而且人与人之间对于神明有不同的意见，他认为神明对于人世间发生的一切事情，无论大小，都能洞悉，而有些人却觉得神明有所知、有所不知。

所以我一直无法理解为什么雅典人会认为苏格拉底对于神是不虔诚、不敬仰的。他没有做出过任何对神不敬的事情，也没有发表过任何对神不敬的言论。关于神明，他所说的与所做的都能保持一致。但是有的人说了这样的话或者做了这样的行为，却能被认为曾经对神是非常虔敬的。

1　就职宣誓（（Oath of office））：依照各国宪法或法律,总统、政府主要官员、议员、法官和其他司法人员在就职时必须宣誓,拒绝依法宣誓的人,将会丧失就任资格。

2　塞拉苏洛斯、艾拉西尼底斯：以塞拉苏洛斯和艾拉西尼底斯两人的名字作为代表。被判刑的虽有十人,但因有一人不在场,一人已死,另有两人逃亡,实际被处决者只有六人。

3　主席：苏格拉底推翻了路易十六王朝,达维特加入了资产阶级左翼的雅各宾党,并被推举为国民议会主席。

第二章　青年的指引者

让我觉得奇怪的是另外一件事，那就是竟然有人相信是苏格拉底把青年带坏了。除了我们前面所提到的内容外，苏格拉底对于自己的激情和欲望能严格地把控好，并且他是个能经受得住各种艰难环境考验的人。此外，他的生活习惯是非常勤俭的，他能把微薄的收入安排得井井有条，给人以他十分富足的印象。我们可以想象一下，一个有这样高尚品格的人，怎么会去唆使青少年做出对神明不虔诚、生活奢侈浪费、无法自制、违法犯规的事情呢？事实上，苏格拉底还制止了很多犯罪事件的发生，并引导那些人走上了正确的道路，燃起了他们心中的希望，教导他们如果能以正确态度为人的话则能成为值得人们尊敬、崇拜的人。他从没有向外界宣称自己精于此道，但是他所做的一切则说明他确实正走在这样的道路上。跟他一路前行的人们因此充满了希望，坚信自己如果按照他所说的那样做，也可以达到他现在的高度。

他非常注重身体素质，却没有指责过那些不重视身体健康的人。如果吃了过多的食物，他不提倡去做过量的劳动，但可以考虑做适量的劳动来消耗掉摄入的过量食物，他认为这样是有益于身体健康的，并且还能有益于心理健康。他对衣物鞋帽或者其他物质要求并不高，并不在乎外表的华丽高贵。并且对于那些与他交往的人们，他也是指引他们不要成为对于钱财有过多欲望的人，并且告诉他们在金钱或者其他欲望方面都要有所节制。

他从来没有向听取他讲学的人收取任何报酬。他认为收取报酬的话，讲学的人就成为了金钱的奴隶，因为报酬的存在，讲学者就失去了自己的自由，必须为了这份报酬去做一些讨论或者研究。他也觉得以道德施教为名义去收取报酬是一件不正常的事情，应该把收获朋友作为最大的利益、报酬。对于那些在接受了他们的帮助成为受人尊重的人但不感激他们的人感到惋惜。

虽然苏格拉底没有明确地表示过这样的用意，但他一直坚信与他为伍并且同意他观点的人自然能结识到很多朋友。无法理解的是，为什么会有人认为具有这样品质的人会对青年起到败坏的作用？如此说来，莫非培养道德修养的过程是败坏的？这似乎有悖于常理。对苏格拉底进行指控的人向宙斯发誓，说他确实指引了那些与他为友的人藐视现行的律法，说他曾表示过用抓阄儿[1]的方式来进行国家领导人的选举是件愚蠢的事情，没有谁同意用这样的方式来选出一个厨师、水手、艺术家或者其他任何行业的人来把控国家命运。做错了这些事情，危害要比在管理国务方面出现错误小很多。如此，他这类的言论激发了年轻人对于现行政府管理形式的不满，并让他们出现了用暴力解决的行为倾向。

可是我一直认为，有着正确的思维方式并且能为自己的同胞们争取更多的利益的青年们是不会用简单粗暴的暴力行为来解决事情的。因为他们具有正确的思维方式，并且知道仇恨、危险、暴力之间的相互联系，如果用善意劝服的方式就能在不出现任何危险行为的情况下达到同样的目的。如果是被强迫的人，就会认为自身拥有的东西被抢夺了并且具有强烈的仇恨之意；但如果是被劝服的人，就会认为我们的劝说是正确的，并且对我

---

1 抓阄儿：当某些事不容易决定由什么人去做时，就拿几张纸条，在其中一张上面写上字，团起来后每个人选一个，选到有字的那个人就去做。

们怀有感激之心。

所以，拥有正确理智修养的人是不会考虑用暴力来解决问题的。有着野蛮行径的人明显是缺乏理智修养的。另外，还需要提到的是，若要使用暴力，一个人是无法成气候的，必然会存在一个团伙。但如果能凭借语言进行说服的人则不需要这样的形式，因为哪怕只有他一个人存在，他也具备强大的说服力，同样，这样的人是不需要用暴力来解决问题的。他既然用一张嘴就能使他人顺从，为什么还需要用过激的行为来解决矛盾呢？指控者指出了苏格拉底"教育"了克里提阿斯[1]和阿尔克比阿底斯[2]，在那之后，两个人做出了让国家蒙受损失的事实。克里提阿斯在雅典建立了寡头政权[3]，并且实行恐怖政策；阿尔克比阿底斯则用放纵、傲慢、强横来形容他的政治管理手段。

我不需要为这两个人对国家所做出的破坏而辩解，但我需要描述下他们与苏格拉底是怎样走近的。从始至终，他们在雅典人心目中都是有着强大的野心的人，对于事物也有着强烈的控制欲，希望所有事情都在他们的操控下进行，这样他们就能成为所有人中最具有身份地位的人。但是他们很清楚地认识到苏格拉底对于自己的生活要求很低，并且对于所有事物都能克制自己的欲望，他能自由自在地把他的论证观点向所有愿意与他交谈的人表达。

像他们这样的人谁都不能清楚地了解他们与苏格拉底交好到底是出于何种目的，或许从一开始就是抱着并不单纯的目的来亲近苏格拉底的。他们的目的或许只是想要体验苏格拉底那样的节制，而不是要像他那样一直

1　克里提阿斯：公元前 404 年伯罗奔尼撒战争后，在雅典建立了寡头政权。在斯巴达扶植下，以克里提阿斯为首的三十大贵族开始专制统治，实行恐怖政策。

2　阿尔克比阿底斯：苏格拉底和高尔吉亚的弟子，是贵族俱乐部和会饮活动的常客。

3　寡头政权：寡头政权是少数几个（一般个位数的）势力共同左右政治，其实是一种独裁和垄断政权。

过这样的日子，他们通过这样的体验想让自己成为精于言谈的人，因此，我们并无法得知他们的真实目的。我的体会是，如果神明让他们一生都像苏格拉底这样度日的话，他们宁愿选择死亡。一旦他们在某些方面已经领先了周遭的同伴的时候，他们就马上撇开了苏格拉底，开始从事政治生活，这也是他们与他结交的目的。

可能不少人认为，不管是谁在教授自己的门人政治或者其他学识之前应该先教会他们自知，对此我暂时不做任何评判。据我所知，所有的教导者都是以自身的言行来作为学生们的学习榜样的，并且不断地激励他们。我所知道的苏格拉底是以自身的人品素质、道德标准去感化他身边的这些人的，他还为此发表了可圈可点的演讲。我也了解这些人在与苏格拉底相交的时段里都能很好地克制自己。他们深信只有这样才能让自己朝着受人尊敬的方向发展。

会有不少热爱学术的人认为一个人一旦成为了公正的一分子，那么是不可能背叛公正的；或者是一个非常谨慎的人，会保持这种谨慎；人类在接受了教育，对知识进行了学习之后会摆脱无知的困境。但是我对这些事情的看法有异议，我认为要对任何事情身体力行，需要保持身体的锻炼，并且如果让心灵能经受住任何困境的考验也要让心灵保持锻炼。如果不保持，那么是无法控制自己做自己想做的事情或控制自己不去做不应该做的事情的。所以尽管孩子自身的品格是善良纯洁的，家长还是不会允许他们和恶人相交，他们坚信近朱者赤、近墨者黑。也曾有诗人提出过这样的理论：与好人相交，会让你学到或者做到好的事情；与恶人相交，则会迷失自己的方向。[1]

1　为约公元前 530 年的梅格拉格言诗人赛阿格尼斯的一首哀歌中的词句。

还有位诗人说过，即便是一个好人，在不同的时刻也会展现出不同的一面。

我也认同这样的观点，我认为就同人们记忆各类诗文需要经过反复地诵读一样，不注重训言的人很容易遗忘。如果一个人心中已无训诫时，他就不会记得曾追逐道德时心灵的那份感受。一旦他已经无此意念，那么他自然就会出现无法自制的情况。曾经看到过那些沉迷于酒精和感情的人，他们对于自己的各类日常行为的自制力已大不如从前；有些人在坠入爱河之前，个人是非常节俭的，但是当他们陷入爱情之后就发生了转变，当他们已消耗完了自己的积累时，可能会做一些以前他们认为并不光彩的事情，而在这之前，他们是能很好地约束自己的这种行为的。所以，一个人可以拥有自制的能力，但是也可能在某些情况下丧失这样的能力；此时也许能够正义，但是未来也有可能做出不正义的行为，这些都是存在可能性的。我认为任何无上纯洁的事物都是需要时常锻炼才能保持的，自制力也是如此。欲望会经常刺激人的神经，诱惑人放弃自制的底线，去满足那些欲望所需要的事情。

克里提阿斯和阿尔克比阿底斯与苏格拉底走得很近的时候，他们曾以苏格拉底为榜样来控制自己的那些不道德的思想行为，但一旦他们离开了苏格拉底，行为就出现了倾斜。克里提阿斯逃到了赛塔利阿，并结识了那里的一些反正义的人。很多妇女因为阿尔克比阿底斯的美貌而追随他，其中不乏一些高贵名媛、淑女，他拥有政治势力，受到了一些不怀好意的人的诱惑；并且得到了人民的尊敬，让他获得了一种油然而生的优越感，就像体育竞技中的人认为自己占有优势就不勤于练习一样，他逐渐忽略了自制的锻炼。

他们集财富、幸运、高贵于一身，并因此沾沾自喜，权力让他们狂妄自大起来，那些道德不佳的人们使得他们走入了道德的误区，并且他们与苏格拉底分开了很长的时间，出现如此的情况也在情理之中。年轻的他们率性而为，行为道德不受任何约束，苏格拉底教会了他们如何谨慎，这些对于指控者来说，难道不能作为他值得称道之处吗？但是人们对于其他事情却没有做出如此的判断，任何学生在学会了老师的技能之后转拜其他老师导致技巧方面出现了不熟练，怎么会因此而责备第一个老师呢？一个孩子与有德之人交往了一段时间后，又与另一个道德不佳的人交往而出现了不道德的行为，那为人父母者怎么能去责怪第一相交的人呢？反而更应该因为孩子与后者相交变坏而赞颂前者。只要父母本身是品行端正的，哪怕他们的孩子在与他们相处的这段时间里面做了什么伤风败俗的事情，他的父母也不应该因此受到责备。

只有用同样的思维方式来判断苏格拉底才不会出现误判，但如果有确凿的证据来说明他做了违反道德的事情，判定他是个品德败坏的人，那是无可争辩的。可事实是他向来恪守道德准则，怎么能让他因为别人犯下的罪行而背负罪名呢？如果说他自己并没有做不道德的事，但是别人做了他没有进行指责的话，那么对他进行谴责也是应当的。苏格拉底曾经劝诫过克里提阿斯，不要为了满足淫欲而对别人进行人身伤害。克里提阿斯是那样地迷恋尤苏戴莫斯，苏格拉底告诉他存有贪图享受而追求别人的动机是不单纯的，并且这种动机是邪恶粗鄙的，与光荣正义是相悖逆的。

克里提阿斯不但不理睬这样的劝诫，反而继续追求尤苏戴莫斯。有人曾说过，当时苏格拉底就在尤苏戴莫斯和很多人面前说克里提阿斯对尤苏戴莫斯惦记得心里直痒痒。所以克里提阿斯对苏格拉底怀恨在心。当他与哈利克里斯一同被指定为立法者，并成为"三十僭主"[1]之一时，苏格拉底的话在他脑海里挥之不去，于是他在律法里面加了"任何人不允许讲授讲演术"的戒律，想以此侮辱苏格拉底。但是他并不知道还有什么其他的手段能够加害苏格拉底，只是把人民群众对普通哲学家的指责都指向了苏格拉底，以此来摧毁苏格拉底在人民群众中的形象。不管别人是怎么认为的，至少我是这样想的，因为我没有听到过苏格拉底亲口说过这样的话，也似乎没有听到别人说过他表达过这样的意思。

有着铁证般的事实，当"三十僭主"杀害了很多非下等人的人民并鼓动很多人干违背道德的事情的时候，苏格拉底曾说过一些话，大概意思是，"他惊讶的是，当牧羊者在发现牲畜数量日益减少并且质量越来越差的情况下，他不承认是自己没有做好；更让他惊讶的是，一邦之首，在人民越来越稀少，并且城邦状况日益败坏的情况下，这个人无任何羞愧之意，并不认为是自己做得不好"。这些内容传到了"三十僭主"的耳朵里，苏格拉底被他们两个召来，并向他指明法律条款，不允许他对青年人讲授任何言论。苏格拉底向他们提出了自己对于禁令的疑惑："我本身是肯定会遵守律法的，但我为了不因为无知而触犯法律，所以想清晰明白地了解你们不允许讲演术是你们觉得它是用以说真话的工具呢还是说假话的工具呢？如果它是用来说真话的工具，那就表示我们不能说真话；如果它是用来说假话的，那我们就更加应该说真话了。"

苏格拉底的言论立马激怒了哈利克里斯，哈利克里斯对苏格拉底怒吼道："没想到你苏格拉底是这样的无知，那么我们现在就用最简单的语言告

1　三十僭主：公元前404年，斯巴达国王吕西斯特拉图（Lysistratus）占领雅典时（或在伯罗奔尼撒战争之后），在那里建立了一个寡头政权的傀儡政府，政府处于斯巴达的保护下，称作三十僭主。僭主是古希腊独有的统治者称号，是指通过政变或其他暴力手段夺取政权的独裁者。

诉你这道命令的含义——不允许你与青年人进行任何交谈。"

苏格拉底道："这么说来，为了表示我对律法的尊重，以及为了以后不再出现任何疑问，请告诉我一个人在什么年龄表示为一个青年人？"

哈利克里斯道："只要他们还不能做议员，未到议事的年龄，未满30岁，你就不能与他们进行任何交谈。"

苏格拉底道："那如果我需要买的一件东西是一个不到30岁的人在贩卖，我是否也不能向他询价呢？"

哈利克里斯道："这类问题是可以问的，不允许你问的是那些你明知道是怎样的事情还要发问的。"

苏格拉底道："如果有青年人问我一些关于你们的问题，那么我是不是也不能回答呢？"

哈利克里斯道："这些属于你可以回答的范畴。

"但是，不允许你谈论那些鞋匠、木匠、铁匠之类的话题，你经常谈论它们，我们已经听烦了。"

苏格拉底说如果这样的话他就不能从这些人身上吸取关于正义、虔敬等这一类的教训了，哈利克里斯表示："是的，我向宙斯起誓，你不仅不能从他们身上吸取教训，还不能从牧者身上吸取教训，如果违之，你得当心是你让牲畜变得越来越少。"看到哈利克里斯这样说，就能明白原来他们是因为苏格拉底说过的"牲畜论"而感到气愤的。

我们现在已经能够明白克里提阿斯与苏格拉底之间的关系如何了。但我不得不说的是，不管是谁，如果不喜欢自己的导师，那就无法领略到真正的教义。在克里提阿斯、阿尔克比阿底斯与苏格拉底相交的初期，他们对苏格拉底就并没有多少好感，并且从一开始他们对于权力就非常渴望；当他们还以苏格拉底为导师时，他们就很乐意与管理政务的人进行交流。

据我所知，不满 20 岁的阿尔克比阿底斯与他的监护人白里克里斯[1]谈论过下面这些法律问题，当时白里克里斯还是国家元首。

他向白里克里斯发问："白里克里斯，我是否能向你请教什么叫作律法？"白里克里斯答道："当然可以。"

阿尔克比阿底斯说："那请以众神的名义指教我吧！我知道遵循律法将会受到赞扬，但我认为如果一个人都不知道律法为何物的话，那么他是不能公正地受到如此的赞扬的。"

白里克里斯答道："你要了解什么是律法并不困难，只要是通过人民集会而表决的章程[2]都称为律法，律法指导我们区分做与不做某些事。""那好事与坏事之间，指引我们做的是什么呢？""我向宙斯发誓，当然应该是好事，孩子，绝不应该是坏事。""集合在一起去制定律法的人并不是人民整体，而只是其中很少的一部分人，如果其中存在一个寡头政权，那这样的条例怎么看待呢？""国家的最高权力就是为了表决人民应当做哪些事情，并且为此形成律法。"白里克里斯如是答道。

"由一个掌握国家政权的僭主所制定的人民应该做什么事情的条款是否也称之为律法呢？""是的，一个掌权的僭主所制定的条款也是被称之为律法的。"

"白里克里斯，请告诉我，什么叫作暴力和不法呢？当弱者受到胁迫去做那些强者所要他做的事情时，这样是否就可以定义为暴力与不法呢？"白里克里斯想了想说："我想应该是的。"

"那一个僭主在没有获得民意的情况下就制定了强迫性质的条例并要

1　白里克里斯：白里克里斯（Περικλῆς，英译为 Pericles，约公元前 495—公元前 429 年）是古希腊奴隶主民主政治的杰出代表者，古代世界最著名的政治家之一。

2　章程：是组织、社团经特定的程序制定的关于组织规程和办事规则的法规文书，是一种根本性的规章制度。

人民按此规定去做，这样是否为不法的行为呢？""没错，我看不如这样，我得收回我说的那句关于僭主未经过同意而给人民制定的条例就是律法的话。"

"在少数人未曾取得大多数人的同意下，以他们权力的优势所制定的条例是不是暴力呢？"白里克里斯说："我认为只要是在未经过他人同意的情况下强迫别人做任何事情，不管是否有规定可依，那都是暴力，且并不能称之为律法。"

"如果全体人民强大于富有阶级时，他们不考虑富有阶级的同意与否所制定的条例也被称为暴力而不是律法吧？""你说得没错，阿尔克比阿底斯。当我像你这般年纪的时候，也很擅长这类问题的讨论，因为那时候我和你一样，热爱研究、讨论这些问题。"阿尔克比阿底斯在白里克里斯说完之后接道："如果我能在你擅长讨论这些问题的时候与你进行讨论，那是一件多美好的事情啊！"

当阿尔克比阿底斯和克里提阿斯认为自己已经强于那些国家掌权人的时候，他们就不再与苏格拉底来往了，并且苏格拉底也在很多方面不如他们的意，一旦去到苏格拉底那里可能还会因为他们自己的过失而受到苏格拉底责备，对此他们感到十分恼火。他们更愿意去从事政治生活，并且一开始他们与苏格拉底相交的目的也是这个。

但是克里托[1]、哈赖丰、哈赖克拉泰斯、海尔莫盖尼斯、西米亚斯、开贝斯和费东达斯等人都是为了听苏格拉底讲学的人，他们并不是为了成为雄略家或者律师，他们是为了做一个无上光荣的好人，是为了让他们家族中的所有人及亲朋在做任何事情的时候都不受到旁人的指责。这些人一生

1　克里托：雅典的富翁之一，因为敬佩苏格拉底而成为苏格拉底的门徒，并非常忠实。

都没有因为做坏事而受到人们的指责。指控者说苏格拉底教唆青年人对他们的父亲不重视，让他的门徒[1]们认为他们比自己的父母更为聪慧。并说根据律法只要孩子能证明父亲患有疯癫病，就可以把父亲关起来，他用这种特殊的情况来证明一个聪明的人被一个无知的人拘禁是合法的。但事实上，苏格拉底的本意是他认为如果因为无知而拘禁别人的人，也会被那些知道他所不知道的事物的人拘禁。像这一类的事情他经常会去分辨无知与疯癫之间的差别。他认为把患有疯癫病的人拘禁起来是对他身边的所有人有益处的，但那些不了解很多事物的人就应该主动地去向知道的人请教学习。

"苏格拉底除了教唆他的门徒们轻视父母之外，还教唆他们轻视其他的亲属，说亲属不如医生或者律师所能提供的帮助多，因为医生可以进行治疗，而律师可以为之进行诉讼。"指控者接着这样说道。并断言苏格拉底说朋友之间除非能相互帮助，否则朋友之间的友谊都是没有任何存在的价值的；他曾表示，只有那些明白很多事情并对他人有益而且让人们也能明白这一点的人是最受人尊敬的。如此他能让青年们觉得他是最聪明的，也是最能让别人聪明的人。其他人在苏格拉底眼中，都是不存在什么价值的。

指控者说苏格拉底用著名诗人最坏的诗句来教导他的门徒做无赖汉和暴君，证据是"赫西阿德斯[2]的诗句——不要认为做工是耻辱。而要将闲懒作为耻辱"，他们的意思是说，苏格拉底把这句诗诠释成人们可以做任何的事情，哪怕是不正义、不光彩的，只要有利可图就可以。虽然苏格拉底同意这样的观点——忙碌的工人是好的，闲着什么都不干的人是不好的，忙为善，闲为恶——但是他同样说了真正工作的人是那些做好事情的人，他们是最有用处的工人。他所指的闲懒的人是那些赌博的、做其他有害的

1　门徒：指徒弟或跟随者。

2　赫西阿德斯：是一位古希腊诗人，可能生活在公元前 8 世纪。

事的人。如果按照这样的诠释，诗人的诗句不存在任何的非议。指控者还说苏格拉底经常引用荷马[1]的一节诗。这节诗所讲的是当俄底修斯[2]遇到一个高官在吵嚷的时候就会彬彬有礼地走近他并劝阻他说："先生，您用威胁的口气有所不妥，还请您先坐下来并带动其他的老百姓也坐下来。"但当他碰见一个普通人在吵嚷时，他就会用权杖打他并大声地教训说："你应该安安静静地坐下来听取别人的劝告，别人都比你强，不像你这样懦弱，无论是上战场作战还是出谋划策，都出不了一份力。"

指控者认为，苏格拉底经常把此诠释为诗人是赞成鞭笞普通人民与劳苦大众的。但其实不然，如果是这样的话，那么他自己都该受到打击。他所指的是那些既不能上战场又不能献计谋的人，不能在关键时刻为军队、国家、人民提供服务的人。如果除了无能还傲慢那就应该受到处治，哪怕他们很富有。但是，苏格拉底与控诉的内容相反，他热爱人类，是普通民众的朋友。他结交的许多喜欢听他讲学的人中，来自五湖四海，他从来没收取过一分钱报酬，并且毫无保留地将自己毕生所学都教于他人。有人从他这里学到了皮毛之后就高价转售他人，并且也不用真心去交，他们只要没有看到利益就不会同他人进行交谈。但是苏格拉底为了本国所付出的努力比因其对拉开代莫尼人[3]的贡献而享有盛名的李哈斯要多不知道多少倍。李哈斯只是在儿童欢舞节[4]的时候招待了那些来自外乡的人们，但苏格拉底却是倾其毕生所学将其传授给那些愿意接受他理论教义的人们。他使那些

---

1 荷马：古希腊盲诗人。公元前873年出生。相传其代表作为《伊利亚特》和《奥德赛》，是记述公元前12—公元前11世纪特洛伊战争及有关海上冒险故事的古希腊长篇叙事史诗。

2 俄底修斯：是古希腊史诗《伊利亚特》和《奥德赛》中的重要人物。

3 拉开代莫尼人：即斯巴达人。

4 儿童欢舞节：斯巴达一年一度的节日，每年夏季举行。根据优西比乌斯的记载，此节日是为了纪念在苏利阿之役与阿尔格人作战中牺牲的斯巴达人所设立的。

人在与他分别的时候都成为了更好的人。所以我认为，苏格拉底应该受到城邦的尊敬而不是应该被判处死刑；只要从律法角度考虑他的案情的人，一定都赞同我这样的说法，因为按照律法只有被证明是犯了偷、抢、扒、盗、绑架或者盗取神物的人才应被判以死刑。苏格拉底显然没有犯这些罪行中的任何一项。他从未做过挑起战争迫使国家受损的事，也没有做过谋反作乱的事情，在他与人的交往中也不曾出现过损人利己或者陷害他人的事。在这些方面他没有任何一点嫌疑。

而他被指控的那些罪名，他怎么会去违犯呢？他并没有对诸神不敬，反而对神明更为虔敬，他也没有像指控人所说的那样带坏青年，反而是他制止了他这些门徒中有犯罪倾向的人去犯罪，规劝他们走上光荣美好的德行之路，而只有拥有这样的德行，才能齐家治国。恪守这样立身处世之道的人，为何没有受到最大的尊敬而会面对如此残酷的指控呢？

第三章　苏格拉底之影响力

为了作为证据，我会尽力回忆我所知道的事情，即苏格拉底是用怎样的方式让自己的品德影响那些与他相交、谈论的人的。在亚波罗神庙前的女祭司[1]说："虔敬就是按照城邦的风俗来行事。"苏格拉底的言行和女祭司的说法是完全一致的，他不仅仅是自己这样做，还劝导别人也按照这样来做。他觉得如果不按照这样的方式而按照另外的方式来行事是不理智、自大的行为。

他只会默默地向神祈祷，让神把认为好的东西赏赐于他即可，什么是好，什么是不好，他认为神都是能分得清楚的。在他眼里，那些向神祈祷财富、权力和与这类东西相关的人就像是请求神能让他随机收获，或者预知任何无法知道结果的事情一样。

因为他的收入微薄，所以只能根据自己的能力献上少量的祭品。他从来都不认为自己的祭品比不上那些收入丰厚的人所献上的数量众多且丰厚的祭品。他认为神并不会对祭品挑三拣四。如果真存在这样的情况，那恶人所敬献的祭品是不是更会受到神明的欢迎？如果善人的祭品不能比恶人的祭品更受到欢迎的话，那人生还存在什么价值？在他心中，他觉得神所钟爱的祭品是那些来自虔敬的人所敬献的。他经常引用诗句"献祭要量力

1　祭司：也称是指在宗教活动或祭祀活动中，为了祭拜或崇敬所信仰的神而举行祭典时在祭台上的辅祭或主祭人员。根据不同的信仰，祭司被认为具有程度不同的神圣性。

而为"[1]，并很欣赏自己有这样的观点。

他还经常说这句诗就像一个忠告一样，告诉人们不管对待任何人或者处理任何关系，都需要量力而为之。

他认为神明所指引他做的事情都是必须量力而为之的，就像问路时他不会去问盲人和路盲，而是会去问熟悉或了解路况的人一样。如果有人劝告他不要遵照神明指示时，他是不会听取的。当有人因为害怕遭到谴责而未遵照神明的指引时，他会斥责他们是愚昧无知的。对于他个人而言，他将神明的劝告看得比任何人的意见都重要。

他为了锻炼自己的身心，选择了自己所喜欢的生活方式，以保证他能在没发生意外的情况下过快乐安稳的生活，并且在必要的开支方面不出现捉襟见肘的局面。他一直保持俭朴的生活作风。我想不管是做什么工作的人的工作酬劳都不会存在无法满足苏格拉底生存需求的情况。即便是食物，他也会准备适当的量，他的食欲成为他的调味品，让他的进餐更为愉快。

他对于饮料没有任何要求，在感觉到口渴的时候，会进行饮用。当他获邀参加各类宴会时，他能够谨防自己过度饮食，这一点对于很多人来说都是难以做到的。他经常会劝那些无法控制的人在不饿的时候要能管住自己的嘴，在不渴的时候也要控制喝的欲望。他认为这些事情会让人的身心失常。他开玩笑地说克尔凯正是因为经常大摆筵席才会让人吃得过胖，而俄底修斯因为听取了赫尔米斯有关自制的忠告，才控制住了没有成为肥胖之人。这些事情，他经常是半开玩笑半认真地说着。

在情色方面，一直以来他都奉劝别人要与俊俏貌美的人保持一定的距离，他认为一旦与这类人关系过于亲密，就有可能会出现无法严格把控自

---

1 摘自于赫西阿德斯《工作与日子》第一卷。

己的情况。他曾看到克里同的儿子克里托布洛斯在亲吻了阿尔克比阿底斯貌美的儿子后问我："你不是告诉过我，你觉得克里托布洛斯是个很有节制，也很谨慎的人吗？"我回答："是的。"

"但是，现在的他就是个鲁莽粗俗、胆大包天的人，敢上刀山，敢下火海。""为何您现在如此评价他呢？他究竟做了什么事情让他在您心里的形象大为转变呢？"我问道。

苏格拉底说："敢亲吻阿尔克比阿底斯那个外貌俊美、年轻力壮的儿子难道不是胆大包天吗？""但……"我停顿了一下继续说，"如果您认为这样算是大胆的行为，那我觉得我也可以尝试一下冒险。"

苏格拉底说："真为你感到可怜，你可知道与一个美男子接吻会有怎样的后果吗？你将会成为一个失去自由的奴隶，会把大把的金钱挥洒在娱乐里，会被很多纷繁的事情缠身，由此自然而然就分散了你用在高尚善良的事业上的心思，甚至还会做一些让疯子都会觉得不屑的事情。"我大喊："我的赫拉克雷士，您把这一吻说得也太可怕了吧！""有什么奇怪的！别看毒蜘蛛[1]只有不到半寸大的个头，但是只要它的嘴接触到了人的肌肤，你知道人就会感受到极大的痛苦并且最后失去知觉吗？"苏格拉底反驳道："我知道，因为毒蜘蛛在接触人类皮肤的时候会通过咬噬来将体内的毒素注射到人体里去。"

"你真傻！我亲爱的色诺芬，你可知虽然美人儿在接吻的时候，你看不到她有没有注射像蜘蛛那样的毒素，但是你可知道青春貌美是比蜘蛛毒液更加厉害的玩意儿，并且还不需要像蜘蛛那样去接触，去咬破注射，这只需要眼神的接触，哪怕只是远远地看上一眼，就会让人变得如痴如醉般

---

1 毒蜘蛛：产于意大利。

疯狂。爱情常常被人们称为射手，可人儿总是在很远就能让人受伤，或许这也是射手名称的由来。所以，色诺芬，我奉劝你一句，如果当你看到了一个貌美无比的可人儿，请拼了命地离开，否则……"苏格拉底激动地说道。

"克里托布洛斯，我劝你考虑离开一段时间，在此期间，时间或许能抚平你的创伤，但是否能痊愈我可无法保证！"所以苏格拉底认为那些无法控制情欲的人只能在有迫切需求，并且出现这种需求的同时不会产生什么损害的时候才能被准许。

他能恪守自己的操守，无论多么貌美动人的女子他也不为之所动；但是有些人哪怕是面对一些平凡普通的人，也或多或少因为一些原因出现些许心动。

他就是这样对待自己的饮食与情欲的，对于这样的自我节制，他认为他得到的享受并不亚于那些努力满足欲望的人，并且还省去了因此而积劳成疾的痛苦。

第四章　对话阿里斯托底莫斯

那些仅凭臆断来评论苏格拉底的人认为苏格拉底虽然有指导人类的道德修养的本事，但却不能让他们在道德中成长。或许有人也是这样认为的，但可以回想一下，他是用怎样的论证去驳斥那些自以为是的人的，他和这些人所进行的问题的辩论，和他平日里与他交流的人所谈论的内容有何不同。这些内容都决定着他是否能让这些与他交流的人变得更好。

说到这里，我不得不说一下我曾经亲耳听到过的他和别人的一次对话。那是他向阿里斯托底莫斯讲述神明的事情，阿里斯托底莫斯的绰号叫作"小人物"。苏格拉底说他不管做什么事情从来不献祭于神明，也不占卜，除此之外，还对于做这些的人进行嘲讽。

苏格拉底（以下简称苏）问他："阿里斯托底莫斯，我问你，你是不是钦佩所有具有智慧的人？"

阿里斯托底莫斯（以下简称阿）回答："是的！"

苏："那请告诉我他们都是谁吧。"

阿："说到叙事诗[1]，我钦佩的是荷马；赞颂诗方面则钦佩的是梅兰尼匹

1　叙事诗：是诗歌体裁的一种。它用诗的形式刻画人物，通过写人叙事来抒发情感，与小说、戏剧相比，它的情节一般较为简单。

底斯[1]；悲剧作品钦佩的是索福克勒斯[2]；雕刻作品钦佩的是帕如克利托斯[3]；而绘画作品钦佩的则是琐克西斯[4]。"

苏："那你认为是这些作品值得让人钦佩呢，还是那些创造这些作品的人更值得令人钦佩呢？"

阿："我向宙斯发誓，我当然是认为创作这些鲜活作品的人更值得令人钦佩，每一件优秀的作品都凝聚了创作者极大的智慧与心血。"

苏："对于无法确定目的而存在的事物和明显可以感知到目的的事物，并且目的是有益性质的，你认为这两者哪个是偶然之作，哪个是智慧之作呢？"

阿："毋庸置疑，当然是目的为有益性质的事物是智慧之作。"

苏："那你是否认为造物者在创造人类的时候，把认识不同事物的才能赋予人类，是为了有益的目的而创作的：眼睛能让人看到万物，耳朵可以让人听到所有声音，而鼻子是用来感受所有气味的存在，但是嘴里如果没有舌头的存在，怎么能感受到所有的酸甜苦辣呢？除此之外，眼睛是心灵的窗户，非常柔弱，那么就需要眼睑来进行保护，眼睑不仅仅保护了眼睛，还像一种控制器，让你在想看东西的时候打开，不想看东西或者睡觉的时候就关闭，你不觉得这就像是注定应存在的一样吗？睫毛就像屏风的作用，阻挡风尘来损坏眼睛。而在眼睛上方，就造了眉毛来作为遮檐，防止汗水流入眼睛；耳朵能听到所有的声音，而且能时刻保持通畅；不管是什么生物，门齿都可以将物品咬碎，再由口腔内的臼齿将门齿咬碎的食物进行磨

1　梅兰尼匹底斯：梅洛斯岛的抒情诗人。

2　索福克勒斯：雅典著名的悲剧诗人之一。

3　帕如克利托斯：西锡昂的雕刻家，公元前430年处于鼎盛时期，以雕塑运动员而著名。

4　琐克西斯：意大利南部赫拉克利亚的绘画家，公元前430年处于鼎盛时期。

碎；五官都集中放在脸上并且按照适宜的位置进行排列。排泄物自然是所有人都不喜欢的，所以就把它安排在距离五官尽可能远的地方。所有的一切事物都安排得如此具有预见性，你能确定它们的存在与发生是偶然性还是计划性吗？”

阿："这个当然无法确定。但当我用观察的眼光来看待这些的时候，确实感觉到创造出这一切的主是聪明仁爱的。"

苏："让生儿育女的意识加入生物意愿里，让母亲自然地愿意对婴儿进行哺乳，让人类对于生存有强烈的愿望，并且极其害怕死亡。你是怎么看待这些事情的呢？"

阿："我想这可以看作是让万物都能生存并且有所延续而专门设计出来的结果。"

苏："你有没有想过自己也拥有一些智慧呢？"

阿："你想问什么就问吧。"

苏："你可知道智慧无处不在吗？你知道水是浩瀚无穷的，你体内的只不过是其中一点，你身体的所有部分、所有构造也只是由万千种元素中的一点组合而来的。你可以认为自己很幸运地拥有天下所有的智慧。但在这个浩瀚广阔、无边无际的现实世界中，所有事物的结合都是由某些不理智的东西所维系的吗？"

阿："我认为是这样的，虽然我无法接触也看不到这些事物的指挥者，但是我却能看见它们的创造者。"

苏："但是指引你灵魂的使者你是否能看见呢？同理，我们可以认为你的任何事情都不存在计划性，都只是因为偶然而发生的。"

阿："苏格拉底，但我要说的是我并没有轻视神明，我只是认为他们非常崇高，不需要我这样一个小人物去关注他们罢了。"

苏："但是他们既然愿意垂顾你，那不管他们有多么崇高，你都应该更加尊重才对！"

阿："苏格拉底，请你放心，如果我感受到神明的关怀，我是必然不会对他们有所不敬的。"

苏："那你是否认为神明是不关怀人类的？第一，我们可以看到在所有生物中，唯有人类可以直立，因为能直立，所以能看到更远的地方，于是可以注意到更多方面并且保证不容易发生损伤。第二，神明只把脚赋予了匍匐动物，使它们能够自由地行走，但是人类除了脚以外还有双手，双手可以创造更多的事物，随即可以带来更大的幸福。嘴、舌头几乎所有的动物都有，但是只有人类的舌头与嘴拥有除了能进食之外的另一个功能，那就是通过发声变成语言来表示自己的意思。另外，不知道你是否关注到，其他动物的性交都会受到时令等的限制，但只有人类的性交可以持续到衰老期。神明不仅仅照顾和满足了人类身体的需求，还赋予了人类灵魂的存在，而灵魂是对人类来说最为重要的部分。除了人类，还有其他什么动物的灵魂能够感受到神明的存在呢？因为它们无法体会到神明让万物井然有序地存在，所以它们也不会懂得要向神明表示崇敬。动物不像人类拥有灵魂，它们不懂得去保证自己的吃喝拉撒、疾病健康，也不懂得追求学识，去记住那些看到的、听到的美好的事物。你难道没有清楚地认识到，人和动物相比，不管是在身体方面还是灵魂方面，生来就比它们要高贵很多吗？对于动物来说，我们就像神明一般。一个生物哪怕拥有像牛一样的强壮身体但若没有思维判断能力的话，它也是无法实现自己内心的愿望的；只有手但是没有思维理智的话也是无用的。你作为一个拥有两种美好天赋的人，竟然会认为神明不关怀你？是否是神明必须专门为你做了某件事情，你才会认为神明是关怀着你呢？"

阿："如果我也拥有你所说过的他们所为你差派的使者，告知我哪些可以做、哪些不能做，我就肯定不会这么认为了。"

苏："雅典人借占卜征询、证明指引的时候，你不认为神明所赋予的忠告也同样是给你的吗？又或者说，神明将先兆告知希腊人或者全人类的时候，你难道是作为例外被忽视了吗？如果你认为神明没有造福或者加害人类的能力的话，他们为何要在人类的心中放入各种信念呢？何况，如果人类一直处于被欺骗中，难道就不会有所察觉吗？你难道不知道最古老文明的原始社会[1]、城市和国家对于神明都是无上地尊崇吗？人的生命中，最聪明的时期是什么时候？那就是敬畏神明的时候。我的挚友，这，你是应该明白的。你的灵魂、你的智慧让你能够按照你的想法去控制你身体的任何一个部位，那么你就应该相信宇宙的智慧是可以控制宇宙的一切的。不应该认为只有你能看到很多，神明不能马上看到所有的一切；或者说你认为你的灵魂能够想到任何事情，或者埃及，或者西西里的事情，而神明却不会和你同步想到一切。你愿意为他人服务，那么就能知道谁会同样愿意作为回馈服务于你；你施惠于他人，同样你也会得到他人的施惠。你去向人们征求意见，从而能够区分人类的智慧聪颖程度。同样你也可以借以敬拜神明的方式来试探他们是否会将一些深藏的事情告知于你，这样你会发现只有神明才具有何样的本事能够洞悉一切，在任何时间，任何地点，任何空间，并且施以关怀。"

因为苏格拉底所发表的这些言论，我认为他和他相交的那些人是不会

1　原始社会（Primitive society）：是文化人类学理论上的一种社会组织类型，以亲族关系为基础，以母系社会为前提，人口很少，经济生活采取平均主义分配办法。

做出诋毁、违背神明的事情的，不仅仅公开表露出来的是这样，就算是他们一个人在任何地方的时候也是一样。因为他们所想、所知、所做都是无法逃离神明的耳目的。

第五章　论自制力的重要性

如果自制算作人光荣而又具有价值的美德的话，那么我们可以回想一些事情，来证明苏格拉底是不是在指引人走上自制的道路。"朋友们，如果我们面临战争，我们需要挑选一个能凭借他自身努力保全我们并战胜敌人的人，我们肯定不会挑选一个我们明明知道他无法抵抗任何严刑拷打或者任何糖衣炮弹诱惑的人，这样的人是无法让我们得以保全，甚至更不可能战胜敌人的。"

人都会有临终托孤的意识，当我们即将面对死亡的时候，会想着把儿子女儿托付给他人照顾，或者将财产托付给某人，但谁都不可能想把这些托付给一个毫无自制能力的人，如果没有自制那么他将不值得获得信任。你会把自己的羊群、粮仓，或者农场里的大小事务交托给一个毫无自制的奴仆来做吗？就算是白送给我们这些，我们也不会接受一个这样的人来帮我们打理一切。既然我们都是这样的想法，那么我们自己要做到自制就显得尤为重要了。

一个无法自制的人并不会损人利己，不会像贪得无厌的人那样依靠抢夺他人的财物来使自己获利，而是既损害了别人的利益更损害了自己的信誉。与人相处，谁会喜欢和一个痴迷于酒色的人交谈呢？就更别说是交友了。

每个人最基本的就是要把自制当作所有道德品行的基础，首先树立自己心中的道德标杆。无法自制的人是无法学会付诸实践将任何好事实现的。甘愿做肉欲奴隶的人身心都会面对同样恶劣的境况。我敢向赫拉女神发誓，我认为一个自由人应该祈求神明的庇护永远不要遇见这样的奴仆，如果已经成为了肉欲奴隶的人，那么就应该祈求神明让他能遇见心善的主人，只有如此才能让他们脱离现在的困境获得重生。

这些都是苏格拉底所说过的话，他不仅仅是发表这样的言论，还付诸行动来证实。他战胜了自身身体的欲望，也战胜了一切与金钱相关的欲望。他一直觉得不管是谁，如果他的金钱来路不正，那么就是让自己被困成为了金钱的奴隶，并且地位极其卑下。

第六章　对话诡辩家安提丰

为了避免出现不公正，我们也必须记下他曾经和诡辩家安提丰的对话。安提丰为了让与苏格拉底相交的人都离他远去，就当着这些人的面对苏格拉底说："苏格拉底，我认为，研究哲学的人应该比其他人过得更为幸福才对，可是看到你现在的境况，却呈现出一种相反的状况。你的生活状况恐怕没有任何一个奴隶愿意跟随你，你所用来果腹的食物都是最粗劣的，你的衣衫总是破旧不堪，没有任何季节的区分，你不着长衫也不着鞋袜。任何人在得到金钱的时候会感到非常愉悦，因为金钱能提供有保障的生活，可你呢？却不收取分文，传道授业解惑者都是希望弟子能够效仿他们的。但是就你现在的生活状态而言，如果与你相交的人也效仿你的话，那你是否觉得自己是个教授不幸福的人呢？"

苏格拉底听完之后回答道："安提丰，按照你所说的，你觉得我的生活非常悲惨，我想你这一生肯定是不能忍受过我这样的生活吧？我们可以来尝试分析下为什么你会觉得我生活得不愉快。那些为了获得酬金的人必须付出能对应酬金的行动或者服务。就我而言，我没有任何收取酬金的欲望，所以我会选择我讲授的对象，对于那些我不喜欢的人，我会选择不为他们提供讲授。你是否认为我的饮食不像你的那样营养丰富、卫生可口，你怎么能知道我的就比你的不好呢？还是觉得我的饮食让你觉得稀有昂贵和难以获得呢？你觉得你所拥有的食物很可口，觉得我的不如你的，可是你知道吗？要品尝食物本质的人是不需要任何调味品的，所有食材都能享受它的原汁原味。你可知道那些人更换衣服是因为天气的冷热变化，穿鞋子走路的人是为了避免脚受伤疼痛不便于行走的。你可曾在天气很冷的时候看到我待在家里，或者是因为天气太热的时候，我和别人争着去乘凉的，还是有看到过我因为脚痛出现行走不便呢？你可知道，即使是天生体质不好的人只要保持锻炼就能改变他先天的体质，比那些先天体质好，但后天疏于锻炼的人更加能扛得住各种疲劳？你可知道我这样保持锻炼，是可以随时接受任何考验的。为了不成为口腹之欲、情欲睡眠等其他欲望的奴隶，你认为还有什么能够把精神专注在这些内容上面更具有吸引力呢？在他们身上，我能获得身心愉快，还能让自己觉得他们永远会给我带来好处。你难道不认为没有比这更好的方法吗？我想你也应该明白，那些没有获得任何成就的人是不可能过得很愉快的，但是当他们看到了与他们相关的行业的人进行得顺利的话，他们会觉得自己像获得了成功一样。可是你觉得因为满足中获得的快乐能够让自己获得成长吗？能积累有品质、有能力、有价值的朋友吗？就更加别说获得相对等的快乐了。所以这些就是我所能感受到的快乐。"

苏格拉底继续说："当朋友与城邦需要帮助的时候，你认为是像我这样生活的人能够提供帮助，还是像你一样过着富足安乐的生活的人呢？当发生战争的时候，你认为哪一种人能够马上奔赴战场杀敌呢？一旦出现被围困的时候，你认为哪一种人会更容易屈服，是很难获得满足的人还是极其容易得到满足的人呢？"接着，他又说道："安提丰，我认为无欲无求才更加自由富足，而你却似乎认为奢华丰厚才是幸福。可是，神明是没有需求的，越无欲无求则越能接近神明。"

有一次，安提丰在与苏格拉底交谈的时候说道："苏格拉底，我认为你确实很正义，但是却不是很明智。我曾经以为你自己已经意识到了这一点，虽然你不向所有与你相交的人收取任何酬金，但是如果你认为你其他的东西有值钱的话，你就不会白白将它赠予他人，并且在需要时要付出更加昂贵的代价。所以，显而易见的，如果你认为你所发表的言论是富有价值的，那么你就会接受人们为此所付与的相当的酬劳。所以尽管你不贪图和不欺骗他人，这一点足以证明你的正义，但是你的所作所为却证明了你的知识不值钱，所以从这一点来看你是不明智的。"

对此，苏格拉底是这样回答的："安提丰，我想大家的看法应该是一致的，关于美貌与智慧，可以是光荣的，也可以是不光荣的。如果谁把美貌用金钱作为衡量标准卖给了愿意购买的人，那么我们就认为他是娈童。但如果我们与一个崇尚光荣、高尚的人成为朋友，那么我们就会说他是个有见识的人。有些人会把以智慧换取金钱的人称作诡辩者，这也等同于说他们是智慧贩卖者。但如果谁与那些具备高尚道德的人成为朋友，并且把自己所有的智慧财富都授予他，那么我们就会认为这个人不愧是一个无私的并且伟大美好的公民。安提丰，有些人喜欢的是一只讨人喜欢的狗、一只乖巧的鸟或者一匹矫健的马，但是我从更广阔的角度来说，我喜欢的是良师益友；并且我会将我所拥有的智慧与之分享，还会把他们引荐给我认为能让他们在道德品行方面继续提高的良师。拥有无上智慧的先人为我们留下的宝贵著作遗产，我也会与他们一同进行研究探讨，如果我们从中获取到了宝贵的内容，我们就会进行摘录，对此我们会认为是一种难能可贵的收获。"我作为听到他发表这些言论的人来说，我觉得苏格拉底本身是幸福的，并且他还把那些听取他的言论的人带领上了康庄大道。

安提丰还在一次谈话中问苏格拉底："就算你如此懂得政治，但你自己却从不参与政事，你有没有想过自己会让别人成为政治家。"苏格拉底答道："安提丰，我若想要影响政治，那么是我一个人参与政治的力量强大一些呢，还是我所培养的人都参与政事的影响大些呢？"

第七章　扼制夸耀之风

苏格拉底劝诫人们不要夸耀自己，如果想表现自己，就应该努力成为自己想表现的那种人，而不是通过一些虚假行为去假冒那样的人。这样不但会让自己受到别人的讥笑，招致不必要的麻烦，甚至还会给人民与城邦带来一些无法想象的耻辱与伤害。

我们还可以设想一下，苏格拉底劝诫他的门人不要去夸耀自己，那么是否会因此激励门人去追求美好高尚的品德呢？他经常说没有什么让自己成为自己所想要成为的样子更为美好了。他用了一些论据来证明他这个观点：我们可以设想一下，一个很想表现自己是一个拥有高超吹奏笛子技艺的人但并不精通于此道的人要如何做？难道他只能模仿那些吹笛子的演奏者吗？若只是模仿一个华丽的艺术外表，那么别人衣着华丽，并且身边总是围绕着一大群人，那他也必须做到这样。吹笛子的演奏者会得到很多人的喝彩，那他也必须扎到人堆里让人为他喝彩。但他却不能进行正式的演奏，一旦演奏就会因为他卑劣的演奏水平而成为人们嘲笑的对象，并且落得一个卑劣的名声。这将成为他一生的耻辱，会影响到他的人生。这样劳民伤财的事情最终只能换来一个可笑的结局。同样，一个本不是好将领的人想要表现出自己是个好的将领，可想而知会发生怎样的情况，以及他们的遭遇和最终的结果如何。

如果他通过各种途径努力让自己给世人呈现出了自己的这些能力之

后，仍没有得到人们的认可，那么这种失败是更加打击人的。如果他很幸运地成功了，那这种成功也是一个虚幻的泡影，可以想象，这应该会成为一种更大的不幸。显而易见的是，一个不具备任何必需的相应知识的人被委任去驾驶船只或者带领军队的时候，他除了会带来那些他也不愿意发生的毁灭之外，还会让自己备感耻辱与痛苦。

相同的案例很多，他还用同样的方式向他的门人宣告，如果一个本不富有、不勇敢或者未拥有强大力量的人把自己表现成这样，那是有百害而无一利的。因为人们会把跟他所宣扬的能力匹配的人物交给他，但是实际上他是无法驾驭的，当他辜负了他人期望的时候，他们怎么会宽恕他呢？他认为那些用说服的方法向别人借贷财物却不予归还的人是骗子，但他认为更大的欺骗行为是那些本没有任何资历、实力却欺骗别人他拥有治国管家才能并因此所进行的行动。

我认为苏格拉底就是用这样的言论和自身的行为，在他的门人中刹住了盲目夸耀的风气。

第二卷　真诚

第一章　人贵在自制

我认为苏格拉底不仅仅是严格地要求自己做到自制，也在不停地劝诫他的门人要在饮食、性欲、睡眠、衣帽鞋袜和劳作方面做到自制。从下面的谈话中可以看出这点。

当他看到他的一个门人阿里斯提普斯[1]对于这些方面无所节制的时候，苏格拉底与他进行了这样的对话。

苏格拉底（以下简称苏）："阿里斯提普斯，请你告诉我，现在你面前有两个年轻人，我需要你对他们俩分别进行教育，让一个成为具有统治资格与能力的人，而另一个却是坚决不愿意参政的人，你会怎样来教育这两个人呢？请从人类最基本的食物问题说起，好吗？"

阿里斯提普斯（以下简称阿）："食物确实是最基本的问题，如果一个人不进食的话，他是无法活下去的。"

苏："那他们都有进食的需求，对吗？"

1　阿里斯提普斯：非洲据兰尼人，自小家境富裕，是个享乐主义者，因钦慕苏格拉底来到雅典追随苏格拉底，后成为据兰尼派的创始人。

阿："当然，这是再自然不过的事情了。"

苏："好，那我们在这两个人中，应该选择哪一个作为把处理紧急事务看作比进食更为重要的事情的人呢？"

阿："这还用说吗？当然是需要被训练成将来成为统治人的那一位。如果不这样的话，那国家大事岂不是会因为他的玩忽职守而受到重要影响。"

苏："那如果在两个人都口渴的时候，我们是不是也要训练这个人要拥有比另外一个人更为耐渴的能力呢？"

阿："这是必须的。"

苏："如果我们要选择一个人锻炼他具有控制睡眠的能力，在必要的时候晚睡早起甚至不睡，那我们要选择哪一个呢？"

阿："自然也是同一个人。"

苏："如果我们需要选择一个人来锻炼他具有控制性欲的能力，让他不会受到性欲的支配而阻碍重要任务的执行，你认为是哪一个呢？"

阿："也是他。"

苏："如果我们要选择一个不排斥劳动，并且非常愉快地接受并从事劳动的人，应是哪一个呢？"

阿："还是那个将成为统治者的人。"

苏："这两个人中，需要让哪一个人具备拥有战胜敌人的知识与技能呢？"

阿："毋庸置疑，当然是那个将要成为统治者的人，如果他不具备这样的知识与技能，那他将无用武之地。"

苏："你是否认为接受过这样训练的人，会比其他人更加强一些，不会轻易被敌人捕获？就拿动物来做比喻，有些动物会因为贪婪而被捕获，而另外一些虽然很机灵，但也会因被诱饵诱惑而被捕，还有一些也是因为滥饮而落入陷阱之中。"

阿："是的，正是如此。"

苏："还有一些如鹧鸪与鹌鹑，一旦听到雌鸟的叫唤，就会激起它们的性欲，它们则因为贪图享乐而放松警惕，最终也落入陷阱无法脱身。"

阿："我同意这样的说法。"

苏："你想象一下，一个人如果同那些无知可怕的禽兽一般，陷入同样的境况，岂不是非常可耻？正如一个奸淫之人，明知如果犯下奸淫之行将会受到严重的制裁与刑罚，但还是要闯入女人的深闺中，哪怕要面对被人抓住、殴打拷问的危险。这么多的痛苦与折磨都在等着这样的罪人。可是，也有很多方法可以让他避免这样的危险，但是他却甘愿自投罗网，你说这不是如同被妖魔附身一般吗？"

阿："我认为没错。"

苏："人生中有很多事业、实践是在露天的环境下进行的，比如战争、农作等，如果说很多人没有经受过严寒酷暑的考验，那岂不是无法完成我们的这些伟大的事业？这不是一个重大的疏忽吗？"

阿："正如你所说的，确实会成为一个重大的疏忽。"

苏："所以你是否也认为我们必须把那个未来将成为统治者的人训练成能经受住这样考验的人呢？"

阿："我认为理应如此。"

苏："如果我们进行划分，把能够忍受这些事项的人划为'适合统治'的一类，那我们是否要把那些不能忍受这些事项的人划分为连统治资格都不能拥有的一类呢？"

阿："如果按照这样的定义来划分的话，我想是这样的。"

苏："既然你明白了划分两类人的区别，那你是否考虑过自己是属于两类人中的哪一类呢？"

　　阿："我确实考虑过这样的问题，但我从来没有想过要成为统治人的那一类人。因为我觉得我为自己准备各类生活必需品已经是件不易的事了，如果我在不能很好地满足自己这些需求的前提下，还去肩负为全国人民考虑一切需求的责任，那简直就是不自量力。何况现在连很多自己的需求都无法满足，却把自己上升到国家需求保障人的高度，做不到还会受到良心的谴责及民众的反对，让自己陷入这样的困境不是一件很愚蠢的事情吗？何况作为国家领袖，人民是拥有对于领袖的处理权的，正如我能够处理我的奴仆一样，我可以要求他们为我提供丰富的物资，但是却不允许他们碰触。人民自然认为国家领袖是为人民提供各类服务并满足人民的各类需求的人，但却监督着领袖不能有任何过界的享受行为。所以那些喜欢为自己制造很多麻烦同时也给别人带来很多麻烦的人，我会训练他们成为'适合统治'的类型，而我则把自己归入愿意享受安乐美好生活的类型中。"

　　苏："那我们接下来继续探讨一下你认为是统治人的人生活得更幸福，还是那些被统治的人生活得更幸福呢？就从我们所了解的民族说起吧，亚洲统治者是波斯人，被统治者是叙利亚人、弗里吉亚人和吕底亚人；欧洲的统治者是四库泰人，被统治者是马俄太人；非洲的统治者则是迦太基人，利比亚人则是被统治的对象。你觉得我列举的这些人当中，哪些人会生活得更加幸福呢？你可以以自己作为希腊人的一分子来说，你是想让统治者生活得更幸福，还是想让被统治的人生活得更幸福呢？"

　　阿："我个人并不是一个拥护奴隶制度的人，但是我愿意秉持中庸之道，对于统治与被统治，我都不选择，而选择两者之外的道路，那是一条自由之路，也是一条通向幸福的光明之路。"

　　苏："如果你所说的道路既不通往统治也不通往被统治，还不通过人间的话，那你所说的或许是值得考虑的。但你要意识到，你是生存在这个人世间的。没想到你居然认为统治者与被统治者都是不合适的，并且还不甘心尊重掌权者。我想你一定会有机会见识到强势的人是如何让弱者沦为奴隶，并让他们无时无刻都感觉到自己的命运苦闷且波折的。我不相信你不知道有些人总是破坏或砍伐别人辛辛苦苦栽种培育的庄稼和树木，还用尽各种手段去骚扰那些不愿意低头屈服的弱者，直到他们无法忍受，迫于无奈最终屈服，成为强者的奴隶。就算是在平日的现实生活中，难道你不知道强者总是奴役和掠夺弱者的劳动成果吗？"

阿："是存在这样的现象，但是为了自己不遭受这样的危险，我不打算让自己成为一个国家固定的公民，我愿成为一个周游列国的使者。"

苏："没错，你说的这个是一个非常绝妙的良计，自西尼斯、斯凯伦和帕拉克鲁斯推斯被杀害之后，已经不存在会伤害旅行者的人了，不过各个国家的执政者如今都颁布了相关律法以保护自己不受到任何损害。除了那些必须得听从他们召唤的人之外，他们还会结识一些朋友，在他们城市外围修筑堡垒，并配备防护武器以避免敌人发起袭击，另外他们还会与其他国家结成同盟。虽然采取了一系列的措施，但还是不可避免地会遭受到损害。而你呢？不但没有这些有利条件，当你花费了很多时间暴露在很多被害人遇害的道路上时，你进入了一个又一个城市，你自身的能力自然没有所在城市居民那样强大，于是自然而然就会成为匪徒们袭击的对象。不要认为自己是个旅行者就能免遭迫害，让你这么自信的根源是什么呢？难道这些城市颁布了保护旅行者的相关法令吗？还是你认为不会有奴隶主认为你是一个值得奴役的奴隶呢？没有谁会把一个不爱劳动并且还贪图享受的人留在家中。但是我们可以想象一下，奴隶主会怎样对待这类奴隶呢？我想一般都是用让他们挨饿的方法来控制他们贪吃的行为，用无法接近财物的方法让他们远离并无法进行偷窃。锁链则是为了防止他们逃跑而设置的障碍，鞭笞则是让他们不敢偷懒的方法。阿里斯提普斯，请你告诉我，你是用什么样的方法来消除你的奴隶们身上的这些缺点呢？”

阿："我会用各式各样的方法来惩罚他们，直到他们不得不服从我为止。但，苏格拉底，如你所认为的，那些接受了统治术训练的人怎样呢？他们幸福吗？在我看来，他们与这些被迫受苦的人没有什么太大的区别，他们同样也要忍受饥寒、不眠等其他痛苦，同样一副躯体，不管是出于自愿还是被迫，都受到了鞭笞。那些自愿接受痛苦的人是愚蠢至极的，但其他受到这些痛苦的人也是一样的。”

苏："阿里斯提普斯，难道你不明白自愿受苦与被迫受苦的人群之间存在区别吗？自愿挨饿的人可以根据他自己的意愿选择是否进食、什么时候进食，选择什么样的食物品质及数量。而被迫挨饿的人，他没有办法摆脱挨饿的境地，更不可能像自愿挨饿的人那样有多种选择。同样，其他选择自愿受苦的人也是一样，他们对于自愿受苦的事情都是有同样的选择余地的，被迫受苦的人则没有随意中止这种命运的自由。另外，自愿受苦的人在忍受苦难的时候，心中都怀着美好的希望，并因此心怀鼓舞。就像狩猎人是心怀猎获猎物的心情去忍受打猎的辛苦劳累的一样。其实这些劳苦所换来的价值并不大，但那些为了收获珍贵朋友而付出辛劳或者是为了战胜仇敌而付出努力，还有那些为了拥有强健体魄、饱满精神而妥善治家，为朋友做出奉献，对国家做出贡献的人，可以说，他们是非常心甘情愿地付出努力，并且也是享受其中的。他们的生活是很幸福的，自己过得自在惬意，还能得到别人的艳羡与敬佩。何况，贪图眼前安逸的现状，就会像健身教练所说的那样，既得不到健康的身体，也不能让心灵得到任何知识的积累沉淀。持之以恒地努力可以让人建立起美好高尚的心境。这是前人传授的经验。赫西阿德斯也曾说过：'恶行无处不在，就在你的眼前，你的身边，这条道路走上去是平坦无比的，随时可以踏上。'[1]但是高尚的神明把辛劳汗水放在了德行宫殿之前，这条道路是漫长而崎岖的，常常会让人产生放弃的念头，但当你即将攀登上顶峰的时候，它会逐渐变得容易起来，正所谓万事开头难。艾皮哈莫斯[2]也有诗句可以作为证明：'神明指引人类如想要获得一切美好事物，那么请付出辛勤的劳动。'"

他还曾经说过，无赖们不要以为留恋轻松的事情是什么好事，说不定你得到的只是艰苦。普拉迪克斯曾经在他的一篇名为《论赫拉克雷斯》[3]的文章里对德行也表达了相同的意见。他还把这篇文章讲述给很多人听，我所能记忆的内容大体如下：赫拉克雷斯从孩童时代跨入青年时代的阶段也正是他从幼儿迈向成年人的阶段，他拥有了自力更生的能力并且可以为自己未来的生活进行规划，对于提高道德的途径可以进行自由选择。他曾经一个人来到一个安静的地方，认真地思考了在两条不同的道路中，他应该选择哪一条道路才最合适的问题。

正在这个时候，一个举止优雅大方，皮肤水嫩配着坚定正直的眼神，身着白色衣服的女子与另外一个看起来稍显娇嫩的女子向他走来，不过后者有些胖，她的打扮让她脸上的肌肤显得更为洁白与红润，个子似乎比所看到的还要高一些，一直东张西望地到处寻求伙伴。她似乎一直在自娱自乐，实际上她也在窥视着是否有人在一直注视着她，她还经常吐苦水。

她们两个以不同的方式向赫拉克雷斯走来，一个仍保持着之前悠闲的步调，一个则急急忙忙地走到她前面去向赫拉克雷斯喊："赫拉克雷斯，你为何踌躇不决，生活的道路多种多样；你若与我为友，则会走向快乐舒适

1　源自赫西阿德斯《工作与日子》。

2　艾皮哈莫斯：柯斯的喜剧诗人，出生于约公元前 60 年，鼎盛于西拉库斯。

3　赫拉克雷斯：希腊神话中的大力士。

的道路，你会体验到各种各样的快乐，一生都能避免经历困苦磨难。你将远离战争与国家大事，你只需要想品尝什么美食，想畅饮什么美酒，想去欣赏什么令人愉悦的美景，想去什么自己喜欢去的地方体验放松的感觉，想想与什么人结伴同游，或者是怎样能有舒适的睡眠，以及怎么样能最为轻松地获得这一切你所想要的即可。如果你担心你得不到这一切，我也不会逼迫你去费尽心力去获得这些。因为我会让你获得其他人的劳动成果，只要你认为是你需要的，你都可以无所顾忌地获得。我赋予了与我为友的人一切权利，这个权利可以让他们随时随地从任何地方获得只要是他们想要的东西。"等赫拉克雷斯听完这位女士的一番话后，向她问道："请问怎么称呼，女士？""幸福——我的朋友都这么叫。但那些憎恨我的人却把我叫作恶行。"

正当他们谈话时，另一个女子走近赫拉克雷斯说："赫拉克雷斯，我不得不与你谈谈，我了解你的父母，也了解你年幼时所接受的教育，我希望你能往我的方向发展，你所做的一切事情都将会是尊贵而高尚的，同样我也会因为你的这些善行而感到荣耀。但我不会用任何甜言蜜语来欺骗你，神明所规定的事情我会如实地告诉你，即一切由神明所赐予的美好事物，不可能有任何一样是可以不劳而获的。你向神明朝拜你才能得到神明的宠爱，你只有善待身边的朋友才能收获朋友之间的深厚友谊，你必须对城市做出贡献后才能获得一个城市对你的尊敬。你在为希腊做出有益的事情之后，你才能获得全希腊的肯定与称赞；你只有精心耕耘了这片土地，你才能收获丰硕的果实；你只有看管好羊群，你才有可能从羊群身上获得财富；你必须先向骁勇善战的人学习战争的技能与艺术，你才能获得强大的力量去克制你的敌人；你只有努力去锻炼身体，才能拥有强健的体魄。"

说到这里，"恶行"插话进来："赫拉克雷斯，不知你是否注意到，如果按照她所描绘的，你想要获得快乐，那你将要面对的是一条艰难而漫长的道路，而我所指引的是一条能很容易地就带领你走上幸福快乐的道路。""德行"立马打断了她说道："你是如此无耻，你所说的美好的东西都是在不付出任何辛勤努力的情况下获得的，你连最起码的期待美好事物出现的耐心都没有，不管饥饿与否就去进食，不管口渴与否就去喝饮料，为了能尝到美食、喝到美酒，你到处罗致厨师，为了美酒足够冰爽，你还在大热的夏天寻来了冰雪。你为了得到舒适的睡眠，拥有了柔软的被褥还不满足，还安装了一个支架在床下。睡眠对于你来说并不是因为在劳作之后感到疲惫需要休整，而是因为无所事事。你在身体并没有性欲的时候，想尽一切办法来勾起欲望，让男人都臣服于你。你的朋友们就是这样被你教导的，他们整夜整夜地游荡，并且荒淫无度。将大白天美好的时光都浪费在睡眠上。没错，你是不朽的，但是你认为神明会垂爱于你吗？你认为善良的人民会崇敬你吗？

"美好的声音、赞美的声音，你都没有资格听到；美好的景观你也不曾拥有，何况你从来不会去做什么美好的事情，所以你就根本享受不到一切美好的事物。没有人信任你所说的，没有人会把希望托付于你。头脑清楚的人根本不会与你为伍，因为长时间与你相伴的人在年轻的时候身体素质已经下降，更别说到了年老的时候，他们内心已极度空虚。因为在年轻的时候他们只是荒废生命，终日无所事事，自然到了年老时会因此而穷困潦倒，苦不堪言；他们会因为眼前不堪的生活而拥有无尽的烦恼，更会为过去无知的行为感到愧疚。

"年轻的他们从未对生活有所担心与困扰，但是到了老年却被艰难困苦缠绕，无从解脱。我是神明的伴侣，与善良的人类保持友好的关系，并以我的能力帮助神或者人类去完成美好的事情，所以我能受到神明的重视，能得到与我一条心的人民的尊崇；我与工匠们做伴，为主人们看管他们的家园，仁爱地守护着仆人们。热情地参与一切和平运动，在战争中，我是最为坚定的同盟者、最优质的伙伴。我的所有朋友都拥有舒畅的心情，能自在地享受美食所带来的乐趣，因为只有在对食物有旺盛需求的时候进食才能体会到食物的美好。因为劳动的辛苦，他们能酣然入睡，并且拥有良好的睡眠质量。年轻人会去赞美老年人，老年人也会因为得到年轻人的尊敬而感到满足；他们都为自己的成就感到自豪，并且也会努力地从事自己的工作。因为我，他们能感受到神明的恩宠、朋友之间的亲密、国人的尊重。在大限来临之际，他们不会被世人遗忘，他们是受人尊敬的。他们的灵魂一直存在于我们心中，他们会得到人们的歌颂与纪念。赫拉克雷斯，你的父母是美好的，如果你也能像他们一样美好，那么你也能获得你所应拥有的美好与幸福。"

赫拉克雷斯接受普拉迪克斯关于德行的教诲的故事基本上就是如此，可能他表达时所用的词汇比我的更为华丽，但是，阿里斯提普斯，我希望你能认真对待这些事情，好好地考虑你目前的生活状态，你会有所获的，也会感到这是值得的。

第二章　受之恩惠，施以援手

有一日，苏格拉底的大儿子朗普洛克莱对他母亲发了脾气，苏格拉底听到后就问他："我的孩子，你可知道有些人会被唾弃为忘恩负义吗？"朗普洛克莱回答："我当然知道。"

"你知道他们因为做了什么事才被冠以这种恶名吗？""我知道，"朗普洛克莱回答道，"忘恩负义这种评价是人们加给那些受了恩惠，自己有力报答，却不报答的人的。"

"那你是否认为忘恩负义的人也是不义的人呢？"朗普洛克莱回答："我认为是这样的。"

"那你是否想过，奴役朋友的人会被认为是不义之人，但奴役敌人的人却被认为是有义的；那是不是可以理解为对朋友忘恩负义的人是不义之人，对敌人忘恩负义的人是有义之人呢？"朗普洛克莱回答道："我确实考虑过这个问题，并且我认为无论从朋友方面来考虑还是从敌人方面来考虑，只要是受人之惠但不感恩回报之人都是不义之人。""既然是这样，那你是否同意忘恩负义就是绝对的不义的事情呢？"朗普洛克莱说："我认为是这样的。"

"那如此一来，如果受到的恩惠越大，不进行感恩回报的不义也就越大了，对吗？"朗普洛克莱点头表示同意。

苏格拉底继续问："那我们来想想有谁会比子女接受父母的恩惠更多

呢？是父母赋予了子女生命，让子女来到这个世界上看到如此多美好的事物，能够享受到神明赐予人类的诸多福泽；这些福泽都是非常宝贵之物，不管怎样，我们都不能放弃这些美好的事物。死刑这样重的惩罚是国家对于相关罪行的处理态度，正因为他们相信如果不用这样的重罚则不足以预防何种不义之举的发生。当然，不要认为有些人是为了满足情欲而生儿育女的，因为如今大街小巷里都是各类情色场所；我们最先考虑的就是我们将与什么品质的女子结合能生育出最好的子女，接下来我们才会进行结合并让孩子们降临到这个世界上。丈夫具有赡养妻子的责任，并且需要尽一切努力去为妻子与即将出世的孩子提供他认为最需要的东西。妻子在怀孕时期，除了平日里要面对各种困难外，在分娩时，还要承受可能威胁到自己生命的危险与痛苦。孩子不停地从母体吸收各种营养，在出生之后，母亲还要继续哺育照顾孩子。但是婴儿时期的孩子并不知道是谁哺育了他，也表示不出自己的需求，母亲只能根据婴儿的一些反应来猜测什么是孩子喜欢的，什么对孩子有益。她会努力满足孩子的一切需求，忍受着日日夜夜的疲倦，时刻照顾着孩子，完全不在乎自己会得到什么。

"抚养孩子只是父母为孩子做的最基本的事情，在孩子开始学习的时候，父母会将自己所知道的他们认为有用的内容全部教给孩子；当他们发现有更能让孩子学到知识的地方的时候，他们将毫不犹豫地送孩子去学习，不管花费多少钱财，也要让孩子接受最好的教育。"

听了这些，朗普洛克莱说道："虽然她做了这一切，甚至是超出了你所说的这一切，可是有谁能够忍受她的坏脾气呢？"苏格拉底继续问道："那你认为母亲的坏脾气与野兽的凶残相比，哪个更能够让你忍受呢？""在我看来，我认为母亲的脾气更难以让我忍受。"

"那你母亲是否曾像野兽那样踢伤或者咬伤过你呢？"朗普洛克莱回答

道："我可以向宙斯发誓，我没有受到过如此的伤害。但是她所说的话却是谁都不愿意听到的内容。"

"那你想一下，从你还是个小婴儿开始，每日每夜，你说过多少抱怨的话，做过多少顶撞她的事情而让她感到难过呢？每当你生病了，你又让她感受到了多少痛苦呢？""但是我从来没有对她说过或者对她做过什么让她为之蒙羞的事情。"苏格拉底问朗普洛克莱："难道你认为听你母亲说话比听悲剧演员所表演的彼此对骂的话还要让你无法接受吗？""我认为，演员们所表现的只是一些剧情，因为他们表现的并不是真正去侮辱对方的意思，他们所恫吓的话也仅仅是恫吓而已。""既然你明白这些，那你更应该理解你母亲所说的话并没有任何恶意，并且她是希望你过得比任何人都更加幸福美好，你为何要因此而感到烦恼呢？难道你觉得你的母亲对你是不怀好意吗？""噢，不，我并没有这样认为。"

苏格拉底反问朗普洛克莱："你的母亲是如此仁慈地对待你，当你生病时，悉心照顾你直到你恢复健康，尽量让你的需要得到满足。她还不断地向神明祈祷。你还能说你的母亲是个严厉的母亲吗？我认为如果你都无法忍受你母亲的话，那么还有什么事情是你能够忍受的呢？你来告诉我你认为什么样的人是你应该尊重的，或者说，你不奢望从别人那里感受到任何的喜悦，不管这个人是什么将领，你都不愿意表示服从吗？"朗普洛克莱听完之后立马回答："当然不是这样。"

"那你是否愿意获取邻居的好感，并在他们需要帮助的时候施以援手，然后在你需要帮忙的时候让他们帮你一把吗？"朗普洛克莱老实地回答："好吧，我愿意。"

"当你周游世界的时候，你与别人同行，你觉得你不需要估计你所遇到的人是友人或是敌人吗？或者你认为你应该获取别人的好意吗？""我想我应该获取别人的好意。""既然你愿意获取别人的好意，那我们回到你母亲的问题上面，你为什么不能更加尊重她呢？我想你不会不知道国家对于忘恩负义的处罚有多严重，根本不会通过起诉或者考虑这个人是否对别人的恩惠表示过感恩，只要他对父母表示了不尊重，那么就将对其进行重罚，并剥夺他担任领导的权利。因为这样的人既然对父母这样不尊重，那么如何相信他会去努力地为人民做到他力所能及的事情呢？除此之外，如果有谁不为自己的父母修墓，在他具备公职候选人资格的时候，国家还会调查这项事情。

"所以，朗普洛克莱，我的孩子，我相信你是个聪明的人，你应该祈求神明饶恕你曾经不尊重你母亲的罪行，免得神明把你当作一个忘恩负义之人而不将任何福泽降于你。同样你也应该尊重别人的意见，以免别人认为你不尽子女的责任从而招致大家的谴责，这样你将成为一个没有任何朋友的人。如果他们看到了你对父母忘恩负义，那么他们自然会认为如果他们施恩于你，同样也不会得到你的任何回报。"

第三章　血浓于水，情缘于亲

　　苏格拉底知道他所熟悉的两兄弟哈赖丰和哈赖克拉泰斯之间关系紧张，就在他遇到哈赖克拉泰斯的时候，对他说："哈赖克拉泰斯，我觉得你把财富看得比兄弟更宝贵，财富是冰冷无知觉的物品，而兄弟是鲜活的有知觉的。财富是需要保护的，但是兄弟是可以提供保护的人，并且，财富是大量的，但是兄弟却是唯一的。我不理解的是为什么会有人因为得不到兄弟的产业而认为兄弟对自己有害，但又不会因为他得不到其他人的产业而认为别人对他是有害的。当处于后者的情况下，他就会去推想，与这么多人共同生存在同样的社会中，能够安全自如地享有富足的财产比坐拥全国所有人的财产但却孤身生活在水深火热的危险恐怖之中要好得多。但是对于兄弟却并不会这样认为。此外，有些能力强大的人还会购买奴仆来分担他们的工作，结交朋友以便能够相互帮助，却完全不重视自己的兄弟，似乎所有人都能与之成为朋友，但唯独兄弟例外。其实，有着同样的父母，从小一起成长，应该更能结下深厚的感情，因为就连情感并不丰富的禽兽也会同样存在手足之情。除此之外，人们更多地会尊重那些有兄弟的人，因为在同样程度下，他们受侵害的概率要低一些。"

　　哈赖克拉泰斯对苏格拉底说道："其实我和我兄弟之间的分歧并不大，可能我需要做的就是对他更有耐心一些、更大度一些，不去计较一些小事。我很赞同你的观点，兄弟是份宝贵的产业，如果真做到了兄弟该做的事情，那确实如此。但如果是相反的，那又何必去强求做不到的事呢？""哈赖克拉泰斯，你是否想过是不是所有人都像你一样认为哈赖丰很讨厌呢？是否有人认为他是和蔼可亲的人呢？""苏格拉底，你说到点子上了，你知道我为什么讨厌他吗？正是因为他对别人都非常友好，唯独对我很糟糕，只要我们两个面对面，不管是说什么做什么，总是对对方只有害处而不会有所帮助。"

苏格拉底问哈赖克拉泰斯："你想一想，是否出现过这样的情况？如果你不懂得如何驯服一匹马就想驾驭它，那么它就会对你造成威胁，其实兄弟也是如此。如果你不善待你的兄弟，那么他是否就会让你受到损害呢？"哈赖克拉泰斯回答说："别人对我好言相向，我自然也会好言对他；别人为我做了一件好事，我当然也会以好事回报于他。我怎么可能会不知道怎样来对待自己的兄弟呢？但如果一个人的行动和语言都明确表示了他要伤害我的话，我怎么可能还对他说好话呢？更不可能去善待他，并且，我根本就不会有尝试这样做的念头。"

苏格拉底继续说道："哈赖克拉泰斯，你说这话还真是有意思。这么说来，你的狗给你看羊群，向你的牧羊人摇尾巴表示亲昵，但是你走近它的时候，它嗷嗷狂吠，你却不生它的气，还用心去驯服它，反倒是你的兄弟，尽管你不得不承认他做好了他的分内之事，并且为你带来了很大的好处，你也知道自己该用怎样的语言和行为去对待他，但是你却不愿意尝试，不愿意给他一个为你创造更大好处的机会。"

"苏格拉底，恐怕我没有那样的智慧可以转变哈赖丰对我的态度。"哈赖克拉泰斯对苏格拉底说道。

"不过我认为你不需要特地用什么出格的方式去招待他，就用你现有的方法去表达就能够拉近你们之间的关系了，只要你去做。"苏格拉底回答道。

哈赖克拉泰斯说："如果你认为我有什么超能力是我自己都没有意识到的，还请你先告诉我。"

苏格拉底说："不如先请你告诉我，如果你想要一个你认识的人在他献祭的时候请你去做客，你会怎么做呢？"哈赖克拉泰斯答："我肯定会在我献祭的时候先邀请他到我家来。""那如果你想请一个朋友在你外出的时候替你照管家务，那你会怎么样做呢？""那我会在他外出的时候替他管理好他的家务。""那如果你到一个别的国家，你希望你在那个国家的朋友能招待你，你会怎么做呢？""毫无疑问，在他来雅典旅行的时候我会首先好好招待他。并且，如果我想他能够热心地帮我完成我到他的国家需要办理的相关事情的话，那我肯定首先要同样地帮他处理。"

"这样看来，你还是有各种各样的方式的，只是你一直不愿意拿出来使用罢了，是因为害怕吗？如果你能先向你的兄弟示好，是不是觉得有失身份呢？但是人们对反击敌人却对朋友施以恩惠的人都会表示称赞的。所以，如果我觉得哈赖丰比你更能先表达这种意向的话，我会去说服他由他来主动示好，但根据刚刚我们的对话来判断，我认为如果由你来先做的话，可能事情成功的希望会更大。"

哈赖克拉泰斯说："苏格拉底，如果你这样认为的话，我觉得你有些不讲情面，我没想到你会这样想，我是弟弟，但你却要我主动，一般的做法不都由年长的先主动做吗？""有何不妥？不管在什么地方，在路上两人相遇的话，不都是年轻的先主动给年长的让路吗？也是年轻的给年长的人让座，并且让出软席位，讲话的时候也是由年长的先开口。所以，我亲爱的哈赖克拉泰斯，不要再犹豫了，和你的哥哥和解吧，他会善待你的。你难道不了解你哥哥吗？他是一个非常看重名誉并且内心善良简单的人。像那些卑鄙的人，你只要给些甜头，就能讨得他们的欢心，但是对于一个注重体面的贤人来说，用善意去说服他才是最简单、最快捷的办法。"

哈赖克拉泰斯迟疑了一下问道："如果我按照你说的去做了却没有得到我们理想的效果，该怎么办呢？"

"如果真的没有达到我们预期的效果，那就表示你所做出的这一切足以证明了你是一个看重兄弟之情的人，但他却是个卑鄙、小心眼儿的人，不配被人尊重。但是我坚信一定能和解的，因为如果他知道你和他竞争的是这方面的优劣的话，他一定会被争斗心所激活，在言语与行为方面都能更加超出你的好意。就现在的情况来看，你们两个人就像是左膀右臂，原本神明创造你们是使你们相互帮助、相互合作的，但是你们却完全遗忘了自己的本分而相互妨碍起来。就像人的两条腿，本来是相互合作才能走路的，但如果放弃了这种操守，而彼此还扭结在一块儿，那不是会让本来是有益的事物加害于我们自己吗？这样做是多么的愚昧与不幸。我一直认为兄弟是神明造出来彼此相助的，能超越一切五官或者成对的肢体。两只手不能完成相距一托长[1]的事情，双脚不能同时跨在相隔一托长的两个物体上。虽然眼睛同时运作的时候，可以看到很远的距离，但是如果有两件东西相隔不远，是一前一后的话，双眼就无法同时看到两个物体了。所以，如果是亲兄弟姐妹，并且相互之间关系融洽的话，不管相隔多远，都能够齐心协力，相互帮助。"

1　一托长：希腊量词，约六市尺。

第四章　朋友是笔丰厚的资产

　　苏格拉底曾经做过一次演讲，是关于如何结交朋友，以及朋友有些什么用处的。我听了之后，觉得对我的帮助非常大，我想对于所有人来说，演讲的内容都能给人以很多帮助。他说很多人都知道结交一个诚心诚意的朋友比任何财富都宝贵，但是他看到很多人在结交朋友的时候非常不谨慎。苏格拉底说："我看到很多人都是很努力地去用一切办法购买房屋、田地、奴隶、牛羊等家私，但却并不关心怎样去结识新的朋友，哪怕是经常把要结交优质的朋友作为口号挂在嘴边。所以更加不会去关注怎样与已结交的朋友维护好关系。"他还说经常看到朋友与奴隶同时患病后，人们只会请医生来诊治奴隶，让他们尽快地恢复，却并不关心朋友的身体健康。相对于朋友，如果奴隶死去的话，他们会感到悲伤，因为奴隶的死去让他们损失不少；但是对于朋友的死，他们却不是那样地在乎。

　　他们没有一样财物不是被他们好好保管看守的，但当他们的朋友需要帮忙照看的时候，他们却不予理会。苏格拉底还说他看到很多人对于他们的财宝，不管多少都能熟记于心，但是对于自己为数不多的朋友，却无法一一道来。甚至在聊起的时候，还会经常遗漏很多以前所结交的朋友。如此看来，朋友在他们心中的分量可想而知。可是朋友与财富相比，难道不是朋友的价值更大吗？朋友所创造的价值应该远远大于一头牛、一匹马吧？有什么奴隶能比得上朋友的热心和善良友爱呢？朋友所带给一个人的意义是很多财富无法相比的。一个良友在照顾朋友方面，不管是在私事方面还是公事方面，只要是有需要，都会提供自己最大的支持。当一个人需要财物支持的时候，朋友会尽自己最大的能力来提供资金支持；如果是朋友受到了威胁，那他会想方设法进行救援并且承担力所能及的费用，一齐努力，加以劝说或者施以压力去让对方妥协。当朋友一切进展顺利的时候，他也会给予鼓励与支持，在跌倒的时候会帮上一把。只要是力所能及的，不管是看到的、听到的、想到的，没有什么是朋友不能帮忙做到的。还会经常发生这样的情况，当一个人没有完成自己的事情，不管是所听、所想、所做的，朋友却为他做到了。虽然，人们会为了享受果实而栽种果树并给它浇水施肥，但是很多人却没有对朋友这笔最为丰厚的财产进行维护。

第五章　朋友的价值不可估量

如果说对于不同的朋友要进行不同评价的话，那么人们应当首先审视自己，估量一下自己在朋友心中具有怎样的价值，能获得怎样的评价。

我有一次听到苏格拉底的另一次关于朋友究竟有多大价值的谈话，我以为他只是为了劝勉听者来对自己进行审视的。他留意到他身边有这样一个人，他的朋友穷困潦倒，但是他不闻不问，于是他当着很多人的面直接问这个忽视朋友的人："安提斯泰尼斯，我想请问你，你是不是觉得朋友和奴隶一样是有固定的价值的？可能有些朋友值两姆纳[1]，有些却连半姆纳也不值，或者有些朋友值得更多？尼克阿斯作为尼凯拉特斯的儿子曾经付出了整整一塔连得[2]的银子就为了买下一个能为他经营银矿的人。所以我们是否也需要研究一下，朋友与奴隶是不是一样具有不同的价值呢？"

安提斯泰尼斯回答说："确实如此，就我个人来说，我认为我宁愿得到朋友，而不是两姆纳，可能我认为有的人不值半姆纳，有的人却比十姆纳宝贵得多。对于有的人，我会不在意付出多少金钱，耗尽一切也要争取与他成为朋友。"

苏格拉底说："情况若是这样，那么我们每个人都应该审视自己一番，对于朋友来说，我们具有什么样的价值。我们能为朋友做出什么样的贡献，

1　姆纳：古希腊银币，等于十德拉科姆。
2　塔连得：古希腊衡量名，一塔连得的银子等于六十姆纳。

并且我们应该努力让自己为朋友创造更多的价值，以避免被朋友抛弃。我经常听到别人说他被朋友抛弃了，也曾听到过他的朋友居然因为要得到一姆纳而把他抛弃的事情。所以我是这样来看待这一切的，在对待一个无用的奴隶的时候，不管能得到多少钱，他都会尽快把这个奴隶脱手，同样人们也很容易在能拥有更多价值的时候把一个相对价值较低的朋友抛弃。我没有看到过谁会把一个好用的奴隶卖掉，同理，也不会有人把好朋友抛弃。"

第六章　真诚，真实，真心

我认为苏格拉底所发表的关于劝人在结交朋友时需要去了解一个人具有怎样值得结交的方面的言论是发人深省的。

"克里托布洛斯，你告诉我，我应该怎样去寻找一个合适的人来作为好朋友？首先我们是否应该找到一个具备自控能力，能把控自己的口腹之欲及对于美酒、美色、睡眠与贪婪的欲望的人？因为凡是会被这一类事物所困扰的人，不管是对自己还是对朋友，都是不能尽到一个朋友所应该尽到的责任的。"

克里托布洛斯回答："这是当然。"

"那么你认为我们应该避开这些会受限于各类欲望的人，对吗？"克里托布洛斯回答说："这是必须避开的。"

"那你是否认为如不懂得节约，铺张浪费，不能自给自足，并且总是需要得到别人帮助的，并且借了钱没有偿还能力，而且如果借不到还会怨恨不借钱给他的这一类型的人是非常危险的朋友呢？""当然是的。"克里托布洛斯回答。

"那么我想你是同意我们需要避开这类人了，对吗？""是的，我同意。""那么还有一种人，他们非常精于生意，并且总是想着怎样能占便宜，因此这种人只愿意收获，不愿意付出，你认为这样的人如何？"克里托布洛斯回答道："在我看来，这样的人比前一种人更恶劣。"

"还有一种人，他擅长经营，一门心思就想着能从哪里获得利益，根本没有工夫去顾及其他。"克里托布洛斯说："我认为这样的人我们也应该避开，结交这样的人是不会有什么好处的。""如果总是因为爱好不同而争吵，并且经常会给朋友树敌的人怎么样呢？""这样的人我们同样需要避开他。""那还有一种人，他没有这些缺点中的任何一项，但是对于别人的恩惠从来都是接受却从不回报，这种人又如何呢？""这样的人也是没有任何好处的。那么，苏格拉底，我问你，我们应该努力去结识怎样的人作为朋友呢？""我想，举了这么多例子，那我们需要结识的就应该是与这些人相反的类型的人。能控制自己的情欲，与人相交正直公正，受人恩惠必定予以回报，只有与这样的人结交才能获得好处。"

"苏格拉底，我想问的是，在我们没有和他结交之前，我们怎么才能了解他的这些品性呢？""打个比方，如果我们要去了解一个雕刻家，我们并不是通过与他聊天来了解，而是可以通过他所雕塑出来的人像来了解。你要相信，如果他所雕刻的作品都是美好的人像，那么他这个人也会是好的。"

"那你的意思是如果对老朋友好的人，显然也是会对新朋友好的，是吗？""是的。我知道养马的马夫，如果对以前的马都很好的话，他对以后所需要照顾的马也会很好的。""即便如此，那对于看起来值得结交的人，我们要怎样才能与他们成为朋友呢？""我认为我们首先需要做的事情是寻求神明的意思，看神明是否建议我们成为朋友。"

"苏格拉底，我请问你，如果一个人是我们所认为可以结交的，并且神明也并没有表示反对的话，我们该怎样去得到他的友情呢？""要获得友谊并不能用狩猎那样穷追不舍的方法，也不能用捕鸟儿那样引诱的方法，更不能使用暴力，否则就像是在对待敌人一样。如果他不愿意，那么你做了更加违背他意愿的事情的话，那就更加难以成为朋友了。你不能像对待奴隶一样把这个你想当作朋友的人囚禁起来。如此背道而驰，这样的人不但不会成为你的朋友，反而还会成为你的敌人。""那你说朋友该怎样得来呢？""传说有一种符咒在起效之后，你想要与谁成为朋友，就能与谁成为朋友。还有一种药，把药用在谁的身上，它就能起作用让被用药的人爱上你。""那我们怎么能学到这些呢？""你听说过海妖唱了一首歌来迷惑俄底修斯的事吧？那首歌是这样唱的：'来吧，到这里来，你是亚该亚人的伟大，你是亚该亚人的光荣，你是广受赞美的俄底修斯。'"

"苏格拉底，这些女妖是否也向别人唱起同样的歌曲呢？让他们着迷，并且无法离开她们。""不，只有那些追求光荣德行的人，她们才会为他们而唱。我所理解的意思是不管是谁，我们都应该去说夸奖他的话，并且要让听者认为我们是在真心夸奖他，并不是在讥笑他。如果一个人个子矮小、面容丑陋，并且性格软弱，你夸他高大、俊美、强壮，那别人直接就会认为你是在讥讽他，反倒会对你避之不及。""那你是否还知道一些别的咒语呢？""我不知道，但是我听说白里克里斯知道很多，他向他的国民们念了咒语，从而让国民们都爱戴他。""赛米斯托克勒斯[1]是如何做到让他的国民都爱他的呢？""我敢向宙斯发誓，他绝对不是用念咒语的方法，而是为他的国民做了有益的事情。""苏格拉底，是否可以这样认为，如果我们想结识好的朋友，那么自己的言谈举止就必须是良好的？""你认为会有哪个坏人与好人做朋友？""我可真的见过，智慧低下的演说家能与优秀的演说家成为朋友，战略不强的人却能与著名军事家成为朋友。"

苏格拉底说："那根据我们刚刚谈的这些内容，你是否知道哪些无用的

1　赛米斯托克勒斯：雅典著名的将领，曾在撒拉米战役中战胜波斯人，因此受到雅典人的爱戴。

人成为了有用之人的朋友了呢？"克里托布洛斯回答说："我向宙斯发誓，我不知道。但是，如果好人不可能和坏人成为朋友，那么请告诉我，是否高尚善良的人很容易与他同类型的人成为朋友呢？""克里托布洛斯，你经常看到的那些行为高尚、不屑于做低级可耻事情的人，他们不但难以成为朋友，反而还会经常因为一些事情争吵不止，他们之间的仇恨似乎十分强烈，不比那些下作之人弱。""这样的事情不仅仅存在于个人之间，乃至整个城邦，即便他们都是非常注重道德品行的，并且十分鄙视那些可耻的行为，但他们之间又彼此存在着仇恨，只要我想到这些事情，我就觉得交朋友是件让人很失望的事情。坏人之间是彼此不会成为朋友的，因为他们是忘恩负义、草率轻狂、自私自利、背信弃义、无所节制的人，彼此之间当然无法成为朋友。或者可以这样说，与其说他们之间无法成为朋友，不如说他们之间是相互为敌的。另外就像你所说的，卑劣的人与正直的人也是不可能成为朋友的，因为憎恨做这些事的人怎么可能与干这些事的人为伍呢？并且那些因为争夺领导地位而相互争斗的人，即便他们再有德行，他们也无法结识到很多朋友，更别说从朋友中收获友爱与信义了。"

苏格拉底对克里托布洛斯说："事实上，这些情况都是比较复杂的，人们友爱的天性是与生俱来的，他们需要彼此、同情彼此，为了达到共同的目而携手合作，正因为他们有了这样的意识，所以才会相互感激。当然，人们也会有相互敌视的情况存在。因为他们认为的美好是同样一个事物，从而导致竞争，竞争则会产生分歧，由于分歧而成为了仇敌。纷争与恼怒会发展成为战争，贪得无厌会发展成为敌视，妒忌会发展成为仇恨。即使存在这么多的障碍，友谊仍然能地出现，让这些高尚善良的人串在一起，因为他们喜爱这样的德行，他们喜欢享受没有压力的小康生活，不愿意去通过战争获得一切。他们宁愿自己忍饥挨饿，也会让别人享受食物与饮料；

虽然他们对于美色也很关注，但也知道哪些人是自己不能得罪的。他们并没有强烈的贪念，依法分配给他们的产业，他们感到足矣，甚至彼此之间还能够相互帮助。他们能控制自己的脾气，不会因为一气之下的行为感到后悔。他们同样也能完全抛弃忌妒之念，把自己的财产认为是朋友的，同时也把朋友的财产认为是自己的。

"所以，政治荣誉被所有善良高尚的人共同分享，彼此之间无任何损伤，并且还能获得好处，就成为自然而然的事情。那些一心打公款主意，并且以强暴态度对人，只贪图安逸生活的人，贪图城邦中至高荣誉、地位的人都是不义、无耻之徒，怎么可能与别人和睦相处呢？不过如果一个人想在城邦内获得荣誉，除了让自己不成为不法行为的牺牲品之外，还要对自己的朋友在正义的事业上有所帮助，并且让自己在掌握政权的期间能为国家做出一些贡献。既然他内心有这样的想法，那么为何不能与共同拥有这样想法的人成为最亲密的朋友呢？不可能是因为他要与善良高尚的人为伍而影响了自己去帮助朋友吧？难道说如果与那些善良高尚的人联手之后，会违背之前自己为国家做贡献的意愿吗？显而易见的，即便是在公共竞技比赛中，如果让具备优势的人集结在一起，那么较弱的人肯定会无法取得胜利，更别说胜利后所得到的奖品了。所以，比赛中是不允许这样操作的，但在政治方面，善良高尚的人是明显具有优势的，如果有谁与其他人联合起来是为了保障国家与人民利益的话，怎么可能会有人成为他的仇敌呢？只有这样对于国家才是有益的。并且，若两者之间发生了战斗，那么两方都需要同盟者，如果他的对手也是一位善良高尚的人，那么另一方就需要联合更多的同盟者来抵御；而且如果不优待他们，他们就不会任劳任怨地帮忙。相比之下，有品性的人都会受到更多的夸奖和表扬，下流人士总是因为这个而消极怠工。我们提出这个是有深远的意义的。下等人永远不知道满足，永远都想争取更多的各类优待。"

苏格拉底接着说："但，克里托布洛斯，你要知道，当你鼓足勇气为成为一个有德行的人而付出努力并成为了这样的人后，那么你还要结识同样德行高尚的此类人。因为我自身是很热衷于结交朋友的，或许在这方面，我能帮到你一些。因为我所结识的这些朋友，不管是哪一个，我都是用我的真心去热爱他们，并且也同样期盼他们能同样热爱我；我关心他们，同样也希望他们会关心我；我期盼能与他们相聚，同样希望他们也期望能与我相聚。

"我明白你与他人结为朋友时，当然也希望能培养出这样稳定的感情。所以我要告诉你的是，你需要直接地告诉我你想和谁成为朋友，因为我对于任何我喜欢的人来说，总是会想方设法地让他们喜欢我。我认为我在交朋结友这方面还是有些经验的。"

"没错，苏格拉底，我早就期盼着能够得到你的教诲了，特别是像这种还能有益于让我结交那些品性高尚善良并且外表姣好[1]的人的本领。"克里托布洛斯回答。

苏格拉底接着说："但是，克里托布洛斯，我要告诉你的是，在我所传授的本领里并没有对那些容貌姣好的人下手，逼迫他们接受的内容，我一直认为斯库拉[2]被人们敬而远之，肯定是因为她危害别人。大家说谁都喜欢听海妖们的歌声，并且很容易入迷。你看，因为海妖们不会危害别人，只用从远处传来的歌声就能俘获人心。"

克里托布洛斯回答道："你放心，我是不会危害到别人的，那么请你将

1　除了指外表美好之外，也指心灵的美好。

2　斯库拉：传说中的海怪，有六个头、十二只脚，每当船靠近她时，她就会掠去六个人活活吞下。

结交朋友的方法传授于我吧。"

苏格拉底问："你是不会用嘴唇和别人接吻的，对吗？"

克里托布洛斯回答："这个你放心，除非因为对方的容貌俊美异常，不然我是不会和任何人接吻的。"

苏格拉底说："克里托布洛斯，你若想达到你的目的，那你要做的正好相反。那些外貌姣好的人不会允许这样的行为随意出现，反倒是那些外貌丑陋的人会乐意接受，因为他们认为别人这样待他们是肯定了他们内心的美好。"

"我热爱那些容貌姣好之人，但是我更热爱内心俊美之人，苏格拉底，请放心把结交朋友的技能授予我吧！""好，克里托布洛斯，那我问你，在你想和任意一个人相识时，你是否同意我向那位朋友说，你对他十分佩服，并愿意与之成为朋友呢？""你大可这样说，我想，不会有人会不喜欢别人对他进行夸奖吧？"

"那么我会接着说因为你钦佩他，并且对他很有好感这样的话，你不会认为我这是在说你的坏话吧？""当然不会，因为当我认为别人对我有好感的时候，我想他们内心也会滋生一些好感的。"

苏格拉底接着说："看来，你是同意跟你要结交的朋友说这样的话了。另外，我会告诉他们你是非常关心你的朋友的，并且没有任何比让你结识到好朋友更让你开心的事了；美好的朋友会成为你的夸耀资本，感觉就像是自己获得了成就一样；当朋友幸运时，你也非常喜悦，就像是自己受到了幸运女神的眷顾一样；你总是热心地为朋友着想，并且你认为善待朋友比善待自己更为重要。若你有这样的美德，我想它们能在交朋结友方面给你很大的帮助。""但是，我留意到你刚刚所问我的话中并没有提到有关我的自由方面的内容，这是为何呢？"苏格拉底回答道："我向宙斯发誓，有一次我从阿斯帕西亚斯[1]那儿听来一句话，大意是指一个优秀的介绍人是需要按照被介绍双方的真实情况来进行介绍的，因为介绍人所介绍的内容会影响双方以后的交往，如果介绍人没有如实地介绍，那么在双方后期的交往过程中，一旦发现受到了欺骗，那么不仅会使朋友关系破裂，还会彼此憎恨，也会彼此憎恨介绍人。我非常赞同这样的观点，所以当我向别人介绍你的时候，我会全部照实说，不会去捏造一些虚假的内容。"

"正如你所说的，我认为你就是这样一个正直的朋友，因为我具有这种结交朋友的资格，所以你才愿意帮助我去介绍新朋友，但如果我自身没有这样的品质，我想你也不会编造任何假话来帮助我的。"

苏格拉底又问克里托布洛斯："克里托布洛斯，你觉得我怎样帮助你比较好呢？是虚构一些你没有的品德来称赞你，还是劝勉你成为一个真正的好人要好些呢？如果你无法确认这些的话，你可以根据我接下来要说的情况来考虑。如果我打算介绍一位船主与你成为朋友，那么我在他面前捏造说你是一个好舵手，他因为信任我就把他的船交给你来驾驶，但实际上你根本不会驾驶船只，你认为你能躲得过船破身亡的灾祸吗？又或者说我用一些欺骗的手段让城邦的人民相信你是个懂战略、懂法律、懂政治的大家，因此他们把国家大事交由你来处理，你觉得城邦和你会遭到怎样的危害呢？还可以这样说，如果在私下的交往中，因为我在向别人介绍你时胡说八道，让别人把自己的财产交由你来保管，而当你应该证实你有这种能力的时候，却被判了欺诈的罪名，这不是让世人都在笑话你吗？所以，如果你想让别人认为你什么事情都能做得好，那么你就应该努力让这件事情成为一件真正好的事情，这才是最快速、安全、美好的方法。人世间所有

1　阿斯帕西亚斯：白里克里斯的情妇。

称之为美德的东西，经过一番考察后你就会知道这些都是通过不断地学习与实践才能获得的。所以我认为，我们要努力获得朋友的原因正是因为有这些依据。如果说你还了解一些其他的方法，那就请教给我吧。"

"哦！不，苏格拉底，如果说要我提出什么反对意见的话，那我真要惭愧得无地自容了。因为如果那样做的话，我所说的内容肯定是一些不光彩、不诚实的话了。"

第七章　自力更生，自我潜能挖掘

苏格拉底不断地努力对他身边的朋友们进行劝导，要他们与朋友之间能相互支援，满足彼此的需要。在本章里会特别说明当所有受过高等教育的人身处困境时，都可以自信地通过自身的能力走出困境。

他不断地劝导他的朋友去解决那些因为无知而产生的各种困难，并且告诫他们运用自身的财力相互为彼此解决因为贫乏而出现的困难。我将把我所知道的关于这一点的事件进行讲述。

有一次，苏格拉底看到阿里斯托哈斯一脸愁容，于是问道："阿里斯托哈斯，你是否有什么心事？你可以尝试将你的负担告诉给你身边的朋友们，也许我们能帮助你，或许我们还可以为你分担一些。"

阿里斯托哈斯回答说："是的，苏格拉底，我现在面临很大的困苦，从城里进行革命[1]以来，很多人都逃往裴拉伊阿，我家族里幸存的姊妹、侄女、表兄弟等近十人都逃到我家里来了，现在家中人口众多，因为田地被敌人霸占，所以也毫无收获。因为城里的居民都逃往其他地方，所以出租的房子也收不到租金，家具也没有人买，在这种情况下，哪里都借不到钱。我真的觉得如果要去借钱，还不如抢劫来钱更快。而我又不能看着自己的亲人这样死去，这种痛苦我无法承受。但以现在这样的局面，要我维持这么

1　指伯罗奔尼撒战争末期发生的革命。

多人的生存，是一件非常困难的事情。"

苏格拉底听完阿里斯托哈斯的诉说后，对他说道："你看看凯拉蒙，他家中也有很多人需要养活，但是他不仅能养活这么多人，还积累了一笔钱，让自己成为了一个家境殷实的人。看看你，同样是有这样的养家负担，但想的却是害怕大家都会被饿死。"阿里斯托哈斯马上回答："他所要养活的只不过是奴隶，但我要养活的却是自己家中的自由人。"

苏格拉底问阿里斯托哈斯："你觉得在这两类人中，是你的自由人比较好还是凯拉蒙的奴隶比较好呢？"阿里斯托哈斯想了想回答："我觉得应该是我的自由人更好。"

"那么，和他在一起的人没有和你在一起的人好，但是他却比你富有，你却感到你的生活很困难，你不觉得这是件有些可耻的事吗？""确实，但是他要养活的只是一些靠手艺养活自己的人，而我所要面对的是有教养的自由人。""那手艺人肯定是知道怎样制作出一些有用的东西，对吧？""是的。"阿里斯托哈斯回答。苏格拉底继续问："那你认为大麦皮也是非常有用的，对吧？""那是自然。""那么你觉得面包怎样呢？""也是很有用的。""那上衣、衬衫、斗篷和背心你怎么看呢？""这些都是很有用处的。""难道和你同住一个屋檐下的人们不会做其中的任意一样吗？""我想这些东西他们应该都能做吧！""你应该知道欧西库代斯仅仅是做了大麦皮这一样就能够保证他和他家人的生活，并且还有自己的农场，赚取的比生活所需的要多很多，所以他还能替城邦干很多事情。你应该也知道库瑞博斯光做面包就拥有了一切，卡鲁托斯人[1]戴米阿斯是做斗篷的，梅农则是制作绒线上衣[2]

---

1 卡鲁托斯人：居住在雅典市东部的居民。
2 绒线上衣：雅典市民穿的一种高档上衣。

的，很多梅格拉人[1]是制作背心的，他们都生活得不错。"

"不错，他们都生活得挺好，那些为他们获得财富的人都是他们买来的奴隶，他们可以支使这些奴隶做他们想要的事情，但是我身边的这些都是自由人或者亲人。"

"难道你认为因为他们是自由人、是你的亲人，就应该理所当然地整天游手好闲不做任何事情吗？你觉得这样度日的人比那些每天会用自己手艺做工的人过得更加幸福快乐吗？你要明白，懒惰和粗心能使人在他们所知道的事情上面加深记忆，而勤劳和谨慎可使人保持身体状况良好，并且在保持对生活有益的事物方面也是对人类有益的。"

苏格拉底接着说："至于那些人所会的手艺，你认为他们是把手艺当作对生活毫无用处的东西呢，还是从来没想过要用其进行学习呢？其实他们从事这些工作或许是有意识的，何况还能从中获益。无温饱之忧终日赋闲有益，还是做一些让人更贤明的事情更有益呢？工作可以让人更正直，游手好闲、只想着购物会让人越来越没有动力。我觉得在现在这样的情况下，你们彼此之间并不爱对方，而且你觉得他们给你带来了沉重的生活负担，他们也能因此感受到你对他们的厌烦。而且更危险的是，你们彼此之间存在的这种情况只会越来越强烈，以至于曾经你们之间友爱的程度会逐渐降低。但如果你能让他们从事一些事情，可让你在得到他们所为你带来的好处的同时，让你从心里开始喜欢他们，并且如果他们看到了你的满意，减少了你和他们之间的厌烦，他们自然也会变得更加喜欢你。这个时候，你们的心情都是健康积极的，你们在这样的心理状态下去回忆曾经的美好时，会让彼此的关系更为亲密。而且他们并不是做什么不光彩的事情。他们做

---

1. 梅格拉人：指在梅格拉居住的居民。

的事情是非常光荣而且很适合妇女们做的事情。只要是人会做的事情，那么上手起来是非常快的，而且做得顺手，人的心情也会很好，会很愉快、很乐意地做下去。所以赶快动起来吧，为什么不赶快去做这些对彼此都非常有益的事情呢？他们一定会非常乐意做这些事情的，并且我想你们也都能收获彼此想要的东西的。"

阿里斯托哈斯说："苏格拉底，你说得没错，你给我的忠告非常好。其实我从来都不喜欢向别人伸手借钱的，因为我知道当我把所借来的钱花完了之后，我没有偿还的能力。但现在为了获得必要的启动资金，我决定尝试这样做。我想我是可以做到的。"

后来，阿里斯托哈斯凑足了必要的资金，买来了羊毛，女士们一边吃午饭，一边工作，晚餐是在收工之后进行。她们满脸兴奋，不似从前那样愁云满布，过去的忌妒与猜忌变成了一团和气。她们对阿里斯托哈斯拥护不已，把他视为保护伞。阿里斯托哈斯也因为她们为他创造了价值而非常热爱她们。阿里斯托哈斯找到了苏格拉底并且把家中现在这样积极热闹的状况告诉了他。并说妇女们为只有他自己还在吃白饭而感到遗憾。

苏格拉底听完后说："你怎么不把狗的故事讲述给她们听呢？曾经传说兽类也都是会说话的，有一只羊就对它的主人说：'我们都不懂你，为什么你从我们身上得到了羊毛、奶酪，但是你却只给我们田里可以得到的东西，其他什么都没有，但是狗没有给你贡献任何东西，它却能享用你的食物？'这样的话传到了狗的耳中，狗说道：'我向宙斯发誓，是谁保护你们免于盗贼的惦记，是谁保护你们不受豺狼的掠夺？如果没有我，你们还不知道能活过几日呢。如果没有我，你们能安安心心地吃饭吗？'后来所有的羊都赞同狗是应该享有如此的地位的。那么，你也可以这样告诉你的亲属们，你其实与传说中的狗是一样的，是她们的保护者，因为有你的存在，她们才能安安心心地工作。因为你为她们排除了一切困难。"

第八章　审时度势，合适最重要

犹泰鲁斯的年纪变得越来越大了，苏格拉底劝他应另外找一份比较合适的工作，因为他现在的这份工作已经不太适合他的年纪了，建议他可以去富人家里做个管家。犹泰鲁斯却不愿意，他说他不愿意为一个主人负责，苏格拉底就反驳说这个世界上没有任何一份工作是不需要负责任的。

苏格拉底在见到多年未见的老朋友犹泰鲁斯时说："犹泰鲁斯，你可以告诉我你是从哪里来的吗？""在战争结束之后，我就回来了。自从我们失去了国外的财产之后，我的父亲在亚底该 [1] 也没能留下些什么给我，所以我必须靠自己的劳动来维持自己的生存，我觉得这样做总比借贷要好得多，何况我也根本没有什么值钱的东西能够作为抵押去向别人借钱。"

苏格拉底说："你认为你靠卖力气来维持自己的生活能持续多久呢？""当然不能很久了。""你要知道，当你年纪逐渐增长的时候你还是必须要用到钱的，到那时候你觉得会有人给你工作并且支付报酬吗？""你说得也对。"犹泰鲁斯回答。

"那你还不赶快去找一个能赡养老年人的工作，比如去一个富人家里做管家，帮他收采谷物、打理财产。你努力为他做好这些后，让他给你养老。"

"苏格拉底，我要向你说明的是，我是坚决不会去做一个奴隶的。""但

1　亚底该：以雅典为首府的希腊地区名，位于波俄提亚南边。

那些国家的要臣们，人们会把他们当作奴隶来看吗？不是非常尊敬他们吗？""但是……苏格拉底，不管怎么说，我是不愿意向任何人负责的。""犹泰鲁斯，你有没有想过，要找份不负责任的工作有多难？一个人不管做什么，犯错误是在所难免的。即便是没有犯错，那想避免别人不公正的评判也是很难的。如果我没有说错的话，你现在所做的工作，就算想要完全不担负职责，也是很难做到的吧？所以你应该避开那些吹毛求疵的主人，去找那种体贴人的主人，做你能够做到的事情，超过你能力范围的事情就不要去做。不论是什么任务，只要尽心尽力去做，就能避免别人无端地指责你，并且在你困难的时候也能得到他们的帮助，使你生活得舒服且能保全自己，到了年老力衰的时候也能得以养老。"

第九章 提供平台，收获双赢

克里同家境殷实，他称自己经常被告密者[1]骚扰，苏格拉底建议他雇用家境贫寒但却熟悉法律的阿赫戴马斯[2]来为他辩护，这对于双方都是有好处的。阿赫戴马斯也经常帮助别人，并因此获得了酬金与名声。

苏格拉底有一次听到克里同说，在雅典，一个安分守己的人想要生活下去是比较困难的，并且克里同还补充说现在就有人正在起诉他，并不是因为他伤害了对方，而是那些人认为他会花钱来息事宁人。

"那么克里同，请你告诉我，你是不是养了狗来防止豺狼进入你的羊群中呢？""必须饲养狗，如果不饲养的话，是非常不合算的。""那你为什么不雇用一个既愿意帮助你并且也有能力帮助你的人来为你防御那些企图伤害你的人呢？"

"其实我是很愿意这样做的，但是我害怕他会反过来加害于我。""怎么会呢？难道你不觉得要讨好像你这样的人比得罪你更加能心情舒畅吗？并且还能获得不菲的酬金。你可知道，现在这里就有人把能结识你当作一件无上光荣的事呢！"因为有了这次谈话，后来他们找了阿赫戴马斯这个非常擅长辩论并且才能出众的人，虽然他很贫穷，但他并不是那种不择手

1　告密者：专门折磨富有阶级的人，他们认为这样有助于维持民制。

2　阿赫戴马斯：苏格拉底的门人，公元前401年参加希腊雇佣军小居鲁士争夺波斯王位未遂，次年率兵而返。公元前369年投奔斯巴达，被母邦判处终身放逐。

段、唯利是图的人，他正直而善良，他有自信能把属于克里同的东西从那些告密者手中夺回来。所以，每当克里同收获谷物、油、酒、羊毛或任何其他农产品的时候，他都会送一部分给阿赫戴马斯，并且在他每次献祭的时候都会邀请阿赫戴马斯共进晚餐，全方位地照顾了阿赫戴马斯。自然，阿赫戴马斯也把克里同当作自己的恩人，对他尊敬有加。后来，他发现那些控诉克里同的人其实存在很多违法行为，并且还有很多仇家。他依法检举了其中的一个，根据律法，这个人会被判处刑罚或者处以罚金，这个人深知自己犯了法，所以想尽一切办法想逃脱阿赫戴马斯的追讨，但是阿赫戴马斯却很有耐心地等到他撤销了对克里同的起诉并且赔偿了克里同的损失后才作罢。

当阿赫戴马斯在这件事及后续一些类似的事件上都取得成功之后，很多人就像当牧羊人有了一条好狗后，其他人都愿意把自己的羊群安置在他的羊群四周，以便自己的羊群也能得到看护一样，克里同的很多朋友都请求克里同能准许他们请阿赫戴马斯作为他们的保护人。阿赫戴马斯自然是乐意讨好克里同的，因为这样不仅能使克里同本人得到安宁，连同他身边的朋友也能得到安宁。如果有人与阿赫戴马斯意见不合并且指责他讨好克里同是因为受了克里同的恩惠时，阿赫戴马斯会反问他："是接受正直人的优待并且回报他，与恶人失和可耻呢，还是与那些加害善良高尚的人，并与有品德的人成为仇敌，与恶人同流合污可耻呢？"从此之后，阿赫戴马斯逐渐成为了克里同的朋友，并且得到了克里同及很多他的朋友的尊敬。

第十章　适时投资换来丰厚回报

苏格拉底认为人们对于一个奴隶的生命都知道爱惜与救护，那么就更加应该去努力帮助朋友，因为朋友的回报是会远远超过一个奴隶的，所以苏格拉底劝说富有的狄奥多鲁斯应帮助他那个饱受贫困的朋友海尔莫盖尼斯。

下面我将讲述他与狄奥多鲁斯的一段对话。

"请告诉我，狄奥多鲁斯，如果你的一个奴隶跑掉了，你是否会想尽一切办法把他找回来呢？""那是当然，我还会进行悬赏，请别人一同帮我找回来呢。"狄奥多鲁斯回答。

"那如果你的一个奴隶生病了，你是否得照顾他，并且还要请医生来治病让他保住性命呢？"苏格拉底继续问道。"是的，我会的。"

"你有没有想过，如果有一个相对于奴隶对你更加有用的人，但是他现在面临贫困而有死亡的危险，你觉得是不是值得去施以援手来拯救他的性命呢？我想你应该知道海尔莫盖尼斯是怎样的一个人，他是那样的耿直，如果你施以恩惠于他，他如果不予以回报，他会认为自己是个无耻之人。像他这样一个性格沉稳、忠实可靠的人很适合作为助手，他不仅能够将你吩咐的事情全部做到位，还能主动地为你出谋划策。我相信他的价值是远远高于你的那些仆人的。一个真正好的管家知道当有价值的东西在市场价处于最低的时候，就是最适合买入的时候。那么按照现在的情况来看，目前就是你获得海尔莫盖尼斯这位朋友的最好时刻。""苏格拉底，我非常赞同你所说的。那么请你去叫海尔莫盖尼斯来我这里吧！""不，我绝对不会这样做的。你应该亲自去请他到你这里来，因为这样的话与你亲自去他那里是同样的光荣，但是对于他来说意义却是不一样的。这样对你的好处会更大。"

　　说完，狄奥多鲁斯就起身前往海尔莫盖尼斯家，他在没有花多少代价的情况下就得到了一个朋友。后来，这个朋友不管是在说话还是做事等各个方面，都能为狄奥多鲁斯的利益考虑，并且深得狄奥多鲁斯的欢心。

第三卷　勇敢

第一章　责任的承担者

现在我要做的就是证明苏格拉底给那些在岗位选择上有光荣期待的人做出了巨大贡献，正是因为有了苏格拉底，这些人才注意到了自己在岗位上所应当承担的责任。

有一次，苏格拉底听说狄阿奴沙多鲁斯[1]到城里[2]来了，而且他还声称自己要向人们传授为将的艺术。这时，苏格拉底发现自己身边有一个人曾有过在这个城邦里谋求一个光荣岗位的梦想，于是苏格拉底对这个人说："年轻人，如果只是一味地想在城邦中为将，而不注重业务学习的话，那么这个人是可耻的。这样的人就必须被城邦所惩罚，这惩罚要远比一个毫无雕刻经验却与城邦定下了雕像合同的人所受到的惩罚还要多。要知道，当战争到来的时候，一城之将手里掌握着整个城邦的命运，如果他获胜，整座城就会因此受益；可是一旦失败，整座城也就因此蒙受巨大损失。这么一说，那些一城之将如果荒废了业务学习的话，怎么能不重重地惩罚他们

1　狄阿奴沙多鲁斯：小亚细亚沿岸爱琴海上的基阿斯岛人，此人最初在雅典教授军事技术，后来又学习诡辩术。

2　城：这里指的是雅典城。

呢？"苏格拉底的一番话勾起了这个年轻人的学习欲望。就在他学成归来时，苏格拉底又玩笑似的对他说："各位，大家发现没有，这位年轻的朋友已经同荷马所说的'威风凛凛'的阿伽门农[1]一般掌握了将兵术，难道他就不威风凛凛吗？就好比是一个学会了如何弹七弦琴的人，即便不弹奏乐器，他也应当是一个七弦琴师。再比如一个学会了医术的人，即便他不开张营业，他也是一个医生。因此这个年轻人即便未被选为城邦之将，他往后也是个将才了。"但紧接着苏格拉底又说："不过，既然这样，不如你先给我们讲讲行军打仗的知识吧，如果有一天我们当中的任何一个人在你所统率的兵营里供职，也能因此多一点军事知识的储备。"

年轻人听后说道："可是我除了战术以外就没有学到其他的了。"

苏格拉底继续说："可是这仅仅是兵术中的冰山一角。一个将才在战争开始前要做充分的准备，首先是要解决部队的粮草补给问题；其次是自己要时时保持清醒，有足够的智慧和忍耐力，做事谨慎，精明能干，对待自己的兵士要态度和蔼却不失严格，而且还要坦率但又不失狡黠，时刻保持高度警惕的同时还能巧于偷袭，还有就是要表现出慷慨的一面，又要认真计较细节，有着周详部署的能力，还要大胆进取。除上面所提到的以外还有其他很多品质都是将领必须具备的，这些品质中一部分是他们先天就具备的，有的是需要后天习得的。学会了战术也是很重要的，一群乌合之众与一支训练有素的军队之间的战斗力差别巨大，这就好比是一堆随意堆放的砖石瓦块，乱扔在一起是没有太大价值的。可是如果能够好好地利用，以石头为基、砖石为墙、木头为梁的话，就能盖出房子来。"

"苏格拉底，你说得对。"年轻人回答道，"战争中冲在最前面和殿后

1　阿伽门农：希腊神话中的阿尔加斯王，曾率领军队攻打特洛伊。

的应该是自己的精锐部队，凡是战斗力稍差的队伍放在中间，这样一来无论是前锋的带领还是后卫的推进都可以帮助他们提升战斗力。"

苏格拉底继续说道："如果你曾经学过如何判断部队的好坏的话，这一点很不错，要知道没有了它们你学习这些也就不存在意义了。这就好比是你学会了要把最好的钱币放在最前面和最后面，最坏的放在中间，可是如何辨别好坏钱币的方法却没有学到，那这战术一样是没有价值的。"年轻人回答："事实上，我真的没有学到如何辨别好坏部队的方法，如何判断只能依靠自己的力量。"

"那我们为什么不在这个问题上尽量避免出现错误呢？"苏格拉底继续问。

年轻人回答："这个我很乐意。"

苏格拉底又问："在我们夺取一笔巨款的时候，把那些最贪钱的人放在最前方不就是最为正确的做法吗？"年轻人回答："我确实是这么想的。""对于那些将要面临危险的人我们该怎么做呢？是不是要把最有荣誉感的人放在最前面呢？"年轻人回答道："至少应该这么做吧。因为他们是可以为了荣誉而甘冒危险的人，并且他们到哪里都是最为优秀的人，可以很容易地把他们从众人中挑出来。"

苏格拉底继续问："那么，你学到的仅仅是排列方法，还是说连同这排列方法的目的和所有队形的应用方式也都学到了呢？"年轻人回答："只有方法。"苏格拉底说："可是在不同的场合中，即便是一样的排列组合也可能产生不同的效果。""事实上，我在学习中没有得到这样的解说。"年轻人回答道。苏格拉底对年轻人说："那么，你就回去再问问你的老师，要是他知道且还具备廉耻之心的话，那他就一定会为还没教好你而惭愧不已的。"

第二章　好的将领什么样

一个优秀的将领首先要考虑的是军队的安全，以及维护军队和取得胜利的措施，对于个人的荣誉应当和全军的荣誉相互关联。

一次，苏格拉底遇到了一个已经被选为将领的人，他问道："荷马把阿伽门农称为人民的牧者，这是为什么呢？难道不是因为将领就好比是一个要负责整个羊群安全的牧者那样吗？牧者要为羊群供给足够的饲料以保证羊群的成长。同样地，将领也要照顾士兵的温饱、安全，这才是一个合格的将领所要完成的任务啊。之所以要求将领这么做，归根结底还是因为需要士兵为他们取得更多的胜利。此外，荷马还将阿伽门农称为一个良好的君王兼英勇的战士。很显然，他的意思是指，一个能带领全体士兵如自己一般骁勇善战的将领，就一定是一个英勇的战士，而一个除了让自己的生活幸福美好外，还顾及自己所统率的士兵的幸福的人，就一定是个良好的君王。人们在推选国王的时候，是希望借着国王的力量来让自己获得更多的好处和幸福，而不只是国王自身的幸福。人们之所以参与到战争当中，无非也是希望自己将来的生活更为美好，因此在推举将领的时候，他们也会从这个目的出发进行推举。对于一个指挥官而言，没有什么比实现推举他的人们的目的更恰当的责任了，而且发现自身能够做出努力也是最为光荣的一件事情。"

显然，苏格拉底认为一个好将领就在于能为推举他的人们的幸福着想，这是苏格拉底唯一考虑的，除此品质以外别无其他。

第三章 雄心壮志是丰功伟绩的动力

我印象中苏格拉底还和一个已经被推举为骑兵指挥官[1]的人有过一次谈话，大致是这样的：

苏格拉底问道："年轻人，可以告诉我你之所以渴望成为一名骑兵指挥官的目的吗？我想，你不会是因为想在进攻的时候能走在骑兵的最前端而有了这样的渴望吧？要知道这份荣耀是专属于骑射手的，他们甚至经常走在指挥官的前面。"

年轻人听完说："你说得对。"

苏格拉底继续说："不是为了哗众取宠吧？要知道想引人注意疯子也是可以做到的。"年轻人对苏格拉底的观点又表示赞同。苏格拉底又说："那么，你的想法应该是在骑兵训练有素之后，使之具备强大的战斗力再将其交于城邦，有朝一日城邦需要骑兵的时候，你就可以发挥自己的骑兵统率作用，为城邦做贡献，是吧？"年轻人回答："是的。"

"你只要能做到这一点，就是件好事。只不过被推举的所有职务是不是不含指挥马和骑马的人呢？"苏格拉底又问道。年轻人回答："是这样的。"

"那你先来说说就马匹改良的问题你有什么打算？"苏格拉底问年轻人。"可是我认为这件事不在我的职责范围之内，我觉得在每个人心目当中都

---

1 骑兵指挥官：当时雅典城设有骑兵指挥官，他们有指挥骑兵的权力，但必须服从步兵指挥官或者十将领的命令。

有自己属意的马匹。"

苏格拉底又说:"假设一些上阵的士兵所骑的马是瘸马或者是身体孱弱的马,甚至是一些因为喂养不好而无法跑的马,也还有一些马因为桀骜不驯或者品性很是恶劣而完全不服从调度的话,那么骑着这些马的士兵对你还有什么价值吗?你统率的这样的骑兵队伍对城邦而言又能有什么大贡献呢?"年轻人听完以后对苏格拉底说:"这话说得很对,我一定会尽我所能去照料我的马匹的。"

苏格拉底又问:"那你是不是也打算要训练好人呢?"年轻人回答:"我有这个打算。""那你首先要训练他们的是不是骑马技术?""我一定会这么做的,至少要保证他们如果从马上摔下来的话不至于伤到自己的生命。"年轻人说道。苏格拉底继续问:"如果一定要你冒险去作战的话,你会选择诱敌深入,与敌人在自己的练兵沙场[1]上作战呢,还是选择在同敌军所在的地形相似的地方练兵呢?"年轻人回答:"很显然,我会选择后者。"

"那么你会想方设法让士兵们在马上向敌人投掷矛戈吗?"苏格拉底继续发问。"这是必然的,因为这个办法很好。""你考虑过如何鼓舞骑兵的士气吗?你考虑过如何激发他们同仇敌忾的斗敌精神吗?"年轻人斩钉截铁地回答:"无论如何我都要尝试去做做看。"

"关于士兵服从的问题你考虑过吗?无论是马匹还是士兵,即使他们都精神百倍、士气旺盛,但如果不服从命令的话,他们的士气就一点儿作用也发挥不出来。"年轻人听了苏格拉底的话后说:"你说的句句属实,可是苏格拉底,你有什么好办法来培养士兵的服从意识吗?""你应该知道,不论在什么情况下,人们都会服从自己认为最具指挥家气质的人的命令的。

---

1 沙场:希腊的骑兵一般都是在平坦的沙地上行进,所以称之为沙场。

对于病人而言，他们乐意服从他们认为最好的医生的医嘱；对于水手而言，他们会听从最好的舵手的命令；对于农夫而言，他们会听从最好的农夫的建议。"苏格拉底解释道。年轻人点头说："事实确如你所说的那样。"

"所以说，在训练马术这件事情上，人们往往最愿意服从那些最懂得如何做的人。"苏格拉底继续说道。年轻人问："苏格拉底，要是我是这群人当中最好的骑手，人们就会心甘情愿地服从我吗？""那是自然。可是如果你除了有良好的骑术外，还能有让他们信服的能力，那么他们就会感觉服从你是一件既安全且好的事情。"年轻人感到疑惑："我要怎么让他们相信服从我是件安全的事情呢？""这不难，至少要比叫他们相信坏事要好于好事容易得多。"年轻人继续问："也就是说，一个优秀的骑兵将领不但要具备骑兵的品质，还要是一个优秀的演说家？""难不成在你的眼里骑兵将领都是沉默寡言的人？难道你没有发现，平常我们所学到的任何一件好东西都是通过语言来获得的吗？认识生活中的一切事物，包括获取其他的有用知识都不能脱离语言。因此可以说，最好的老师就是那些能得心应手地运用语言的人，懂得最深奥道理的人也必定是最懂得讲话技巧的人。难道你没有发现，我们所在的城邦里的歌舞团，譬如派往德洛斯[1]的歌舞团，无论什么时候都比其他城邦的歌舞团强上百倍吗？何况其他的城邦总是无法招募到如我们的歌舞团里那些漂亮的人才。"年轻人听后表示认同。

苏格拉底继续说："雅典人之所以比其他城邦的人强并不仅仅是因为声音婉转或是身材魁梧，更重要的是雅典人有着其他人无法比拟的雄心壮志，这是激励人们立下丰功伟绩的最大动力。"年轻人说："这话没错。"

苏格拉底接着说："你有没有考虑过，假使有人打算去改良这里的骑兵

---

1 德洛斯：希腊东南部的群岛之一，也被称为圣岛，岛上有阿波罗庙，雅典人每年派一个歌舞团到德洛斯，每五年派一个代表团（含歌舞团）去岛上参加纪念阿波罗而举行的赛会。

队伍的话，那么骑兵在装备、马匹、纪律和战斗精神上就会大大赶超敌人的（只要他们认为这会因此获得赞扬和光荣的话）。"年轻人点头认同。

"那好，既然如此就不要迟疑了，好好地去激励一下自己的士兵吧。这么做不但可以使自己获得好处，全城邦的人也会因此获益。"苏格拉底鼓励年轻人。年轻人坚定地回答："我会的，一定会的。"

第四章　好领导与好将领之辩

尼各马希代斯对雅典人没有推选自己为将领很是埋怨，因为他认定自己是一个有丰富作战经验的人，可是这一殊荣却落到了一点作战经验都没有的安提斯泰尼斯[1]头上。苏格拉底对尼各马希代斯解释说，尽管安提斯泰尼斯没有亲自征战过，但是他身上具备了所有优秀将领必备的资格。

苏格拉底有一次看到刚从选举现场回来的尼各马希代斯，就问道："尼各马希代斯，谁当选了呢？"尼各马希代斯回答："苏格拉底，雅典人永远都是老样子。自打我开始服兵役，就兢兢业业，无论是排长还是连长[2]，我都历尽艰辛，还在几次战役中负了伤（说话间还把自己的伤疤展示给苏格拉底）。可是他们却没有推选我，而是推选了一个连丝毫作战经验都没有的安提斯泰尼斯，这个人不但没参加过步兵作战，也不懂骑兵，他只知道要钱，什么都不懂。"

苏格拉底听完后问："这难道不是一件好事吗？这样至少他可以为士兵们提供足够的补给。"

尼各马希代斯听到这儿反驳道："善于聚敛钱财的商人不一定就懂得怎么带兵。"

苏格拉底继续说："可是有像安提斯泰尼斯这样的好胜心对一个将领来

1　安提斯泰尼斯：雅典的富有者，代表其族人自行出资筹建歌舞团，以便在祭典时演唱。
2　大致管十人为连长，管二十五人为排长。

说是非常必要的。难不成你不知道就在他当歌舞团团长的时候，他的歌舞团总是表现得最好？"尼各马希代斯立即回答道："确实如此，可是做一个歌舞团的领导和做一个军队的将领两者是有区别的。"

苏格拉底又说："不过，你要知道安提斯泰尼斯在担任歌舞团团长的时候，也不懂音乐，也不懂如何管理歌舞团，可是他却很善于挖掘这方面的人才。"

"可是军队里也可以有人来替他调配队伍，寻找他人来替他打仗啊！"尼各马希代斯说道。苏格拉底立刻回答："假如在管理军队上也能同管理歌舞团一样，挖掘最合适的人才，那么他也可以获得同之前一样的胜利。更何况，如果他想要在城邦之间的战争中获得比他的家族¹在歌舞竞赛中获得的胜利还要大，他必然会更舍得下血本。"

尼各马希代斯说："苏格拉底，你的意思就是一个能当好歌舞团团长的人也可以管好军队了，是吧？"苏格拉底回答："我的意思是，一个人只要懂得自己要的是什么，而且能为此达到自己的要求，不论他领导的是什么，一个歌舞团也好，一个家庭也好，一个城邦也好，甚至是一个军队，他都会是个好领导。"尼各马希代斯接着说："事实上，我从未想过你会认为一个好的管理者也会成为一个好的军队将领。"

苏格拉底说："这样的话，我们就先把两者的职务进行比较，一起来看看两者是否有区别。"尼各马希代斯同意这个做法。苏格拉底接着说："很显然，两者的责任其实都是让自己的部下服从自己的指挥和安排。""这话不假。""两者的责任难道不都是因人而异，把最合适的人派到最合适的岗位上去吗？""是的。""我认为，两者的责任也都应该是奖励好人，处罚坏

1　家族：当时雅典有十大家族。歌舞团的演出都是以家族的名义进行的，所以这份光荣也算是家族的光荣和荣耀。

人吧？""没错。""两者难道不应该让自己的部下对自己有好感吗？""当然需要。""那你再想想，两者是不是都要去争取自己的同盟或是支持者？""这是必须的。""两者是不是都要爱护自己的财产呢？""毋庸置疑，是的。""两者需不需要热心自己的事业且孜孜不倦地为之奋斗呢？"尼各马希代斯回答："你说的这一切两者都是相同的，可就是行军打仗是不一样的。"

　　苏格拉底接着反问："那两者都应该有敌人吧？"尼各马希代斯回答："那一定是有的。"苏格拉底又问："那么两者是不是都应战胜敌人而获益呢？""当然了。""姑且不说这个，与敌人作战必然存在。那么一个善于做家务的人是否有价值呢？""一定是有价值的，而且还很大。"苏格拉底接着说："可见，一个善于做家务的人一定知道，战胜敌人是最为有利、最为划算的事，而吃败仗则是最不划算的事情。既然如此，他就一定会费尽心思去争取战争的胜利，更会谨小慎微地去避免失败的出现。一旦他意识到自己已经为胜利做好准备的时候，他必然会全身心地投入与敌人的战斗中去。更重要的是，在他尚未做好准备的时候，他会避免去和敌人正面交锋。因此，尼各马希代斯，不要小瞧那些善于做家务的人。个人事务的管理和公众事务的管理二者之间有很多相似之处，不过是在事务的大小上有所区别罢了。最重要的在于两者都需要用人来管理，而且管理两者的绝非两类人，在公众企业和私人企业方面从事管理的人都应该是同样性情的人。所以只要是能懂得如何用人的人，管理任何一类企业都能获得良好的管理效果，不知道如何用人的人不论做什么都会失败。"

第五章　学会及时提升能力

一次，苏格拉底在和大白里克里斯的儿子小白里克里斯[1]交谈的时候提道："白里克里斯，你如今已经是城邦的将领了，我想对你说的是希望你将来在领军打仗方面能做得更好，变得更强大，更有把握战胜敌人。"

白里克里斯答道："苏格拉底，我何尝不想像你所说的那样呢，可是我也不知道什么时候能达成所愿。"

苏格拉底继续问："那你愿意和我一起讨论一下如何去实现它们的问题吗？"

白里克里斯回答："我很乐意。"

苏格拉底问："要知道，就单纯人数而言，雅典人和波俄提亚人的数量相差并不多。"

"这个我知道。"白里克里斯回答。

苏格拉底继续问："那么在雅典人和波俄提亚人当中，哪个更能够选出身强体壮的勇士来呢？""很显然，雅典人这方面不弱于波俄提亚人。""那么你觉得哪一类人更为团结呢？""我觉得雅典人更团结。波俄提亚人因为

1　小白里克里斯：他其实是大白里克里斯的私生子，在大白里克里斯的儿子们都去世了之后，雅典人为了纪念他的功绩，就推选小白里克里斯为将领，但他最终因为战争失败而被处决。

塞比人的贪得无厌，而对之产生了仇恨[1]，可是雅典人却没有类似的情况出现。""况且，雅典人一向被认为是最爱好荣誉、最为慷慨的人，他们会为了自己的荣誉和祖国奉献自己，就算是牺牲也在所不惜。""没错，这方面雅典人当之无愧。"苏格拉底继续说："雅典人比任何一个民族都为自己的祖先创下的基业而感到自豪，很多雅典人因此备受鼓舞，并由此培养出了刚毅果断的品质，成为了勇武之人。"白里克里斯回答道："苏格拉底，你说的这些我都同意。可是自从在莱巴底亚[2]托尔米戴斯和他的一千将士溃败，以及在戴利昂希帕克拉退斯[3]节节败退之后，雅典人就不再拥有对波俄提亚人战争上的光荣了，也就从那时起，塞比人也开始瞧不起雅典人了。以前，波俄提亚人即便是在自己的土地上也不敢轻易同雅典人宣战，除非有拉开代莫尼人和其他裴洛帕奈西人的帮助，可是现在他们却独自向雅典人宣战。反倒是之前战胜过波俄提亚的雅典人畏首畏尾，害怕波俄提亚人会把自己的城邦夷为平地。"苏格拉底接着说："你说的这个我也清楚。可是我认为无论对于什么样的将领，这个城邦的情况反而是有利的。要知道自特常常会让人疏忽、怠慢和违抗将令，而只有恐惧才会让人节制、注意和服从。从这个层面上说，水手们的行动就可以作为一个很好的佐证。就在他们无所畏惧的时候，他们充其量不过是一群乌合之众；可一旦暴风雨来临或是面对战争时，他们是最能服从的人，让他们做什么他们就做什么，而且此时的他们还如歌舞团的演员一样，团结且无条件地服从领导的安

---

1 塞比是波俄提亚的首都。这句话的意思是波俄提亚人很仇恨塞比人，也就说明波俄提亚人内部很不团结。

2 莱巴底亚：是波俄提亚中部的一座城市，这次战争发生在公元前447年，托尔米戴斯是当时的将领，他带领的一千人的雅典部队被全歼。

3 希帕克拉退斯：雅典军队的将领。这次战役发生在公元前424年，就在这次战役中，希帕克拉退斯阵亡。

排。"白里克里斯说："既然他们愿意听从指挥，那现在怎么让他们拥有从前那样的精神、荣誉感和幸福感呢？"

苏格拉底说："假设我们希望人们讨回已被他人所占有的产业，最行之有效的方法就是向他们证明这份产业从源头上讲就是他们祖先所有的，因此他们也应该拥有这份继承权。如果我们要求他们有非凡的勇气，那么就要告诉他们，他们的祖先就曾有过如此不俗的勇气，只要努力恢复，他们也会成为最为英勇的人。"

白里克里斯问："那该如何告诉他们呢？""或许我们只需要提醒他们，他们的祖先就同他们所听说的那样英勇。"

"你的意思是，凯克拉普斯[1]和他的同伴们就因为英勇无敌，所以在神明中所做的裁判说了这些吗？"苏格拉底回答："是的，我就是这个意思。此外，我所说的还包括了艾瑞赫修斯[2]的诞生和教养，这当中有他所处的那个时代和周边大陆人们所发生的战争；也包括了赫拉克雷斯的子孙所领导的战争与裴洛帕奈西人的战争，以及泰苏斯领导的所有战争等。上述的这些战争都让他们证明了自己是那个年代最为英勇的人。事实上，我所指的就是他们的子孙。他们生活的年代于我们而言并不久远，他们依靠自己的力量，同亚细亚甚至马其顿的欧洲霸主们进行了多次战争（霸主们不但继承了丰厚的财产和至高的权力，同时他们也因此建功立业），同时还和裴洛帕奈西人一起扬威天下。人们都认为这些功业远远超过了同时代的其他人。""人们确实是这么说的。"白里克斯说道。

"所以，尽管有大量的希腊人迁出本土，可是还有大部分的人仍然居

---

1 凯克拉普斯：原本是埃及人，大约在公元前156年，他在亚底该建立了殖民地，他所建立的十二个殖民村庄并在一起就是雅典城。

2 艾瑞赫修斯：雅典的第四个王，也有人说他是第六个王。

住于此。总有那么多有争执的人希望他们进行仲裁，也有那么多遭受强者侮辱的人希望得到他们的援助。"白里克里斯继续说道："我总是感觉奇怪，苏格拉底，为什么我们的城邦会如此衰弱。"

苏格拉底回答："就像那些原本实力超群、成绩出众的人，由于一时大意就落后了一样，我想雅典人也是如此。有了那么大的功绩之后，一时疏忽就落在人后了。"

"该怎么恢复他们的荣誉感和进取心呢？"苏格拉底说："这件事原本就没什么神秘之处，只需让他们明白自己的祖先是英勇的，若努力赶上自己的祖先，自然也不会比祖先差多少。如果不这么做的话，那就让他们去效仿如今处在统治地位的人们，以他们行事的方式为模板，认真细致地对待自己的事业，他们自然也能取得成就。要是能更勤奋一些的话，就会有更大的成就。"

白里克里斯说："那你的意思是，我们的城邦距离完善还有很长一段距离吧？那么雅典人要什么时候才能同拉开代莫尼人一样尊崇自己的祖先呢？从父辈开始，他们就一直蔑视年长的人了。还有，雅典人什么时候能同拉开代莫尼人一样开始锻炼自己呢？要知道他们自己不锻炼就算了，还嘲笑锻炼的人。雅典人什么时候才能和拉开代莫尼人一样地服从领袖呢？他们现在总是以蔑视领袖为荣。雅典人什么时候才能同拉开代莫尼人一样团结起来呢？如今的他们总是相互伤害，不但不合作，还彼此忌妒，只看重自身的利益关于这一点他们做得比其他人更厉害。不管是私人场合还是公共场合，他们总是比其他人更喜欢吵架，彼此控诉，喜欢占对方的便宜，从不考虑互帮互助。公众的事务在他们眼里总好像是和自己不相干的一样，可是他们却喜欢争吵着要去管理这些事务，还认为这种争吵是一种乐趣。正因为这样，灾祸和罪恶才在这个城邦里慢慢滋生，人民当中也不断有仇恨和怨气出现。所以我常常感到恐惧，只怕会有难以承受的大灾祸降临到这个城邦。"

苏格拉底说："白里克里斯，千万别认为雅典人的毛病已经非常严重，甚至是无可救药了。你可曾发现在海军训练上，他们仍旧是井然有序的；在运动竞赛上，他们仍旧是十分服从领导的；在歌舞训练上，他们也仍旧是不逊于其他人的。"白里克里斯回答道："确实是这样的。这些人[1]通常都能服从领导的指挥，反而是那些从民众中挑选出来的被认为是道德最为高尚的骑兵和步兵成了最难服从命令的人。"

苏格拉底问道："白里克里斯，你觉得阿莱阿斯帕各斯[2]的法院怎么样？他们难道不是由那些久经考验的人组成的吗？"白里克里斯回答："那是自然。"

"那你觉得还有谁会在断案上比他们做得更好、更合理、更有尊严、更公正呢？"白里克里斯回答："我实在找不出他们的毛病。"

苏格拉底继续说："既然如此，对于那些不遵守纪律的雅典人，我们也不能太过失望。"

白里克里斯接着说："但是，他们在那些需要慎重对待的纪律和军事命令上也很不注意。"

苏格拉底回答道："或许是因为那些指挥他们的人的军事知识也很缺乏。难道你没有发现，对于那些竖琴演奏者、合唱演员、舞蹈演员、摔跤家或是角斗家来说，如果是缺乏必要知识的指挥家是无法指挥他们的吗？他们能接受的指挥一般都来自于那些能够说出自己擅长的技艺源自何处的

1　这些人：指的是上述海军中的水兵。

2　阿莱阿斯帕各斯：雅典城堡对面的一座小山，是古雅典最高法院所在地，法院因所在地而得名。

人，对比现在的将领，大多数人事先都没对相关技艺进行学习。这话不单单是指向你一个人，因为我认为你是可以说出自己的军事技艺是什么时候学到的，就好比你能顺利地说出自己是什么时候学会摔跤技艺的那样。除此以外，我还坚定地认为你的父亲让你学会了很多的战争原理，你自己所学到的所有知识也让你能够搜集众多对成为将领非常有价值的信息。在我看来，你总是在努力地让自己不错过任何一种有意义的信息和技能。一旦你发觉自己在某个方面存在不足，你就会毕恭毕敬地向那些懂得此类技能的人虚心请教，这样的话就能从他们那里获得相应的知识，从而提升自己。""苏格拉底，我发现你之所以说这么一段话，绝不是因为你认为我已经做到了这些，而是希望我能确信，身为将领的人就必须重视这些事情，关于这一点我完全同意你的看法。"

苏格拉底问道："白里克里斯，不知道你有没有注意到，我们国家的边境地区有整片山脉向波俄提亚延伸，通过狭窄险峻的峡谷一直通到了内地。另外，在我们国家的中部还有一条像带子一样环绕着的强大山脉。""确实如此。""那么不知道你是否听说过，米希亚人和皮西底人[1]占据着那块土地中最为强固的地区，只因为他们有非常强大的轻骑设备，能够霸占大片领土，还可以肆意地践踏他人，以保证自己不受伤害呢？"白里克里斯回答道："这件事情我听说过。"

"那你试想一下，要是把所有雅典的青年都武装起来，让他们守卫着那一片山区的话，那是不是可以为我们的人民筑起强大的堡垒，同时让敌人后退呢？"白里克里斯听完后回答："苏格拉底，我觉得你说的这些都是很有意义的建议。"

---

1 米希亚人和皮西底人是小亚细亚的两个民族。

"你若是对此感觉满意的话，那就从你开始做吧，我最勇敢的朋友！你在这方面所付出的努力和取得的成就不仅对你有利，还对整个城邦有所裨益。即便是你因能力所限失败了，城邦也不会因此有所损害，你自己也不会因此有失体面。"

第六章　志向实现的基础

苏格拉底曾质问过年轻的格劳孔[1]，让他确认自己是否具备自己所期望获得的职位的必要技能和知识。那时的格劳孔最期望获得一个政府职位。苏格拉底对他解释，凡是对国家事务完全没有认识的统治者，不但不能让自己获得光荣，相反对国家而言也是一件很可怕的事情。

格劳孔是阿里斯通的儿子，那时还不满二十岁[2]，他一门心思只希望能成为一名在群众面前演讲的领袖。格劳孔的所有亲友都无法阻止他，尽管他们都认定格劳孔只要演讲就会有笑话产生，最后唯独苏格拉底冲着哈尔米戴斯和柏拉图的缘故，善意地提醒并制止了他。

一次，苏格拉底偶遇格劳孔，为了能说服格劳孔，苏格拉底拦住了他，并对他说："格劳孔，你是不是想成为我们城邦的领袖？"格劳孔回答道："是的，我确实有这样的志向。"

"那太好了，这算得上是一件真正的好事了。很明显，你的志向要是能实现的话，你就会想要什么就有什么，你也可以因此帮助自己的朋友，为家族扬名，为祖国增光，从此你的名声也会传遍整个城邦，随之会传遍希腊，就好比是塞米斯托克勒斯[3]那样，即便是在异邦中也享有盛名，到那

1　格劳孔：苏格拉底的弟弟。

2　二十岁：当时的雅典青年要到二十岁才能执行公民权。

3　塞米斯托克勒斯：雅典著名的政治家和领袖。

时无论到哪儿，人们都会仰视你。"格劳孔听完苏格拉底的一番话后很是高兴，最后欣然地留了下来。

苏格拉底又说："很明显，格劳孔，你要得到所有人的尊敬，首先要对城邦有所贡献才行。"格劳孔回答："是的，就是这样。"

苏格拉底说："我以神明的名义拜托你，请你坦诚地告诉我下一步你打算做哪些对城邦有益的事情呢？"

就在格劳孔思考这个问题而沉默不语的时候，苏格拉底又说："就比如说，你想帮助一个朋友，让他的家庭兴旺的话，无疑你会想方设法让他变得更为富裕，这和你想让城邦变得富裕是一样的吧？"格劳孔回答："这是自然。"

"那么要让城邦富裕起来的话，是不是只要税收更为充足就可以了呢？""有可能。""那麻烦你告诉我，现在城邦的税收来源是什么，总共有哪些渠道？你要完善那些不足之处，让缺少的部分有新的来源，这些问题你是不是都考虑过了呢？"

格劳孔回答："说实话，我还没考虑过这些问题。"

苏格拉底继续说："要是你还没考虑这个问题，那就请你先来讲讲城邦的支出吧。很明显，对于那些开支过大的项目你一定打算削减一部分吧。"

格劳孔回答："事实上这个问题我也没来得及考虑。"

苏格拉底继续说："那关于城邦富裕的问题就暂且先放一边吧，毕竟你连收入和支出的事情都还没搞清楚，又怎么去考虑这个问题呢？"格劳孔立刻说："苏格拉底，不过我们可以通过牺牲敌人的方法来让城邦富裕起来。"

"事实上确实可以这样，只要我们比敌人强大的话。不过如果我们比敌人衰弱的话，那我们就会丢光一切。"苏格拉底说道。"你说的句句是实话。"

"所以，一旦考虑要和什么人作战，就要弄清楚自己和对方的力量如何。如果自己强于对方的话，就可以勇于进攻；可是自己不如对方的时候，就要提醒大家谨慎行事。"苏格拉底说道。

格劳孔回答："你说得没错。"

苏格拉底接着说："那你就来说说城邦中陆军和海军的力量吧，另外还有对方敌人的力量。"

格劳孔回答："我不能仅仅凭着记忆来告诉你这些。"苏格拉底听完后说："不如你就把它们记下来，然后你把笔记带过来，我很想听听这些。"

格劳孔听完后回答："这有点困难，说实话，我还没有做笔记呢。"

苏格拉底说道："既然这样，那关于作战的事情也先搁一边吧。可能是这些问题太过重大，而你又是一个领导工作上的新人，尚未准备好去考虑这些问题。不过关于国防的问题，或许是你现在最为关心的吧？你多多少少也应该知道防御工事的布置是否恰当，需要布置多少防御兵才是最为合适的。此外，你应该也会提出适当的建议，譬如如何强化那些已经合理布置的防御工事，又如何拆除那些多余的。"

格劳孔回答道："这是自然的，我会提建议把多余的拆除，毕竟它们起不到好的防御效果，我们国家的很多财物都因此被人偷走了。"

"那要是所有的防御工事都拆除了的话，不是暗示人可以抢劫了吗？"苏格拉底说道，"你有没有去考察过这些防御工事呢，你看过它们是好还是坏吗？"格劳孔回答："我只是凭猜想罢了。"

苏格拉底说道："那这个问题我们也暂且不谈，当你了解了具体的情况而不是单靠猜想时再来谈这问题，好吗？"格劳孔回答："或许那样更好。"

苏格拉底又问道："我想你应该也没去过银矿吧，所以关于银矿税收为何比从前少的原因你应该也说不出来吧？"

格劳孔回答："我确实没有去过。"

苏格拉底说道："听说那个地方确实不太卫生。如果将来真到了必须讨论这个问题的时候，你还真可以把它当作借口。"

格劳孔对此表示抗议："你说这话就像是在开玩笑。"

"实际上，有一件事我相信你一定很认真地思考过，不曾忽略，那便是田地里的粮食产量究竟要达到多少才能维持整个城邦居民的需求？每年的产量具体有多少？要有多少粮食产量时，城邦居民才不会因为你的疏忽而遭受饥荒？此外，你还必须了解生活必需品的供求情况及为城邦发展和居民生存出谋划策才行。""假设你说的这些都要算在管理范围内的话，那么这个任务就太大了。"

苏格拉底接着说："若是一个人搞清楚了自己的家庭有什么样的需要，并以此为目标尽心尽力去满足这些需要的话，他一定能管理好这个家庭。但是，一个城邦通常有一万多户，要同时去满足所有人的愿望自然是很困难的。因此，何不尝试一家接着一家地解决他们的需求问题呢？也就是说，从自己的叔父家的福利增进问题解决开始，怎么样？况且叔父家确实有这样的需求！一家的需求得以满足，那更多家人的需求就会得到满足。如果一家都满足不了的话，还怎么帮助那么多人呢？这就好比是一个连一塔连得¹都提不起来的人，要让他拿更重的分量显然是不可能的事情。"格劳孔听完后说："只要他能听我的劝，叔父家的福利问题我是可以帮忙解决的。"

苏格拉底说："若你连自己的叔父都劝不动，还打算去劝包括你叔父在内的所有雅典人吗？格劳孔，你要知道，你一门心思地打算扬名立万，但千万别弄到最后适得其反啊！难道你还看不出来，那些自己毫无经验和知

---

1 塔连得：古希腊的重量名，大概是三十六公斤。（此处与前文表货币处不同）

识的事情一旦说起来和做起来有多大的风险啊！试想一下，你认识的那些同样有这种情况的人，当他们在做　些自己所不熟悉的事情时，你觉得他们所获得的赞许更多还是谴责更多呢？是为人尊敬还是为人轻视呢？再思考一下那些在做着自己懂得的事情的人吧，他们的情况又如何呢？我知道你一定会发现，但凡是为人敬仰的人，一般都是知识广博的人，只有那些无知的人才会遭人鄙视和谴责。假设你真的想在这个城邦里获得他人的赞赏的话，那首先要做的就是努力去获取和你正在做的事情有关的所有知识。如果在这个方面你胜过他人的话，那么当你着手处理城邦的各种事务的时候，你所获得的成绩就会超越其他人。"

第七章　关于害羞和胆怯

　　苏格拉底在遇到格劳孔[1]那为人所敬仰，且执政能力远超自己的儿子哈尔米戴斯的时候，发现他在处理城邦事务时总是表现出退缩和迟疑，并且迟迟不敢去管理城邦，于是就对他说："哈尔米戴斯，麻烦你告诉我，要是一个人能在竞赛中夺取冠军，并且能因此获得很高的荣誉，与此同时还能让自己的国家获得无上荣光，可是他却始终拒绝参加比赛，在你看来这是个什么样的人呢？"哈尔米戴斯回答："这一定是个懦夫或是胆小鬼。"

　　苏格拉底继续说："要是一个能管理好城邦事务的人，还可以为城邦谋取福利，并因此让自己备受尊敬，可是他却始终畏首畏尾，可不可以也将其视为懦夫呢？"哈尔米戴斯回答说："应该是的。可是你为什么要问我这个问题呢？"苏格拉底回答道："那是因为我觉得你可以做好管理的事情，可是你却始终因畏缩而不去做，况且这些是你作为一个公民必须参与的事情啊！"

　　哈尔米戴斯接着问："你又是从何断定我有这样的能力，你又为何会这么指责我呢？"

　　"我从你和那些管理城邦的人们的交往中发现了你有这方面的能力。因

　　1　格劳孔：这里的格劳孔是老格劳孔，与上文不同。

为我看到不管什么时候人们与你交谈，你总会为他们提出很有建设性的建议，在人们犯了错误的时候，你还能为他们指出错误的所在。"苏格拉底答道。

哈尔米戴斯说："可是苏格拉底，你要知道，私人之间的谈话和在大众面前的争论二者并非一回事啊！""是的。"苏格拉底继续说，"不过，能数数的人，不管在一个人面前数还是在大众面前数都会一样地精准；一个会弹奏琵琶的人，不管在一个人面前还是在大众面前都会弹得非常出色。"

"不过，你难道不知道害羞和胆怯是每个人的天性吗？只要我们站在大众面前，大众对我们的影响就会超过私人谈话时的影响。"苏格拉底回答道："我正打算说这件事来着。你在最有智慧的人面前丝毫没有惭愧的意思，在最强大的人面前你也没有表示过怯意，可是在这些微不足道且愚昧的人们面前你却退缩了，还害羞得一句话都说不出来。请问，这些人是擀毡工人，或是补鞋匠，或是铜匠，或是农民和批发商，还是在市场上斤斤计较的那些小商小贩呢？尽管这些人是组成国民议会的主要成员。但是，你害怕这些和那些训练有素的运动员看到毫无训练经验的人而感到害怕，两者有什么不同吗？你在和那些担任城邦领导的人对话时丝毫没有怯意，尽管这当中还有不少人是看不起你的，但至少可以说明你在言谈方面要比管理城邦事务的人强多了。只不过在面对那些丝毫没有管理经验，且也从未有瞧不起你的人的面前，你却害怕到一句话都说不出来。"哈尔米戴斯问："那么，国民议会中的人们是不是也经常嘲笑正确的言论呢？"苏格拉底回答："可是其他人也会这么做啊。因此我感到奇怪的是，你那么自如地对待国民议会里的人，可是在那些无知的人面前却无法应付自如。我亲爱的朋友，世上大多数人犯的错误你就不要犯了，不要完全不认识自己。事实上，很多人都着急着去看别人的事情，可是对自己的事情却从来没有用心注意过。

所以我想说的是，多留点心去注意一下自己，不要忽略这件事。只要是有能力就要重视城邦的事情，着力去改善。要是做到了的话，对于公民和朋友，包括自己在内都有莫大的益处。"

第八章　好和美是两回事

阿里斯提普斯和苏格拉底相遇时，他企图盘问苏格拉底，就像是从前苏格拉底盘问他那样。苏格拉底想要让那些和他在一起的人们也得到好处，于是在回答他的问题时，带着坚定、自信的态度，就仿佛是自己做得是对的那样回答，而不是如那些只怕自己的话被歪曲的人那样。

阿里斯提普斯问苏格拉底究竟什么是好的，这么问的目的在于，一旦苏格拉底说的是饮食、金钱、健康、胆略等的话，他马上就可以在苏格拉底面前证明，这些东西未必全然是好的。可是苏格拉底明白这些东西要是带来痛苦的话，就需要用其他一些东西来制止，于是在回答的时候很是巧妙："你要问的是什么东西能对热病好吗？"阿里斯提普斯回答："不是的。""是要问究竟对眼炎好的东西是什么？""也不是。""那是对饥饿好的东西吗？""也不是对饥饿好的。"苏格拉底说道："你问我知道什么是对任何东西都是好的吗？我只能说我不知道，而且我也不想知道。"

阿里斯提普斯继续问："那你知道什么东西是美的呢？"苏格拉底回答："美的东西很多啊。"

阿里斯提普斯问："那么它们之间都是一样的吗？"

"不是啊，这些东西都不一样啊。"苏格拉底回答道。

阿里斯提普斯再问："那美的东西彼此之间为什么会不一样呢？"

苏格拉底回答："这是必然的。因为美的摔跤者和美的赛跑者就是不一样啊，用来防御的美的圆盾和用来投掷的美的标枪也是不一样的。"

阿里斯提普斯继续说："可是你的这个回答和之前我问你知道什么是好的东西的时候差别很大啊。"

"这么说，你觉得好和美是两回事，是吗？难道你不知道就一个事物而言，它可以是美的也可以是好的吗？譬如说德行，对某些事物来说它是好的，可对另外一些事物来说它就是美的。人的身体也是这样，对一些事物来说是好的，对另外一些事物来说就是美的，更何况人们正在使用的东西只要对其适用的事物来说就都可以既是美的又是好的。"

"这么说一个粪筐也是美的了？""这是自然，哪怕是一个金盾牌它也可能是不美的，单就各自的用处而言的话，前者是好的，后者却是不好的。""你的意思是同一个事物也可能是美的同时也是不美的？""我的意思确实如此，也可以是好的也可以是不好的。一个事物有可能对热病是不好的，对饥饿是好的；一个事物对赛跑者来说可能是美的，对摔跤者来说可能是不美的。所有事物对于适合它的事物来说都可以既是美的又是好的，但对于不合适它的事物来说就会是既不美且不好的。"苏格拉底说到这里的时候，我们就知道一座房子可以既美观且实用，那么他的意思是要教导我们应当建造什么样的房子。

苏格拉底对这个问题的考虑是这样的："如果一个人有一座房子，难道不应该想办法让住进去的人感到既舒适又合适吗？"如果同意这个观点的话，他接下来就会问："如果这座房子能做到冬暖夏凉的话，那么住在里面的人就会因此感觉非常舒畅吧？"如果同意这一点的话，他会接着说："盖一座向南的房子，冬天太阳会照进走廊，夏天的话太阳会照到我们头上，可是它正巧在屋顶上，所以我们就感觉很是阴凉。若是这个办法不错的话，那我们在建造它的时候就要建高朝南的部分，这样一来，冬天时阳光就不会被遮挡。而朝北的要建得矮一些，目的是不让冬天的北风吹进屋子里。总的来说，不管什么时候人们都可以非常舒适地住在里面。此外，如果这房子还能安全地储存东西的话，那一定是最舒适最美好的了。而那些书画、装饰品等，它们所给予人们的乐趣反倒比减少它们来得少[1]。"

苏格拉底认为，庙宇和祭坛中最合适的位置，无疑是一个最容易看到且最为平静的地方，因为选择这样的地方去祈祷人会感觉非常愉快，就是踏进这样的场所，人们也能怀着纯洁的心并充满愉悦。

---

1 关于这个观点，历来学者的猜测差异很大，争议也很多，直到现在这个问题也没有定论。

第九章　勇敢与智慧

当苏格拉底再一次被问起勇敢是来自于天生还是来自于后天教育的时候，他回答："在我看来，一个人的身体比另一个人强壮是与生俱来的，这和人能够经得起劳苦一样都是天生的。此外，一个人的灵魂也会生来比另一个人在面对危险的时候更为坚强。我发现，即便是在同一种法律和习俗氛围中长大的人，胆子大小也有区别。但是我觉得人所有天生的品质，包括胆量，后天的学习和锻炼都能使之得以提高。很明显，斯库泰人和色雷斯人[1]缺少拿圆盾和标枪与拉开代莫尼人宣战的勇气。同样的，拉开代莫尼人也没有拿小盾牌和短矛与色雷斯人开战的勇气，他们也没有拿着弓箭和斯库泰人开战的勇气。至于其他方面，人和人之间与生俱来的特质也有差异，后天的勤奋努力是可以提升和改进它们的。所以不管天资如何的人，只要他们下定决心要获得他人的称赞、赢得成就的话，就必须有勤学苦练的劲头儿。"在智慧和明智两者上，苏格拉底没有明确地进行区分，他觉得只要是懂得了什么是美好事物的人，就一定懂得何为丑恶的事物并积极对其加以防范，这些人都是既有智慧且又明智的人。而他在回答那些明知自己什么该做，却反着干的人算不算得上是明智且智慧的人的问题时，他这样说："那一定不是，这样的人应该算是既不智慧也不懂得自制的人。在

1　斯库泰人和色雷斯人是古希腊北方的两个民族。

我眼里，所有有智慧且明智的人一定是要为那些有益的事情而尽心尽力的，行为不义之人算不上是智慧且明智的人。"此外他还说过："智慧包括了一切的正义和德行，所以正义之事和道德的行为都是美且好的，了解这一切的人不会轻易去做其他事情，而不了解的人也不会去干预这些事情，即便他们参与了也注定是要失败的。因此愚昧之人是做不了这些事情的，仅有智慧之人才能做好这些事情。如果把正义和其他美好的行为都算作道德的行为的话，那一切正义的事情和道德行为就顺理成章地成为了智慧。"

苏格拉底说过智慧的对立面是疯狂，可是他认为无知并不是疯狂。只不过一个尚未认识自己的人反倒把自己所不清楚的事情认定为自己知道，在这种情况下他就接近疯狂了。他说过，绝大多数的人都不认为在那些不为多数人所知的事情上犯下的错误是疯狂的，所谓疯狂一定是在众人所知的事情上犯下的错误。比如一个个子很高的人，认为自己过城门的时候不需要弯下腰来；或者一个很有力气的人，认为自己能把房子给举起来，包括其他一些在众人眼里都是不可能的事情他们觉得自己可以办到，那这样的人就会被众人视为疯狂的人。不过有一种人他们不认为是疯狂的，那就是在小事上犯了错误的人。不就好比强烈的欲望在众人看来就是爱情，而重大的智力错乱在他们看来才是疯狂。

在思考忌妒的问题时，苏格拉底认为忌妒也是一种痛苦，这种痛苦和由朋友的不幸所引起的不同，也和由敌人的成功所引起的不同，那些只因朋友的成功而痛苦的人才是好忌妒的人。只要人们对那些自己所爱的人取得成功而感到痛苦的时候，苏格拉底就会提醒他们，很多人对他人的态度都是这样的，一旦他人遭遇不幸，他们总不会冷眼旁观，总会希望能从不幸中解救他们，可是只要他人获得了成功，他们就会很不安。一般聪明的人不会有这样的情况，只有愚昧的人才常常遇到这种情况。

关于懒惰这个问题，苏格拉底说过，几乎每一个人都在做着某一件事情，甚至包括掷骰子，小丑们也是如此，可是即便这样他也觉得每一个人都是懒惰的，理由是原本他们都可以做一些更好的事情。不过，没有人会认为能做好事却去做不好的事情就是懒惰。就算是有人这么做的话，苏格拉底也不能说他这就是懒惰，那仅仅是做了一件不好的事情罢了。

苏格拉底认为，真正的君王和统治者与那些掌握大权、拿着王笏的人是不能画等号的，更不是那些由民众推举出来的，也不是中了签的人，和那些用暴力和欺骗手法取得政权的人也没有关系，而是真正明白统治之术的人。只要苏格拉底发现有人认为统治者的职责就在于对他的臣民发号施令且让他们服从的时候，他就会出来解释：譬如在一条船上，懂得如何驾船的人就是统治者，这艘船上的船主和其他人都要听命于他。另外，农业生产中的农场主，患了疾病的人，从事体育锻炼的人，还有一切有事需要被照顾的人，假如他们明白如何照顾自己就可以自行完成，如果不懂的话就要听命于那些懂得的人。如果懂得的人不在场，他们就要找人去把他们请回来，然后服从他的指挥，做正确的事情。为此他还特别说明，妇女在纺织这项工作上就是男人的统治者，原因是妇女懂得纺织而男人不懂。

要是有人对此观点表示不同意的话，比如认为一个暴君[1]可以不服从仗义执言的臣民，苏格拉底就会随之问道："不服从忠告的人如果要受到处罚的话，那又怎么能说他是拒绝服从呢？只要是不服从忠告的人，通常就会在不服从的这件事情上犯错，犯错就必然受罚。"苏格拉底只要听到暴君会处死进忠言的人，就会立刻反驳："难道你不认为把自己最好的战友处死是自己在受处罚吗？还有，你难道认为这处罚是轻微的吗？做这样事情的

1　暴君：这里是指僭主。

人难道会感觉安然无恙吗？或许他很快就会遭致灭亡。"

　　遇到有人问他一个人努力追求的最好的是什么的时候，苏格拉底就会回答："就是努力把该做的事情做好。"紧接下来再被问要不要追求好运气的时候，他就回答："我认为运气和行为事实上是完全相反的事情。好运气就是不用追求就可以获得所需要的事物，而那些通过后天努力和勤奋做好事情的人，才是我要讲的努力做事的人，那些努力如此做的人，就是把事情做好的人。"他还说过："为神明所爱的且最好的人，在农业生产上就是那些最能干的农夫，在医学上就是那些精于医道的人，在政治上就是最好的政治家。而那些无法好好完成事情的人，既无法得到神明的垂爱，更没有任何用处。"

第十章　与工匠谈论工艺

每每苏格拉底和那些掌握技术且以此为生的人们交谈的时候，就会对他们的教益十分巨大。

一次，苏格拉底到了绘画师帕拉西阿斯[1]的家，在两人交谈时他说："帕拉西阿斯，你说绘画是不是我们看到的所有事物的一种表现呢？你们这些绘画家是不是总是利用色彩来忠实地表达我们所看到的各种高高低低、明明暗暗、硬硬软软、粗粗滑滑的及新鲜古老的事物呢？"帕拉西阿斯回答："是的。"

"那当你们开始描绘那些美的人物形象时，若发现这个人并非都很完善，你们就会提取出其中最美的部分，以使整个形象都更为美好吗？"帕拉西阿斯回答："是的，我们确实是这么做的。"

苏格拉底继续问："那你们会不会去描绘心灵的性格，就是那种扣人心弦、令人喜悦且为人所憧憬的可爱性格？或者说你们认为这能否描绘呢？"

帕拉西阿斯回答："苏格拉底，你说的这种无法度量且不具色彩的东西是无法描绘的。这东西不具备你上述的任何一种特质，并且很难为人所见呢。""那一个人眼神中的喜爱或是仇恨你们能不能看出来呢？"苏格拉底

———————

1　帕拉西阿斯：以弗所的一个名画家，当时他住在雅典。苏格拉底和他谈话的时候他才不过三十岁。

继续问。

帕拉西阿斯回答："这应该是可以的。"

苏格拉底说："那你看到的这些能不能描绘出来呢？""当然是可以的。"帕拉西阿斯回答。

"对于朋友们的好的与坏的情况，在那些关心他们和不关心他们的人的脸上是不是有相同的表情呢？"帕拉西阿斯回答："自然不是，朋友好他们会因此感到高兴，朋友不好他们会因此感到忧愁。"

"这种能不能描绘出来呢？"帕拉西阿斯回答："当然可以。"

"无论一个人是静止的还是活动着的，是高尚宽宏的还是卑鄙狭隘的，是节制清醒的还是傲慢无知的，都能从他们的容貌和举止中表现出来吗？"帕拉西阿斯回答："没错。"

"那么这些都能描绘出来，是吧？""这毋庸置疑。"帕拉西阿斯回答。

"那你觉得人们是更乐意看美丽、善良且可爱的绘画，还是乐意看那些丑陋、邪恶且可憎的绘画呢？"帕拉西阿斯回答："苏格拉底，这两种的差别大了。"

有一次苏格拉底去拜访雕塑家克雷同，两人交谈的时候苏格拉底说道："克雷同，我看到你雕出来的那些赛跑家、摔跤家、拳击家和格斗家都惟妙惟肖。不过，那些吸引人的栩栩如生的神情你又是怎么做到的呢？"在克雷同听了他的问题之后正犹豫该如何回答的时候，苏格拉底又进一步问下去："你之所以让你的作品和实际的形象如此接近，就是因为想让它更生机勃勃吗？"克雷同回答："就是这样的。"

"要让它看起来形态逼真、惟妙惟肖，你就要随着它的身体姿态的变化而让各个部位上举或是下垂，聚拢或是分开，紧张或是松弛，是吗？""你说得没错。"

"那些忠实描绘由身体从事的行动所产生的感情，对于观者而言不也是某种心理层面上的满足吗？""至少这是很自然的。"

"这么说，你们还要描绘战斗者咄咄逼人的目光及胜利者喜悦的神情，是吗？""这是非常必要的。"

苏格拉底说："既然是这样，雕塑家要表现内心活动的话就要通过形式才行。"

一次，苏格拉底去拜访胸甲制造者皮斯提阿斯，皮斯提阿斯把自己刚制造出来的胸甲给苏格拉底看，苏格拉底随即说道："皮斯提阿斯，我向赫拉女神发誓，胸甲这发明实在太过巧妙，你看它遮蔽了人身上该遮蔽的地方，还不影响手的动作。只不过，皮斯提阿斯你能不能告诉我，你造的胸甲和别人的相比，是更结实呢，还是花了更多时间和费用呢？为什么你卖得总是比别人贵呢？""苏格拉底，贵是因为我造的胸甲比别人更合适。"

"你所说的合适指的是尺寸还是重量呢，要不然你怎么能卖得比别人贵呢？在我看来，如果你确实造得比别人合适的话，那它们就不应该总是完全相同的才是。"皮斯提阿斯回答："我自然要把它们造得很合适才行，不合用的话这胸甲就一点实际用处都没有了。"

"既然是这样的话，人的身体大小不一，不是应该有的合适，有的不合适吗？""确实如此。"

"那你究竟该如何造出一副对于不同的人都能合适的胸甲呢？"皮斯提阿斯回答："毕竟合用的东西都是能用的，总是要把它造得合用才行。"

苏格拉底说："我觉得，你所说的合适不是单纯就事物本身而言的，而是从和使用者的关系来说的，就好比是一个圆盾或是一件短外衣，只要是合用的话就是合适的。照你的说法，其他事物其实也是如此。不过合用还有其他的好处呢。"

"苏格拉底，你要是知道还有什么好处，就请指教指教吧。"皮斯提阿斯说道。

"合用或不合用的胸甲在重量上是一样的，可是穿在身上时合用的胸甲压力会小不少，这是因为不合用的胸甲会重重地压在身上，那时候它不仅显得很沉重也会让人感觉难受。而合用的胸甲则把压力均匀地分布在锁骨、肩膀、上臂、胸、背和腹部，它已不再是一个重担，而成为自己身上的天然附加物。"皮斯提阿斯回答："这话没错。我制造出来的胸甲之所以有这么大的价值也是因为这个。可就是这样，还是有人喜欢买花式和镀金的胸甲。"

苏格拉底说："要这么说，他们买的胸甲都是不合用的，那就是买了带花式和镀金的祸害了。只是身体的姿态不会是一成不变的，有时候弯着，有时候伸直，单就一副精确的胸甲怎么能时时都合用呢？"皮斯提阿斯回答："那是不可能的。"

苏格拉底继续说："照你的意思说，合用绝不是要完全精确，而是要让人们用起来时感觉一点都不难受，是吗？"皮斯提阿斯回答："你说得没错，苏格拉底，你的理解很正确。"

第十一章　相爱是怎么回事

当时有一个叫赛阿达泰[1]的女人住在城里，她是一个能和赢得她芳心的所有人都发生关系的人。

苏格拉底的一个朋友有一次提到了这个女人，还把这个女人的美貌夸上了天，还说画家经常会到赛阿达泰家去给她画像，只要是她的容貌所能达到的范围内，她都会愿意把自己展示给他们。苏格拉底听了以后说："既然这样，我们就去看她一眼吧，这么美得不可方物的人，仅仅靠传言是无法领会的。"

这个朋友对苏格拉底说："那就跟我来吧。"两个人一起到了赛阿达泰家里，正巧赶上一个画家给赛阿达泰画像，于是他们俩就站着看了一会儿。

苏格拉底在画家画完了以后说："各位，我们应该感激赛阿达泰，可这是因为她为我们展示了她自己的美呢，还是因为我们观看了她呢？她为我们展示了自己对她是有好处的，这么说的话，究竟是应该她感激我们呢，还是我们因观看了她而获得好处应感激她呢？"当时有人认为苏格拉底的话很有道理。苏格拉底继续说："就现在来说，她获得的好处是我们对她的赞扬，如果将来我们还能向更多人宣传的话，她获得的好处要比现在还多。

1　赛阿达泰：当时的一个名妓。

而我们呢，今天认识了这么一个美丽动人的人，心情也感到十分愉快，即便是走了以后我们还会非常想念。因此这件事的最终结果是我们都成了她的崇拜者，而她成了我们的崇拜对象了。"

赛阿达泰听完以后说："既然是这样，那显然是我要感谢你们了。"

这个时候苏格拉底看到赛阿达泰身上穿的戴的都很名贵，而她的母亲穿戴却很普通，此外旁边还有不少打扮很精致的侍女，家中的摆设也很是富丽堂皇。

于是苏格拉底问道："赛阿达泰，我能问问你有田产吗？"

赛阿达泰回答："这我可没有。"

"那有可以收租的房子吗？""也没有。"

"有手艺的奴隶有吗？""也没有。"

"那我想知道你的生活所需从何而来呢？""只要有愿意同我成为朋友的人，愿意帮我，那他就是我的生活来源。"

"赛阿达泰，我指着赫拉女神对你说，你这做法确实不错，怎么都要比养着一群绵羊、公羊和公牛强不少啊。"苏格拉底继续说，"只不过你这完全依靠运气啊。这就好比那些人都是苍蝇，在它们飞过你的时候你要用什么办法来吸引它们啊？"赛阿达泰问道："该用什么样的计策呢？"

苏格拉底回答："自然是有计策的，和蜘蛛织网相比这事简单得多。你要知道蜘蛛是怎么求得生存的，那细细的蛛网网住了所有自己需要的食物。"

赛阿达泰问道："你的意思是我也要跟蜘蛛一样织网不成？"

"绝不能因此就认定，没有计策就能获得一般有价值的猎物，你没看到猎人要猎取小小的野兔还需要花费很多的计谋吗？野兔是夜间觅食的动物，于是他们会训练一群具备夜间行猎本事的猎犬来捕获它们。到了白天野兔往往会躲藏起来，于是猎人就会训练另一批猎犬，它们的作用是用来嗅出草地到兔穴那段路上野兔的气味。此外，猎人还要训练一批速度非常快的猎犬，这只因野兔的反应非常敏捷，为了避免让它们跑着跑着就不见了，这些猎犬是非常有必要的。还有，野兔是很机灵的，甚至会逃过这些猎犬的追捕，于是猎人还会在它们逃跑的路上布下密密的网，只要野兔经过就会被这些网死死地缠住。"赛阿达泰听完问道："我要找到朋友的话，是不是也要用这些计谋呢？"

苏格拉底回答："当然是要的，可是你所用的不是猎犬而是一个人，就是能给你找到那些富有且爱美人的人，找到了以后你就要想办法把他们赶进自己的罗网里。"

赛阿达泰问道："那我的罗网该从哪来呢？"

"你有啊，而且这张罗网还很有效果呢，那就是你的身体。你的身体里有一个灵魂，它知道要用什么方式来取悦他人，面对他人时该说什么话来让人开心，也知道面对求爱的人要如何认真款待，也明白怎么给那些纨绔子弟吃闭门羹。它总是对虚弱的朋友很细心地照顾，对已经取得成就的人表示祝贺，并热情地关心那些一心一意关心过自己的人。我相信你是明白相爱是怎么回事的，它不仅需要温柔，还要有真诚的心才行。你用自己的言语、行为等让你的朋友们为你而折服，并让其获得了你的欢心。"赛阿达泰回答："事实上确实是这样，这些计谋我还一个都没考虑过呢。"

苏格拉底接着说："因此，最要紧的事情莫过于根据一个人的性情来选择对待他的方式。要留住或是猎取一个朋友是不能通过武力来实现的，要善待他，他若因此感觉到了快乐，才会真正留在你身边，还会为此表示出朋友的忠诚。"

赛阿达泰说道："你说的句句属实。可我要如何做呢？"

苏格拉底又说："首先，对于那些向你求爱的人，你绝不能只让他们做那些轻易就能做到的事情。其次，你对他们要表现出慷慨回报的态度，有了这些他们就可以忠诚地对你，长长久久地爱你、善待你。如果一直到他们对你提要求的时候你才付出你的爱，他们就会对你怀抱着深深的感激。你要知道就算是世上最美味的食物，如果摆在不想吃它的人面前，也没有太大的诱惑力；要是放在已经吃饱的人面前，这些食物很可能招人厌恶。反之，如果放在饥饿的人面前，那即便是粗茶淡饭，也会让人感觉十分可口。"

赛阿达泰接着问："我要用什么方式让他们对我的爱情变得那么如饥似渴呢？"

苏格拉底回答道："不要轻易地将你的爱情给予他们，更不要让他们常常思考这件事情。要等到他们不再满足，再次寻找需求的时候，你再以自己正经的谈吐和半推半就的方式来应付他们，他们从那时候开始就会感觉对你如饥似渴。在那个时刻给予他们爱要比任何没有迫切需求的时候给予他们爱强很多。"

"苏格拉底，你为什么不和我一起来猎取朋友呢？"赛阿达泰问道。苏格拉底回答："你若是可以说服我我就照办。"

"我要用什么方式来说服你呢？"

苏格拉底说："假设你真的需要我，你自己就会找到合适的方法的。"

赛阿达泰说道："那不如你就到我这里来吧。"

听到这话苏格拉底开玩笑地说道："赛阿达泰，我可不是一个常常有闲工夫的人。要知道我常常忙着一堆的公事和私事。我有很多女朋友[1]，她

1　女朋友：这里是苏格拉底开的一个玩笑，就仿佛赛阿达泰有很多男朋友一样，他说自己也有不少女朋友。

们任何一个时刻都不允许我离开她们，她们非常勤奋地同我学恋爱术[1]和符咒呢。"

赛阿达泰继续问："苏格拉底，这些你都懂吗？"

"难道你觉得阿帕维多拉斯[2]和安提斯泰尼斯始终在我身边是出于什么其他的考虑吗？还有克贝和西米亚斯[3]，他们来找我又是为了什么？要知道如果我不懂恋爱术和符咒，还有魔轮[4]，他们是不会来的。""那不如就请把这魔轮借给我用用吧。我就用它来把你吸引到我跟前来。"苏格拉底回答："我不是不愿意被你吸引，你这说的是哪里的话，应该是你到我这里来才是。""既然这样，我就到你跟前来吧，这可是你要让我来的呀。"

苏格拉底说："只要是没有比你更可爱的人和我在一起的话，你就可以来了。"

1　恋爱术：是指任何可以引起爱情的事物，可能是药物也可能是法术。
2　阿帕维多拉斯：一个很崇拜苏格拉底的人，常常和苏格拉底在一起。
3　这两个人也是崇拜苏格拉底的人，苏格拉底被处死的时候他们俩也在场。
4　魔轮：原是一种鸟名，后指能让失恋者找回爱情的法术。

第十二章　锻炼身体无须刻意

当苏格拉底发现他身边年轻的艾皮根奈斯身体很不好的时候，他说道："艾皮根奈斯，你太缺少锻炼了。"艾皮根奈斯回答道："问题是我本身就不是个运动员啊！"

苏格拉底反驳道："你没发现那些参加奥林匹克竞赛的人也并非比你更像是运动员啊！难不成你觉得雅典人决定要向敌人宣战是件小事吗？事实上，很多人都面临着战争的危险，因为身体虚弱而死去，再不然就是苟且偷生，甚至有不少人还因此被敌人俘虏。只要成了敌人的俘虏，那么他们的下半生就注定要过着最糟糕的奴隶生活（假设这就是他们的命运的话），再有就是整个人生都陷入了最惨的境地，很多人为了能赎出自己常常付出了全部还不够，余生只能在贫困和痛苦中度过。另外还有一些人之所以受到了侮辱，就是因为身体孱弱，常常让人感觉他是懦夫。你觉得这些因为身体不佳而导致的缺点[1]是微不足道的吗？还是你觉得它们是可以忍受的呢？我认为，一个对自身健康很是担心的人所忍受的远比身体不健康所忍受的要少得多，难不成你觉得身体不佳比身体健康对自己更有益吗？或者你觉得轻视健康能给自己带来众多好处？事实上不管在什么情况下，健康与不健康所取得的成就都是有很大差异的。健康的人是强有力的，很多人

1　缺点：这里指的是刑罚。

因为有了健康可以在战争中保存自己，还有不少人救了其他人，为自己的祖国做出了贡献，从而受到了众人的感激，也获得了极大的荣誉和他人的尊重。所以他们在剩下的人生中除了光荣就是愉快，而这一产业还能继续留给自己的子孙。

"你绝不能因为城邦对军事训练没有正式的规定就随意起来，你应该更重视锻炼才对。值得注意的一点是，不管是竞赛还是事业，锻炼身体都是必要的。人不论做什么都需要有强健的身体作为支撑。既然如此，那么让身体始终处在良好状态下显然是非常必要的。即便你觉得在思维活动中用到身体的地方很少，可是有那么多人却因为没有健康而失败了。身体不好，就容易健忘、忧郁、易怒、疯狂，这些都会影响人的神智[1]，他们会因此丧失自己原本拥有的知识。相比之下，健康之人则有更为充分的保障，他们不会遭遇同不健康的人一般的危险，身体健康会带来身体衰落所没有的有利效果。事实上，理智健全的人为了能收获这些有益之处，又怎么会无法忍受锻炼呢？何况如果因为自己的疏忽让原本健康强壮的身体变得孱弱衰老的话，那实在是太让人感觉可耻了。通常一个常常疏忽自己的人是不会注意到这一点的，要知道健康的身体不会凭空而降。"

1　神智：这里指的是思想、智能和精神等。

第十三章　生气的人很丑陋

苏格拉底曾有几篇短篇的言论，其中包括：1. 不应由于他人的粗鲁行为而生气，这和不因自己身体有缺憾而生气是一样的道理；2. 医治厌食的最佳良方就是禁食；3. 不要过分地考究饮食；4. 在责罚奴隶的同时是不是也要考虑一下自己是不是也该受到责罚；5. 劝告旅行者；6. 受过体育锻炼的人的耐力甚至比不过一个能忍受劳苦的奴隶，这无疑是可耻的。

一次，苏格拉底发现有一个人正在生气，生气的原因是他向他人行礼却没有得到对方的还礼，于是苏格拉底对他说道："你不觉得奇怪吗？若你遇到的是一个身体丑陋的人你必定不会生气，可是换成一个脾气粗鲁的人你反倒感觉难受了。"

苏格拉底看到一个称自己吃东西没有味道的人时，他说："治这个病，阿库梅诺斯[1]那儿有好的药方。"当被问到到底是什么药方的时候，苏格拉底回答："就是禁食。要知道停止了饮食，你就会发现生活可以更愉快，也可以更节约，身体也会更好。"

苏格拉底还遇到过这样一个人，他声称自己家里饮用的水是温的，于是苏格拉底说道："这样一来，你想用温水沐浴的时候不就很方便了吗？"

这个人回答："可是用来沐浴又太凉了。"

1　阿库梅诺斯：当时的一个医生，也是苏格拉底的朋友。

苏格拉底继续问道："那如果是你的奴隶们用它来饮用或是沐浴的话，不知道他们是不是很满意呢？"这个人回答："他们很满意。而且他们用这水饮用或是沐浴时的那欣喜的表情让我感觉十分惊讶呢！"

苏格拉底接着问："和阿斯克雷皮阿斯[1]神庙的水相比，你家的水喝起来会不会更温呢？"

这个人回答："那当然是阿斯克雷皮阿斯神庙的水更温一些。"

苏格拉底又问："那如果用阿斯克雷皮阿斯神庙的水沐浴的话，和你家的水相比哪个更凉呢？"

"那自然是阿斯克雷皮阿斯神庙的水更凉。"这个人回答。

苏格拉底继续说："要是这么衡量的话，你要比那些奴隶和病人更难以满足呢。"

苏格拉底发现有一个对待自己的侍从[2]很是严厉的人，就问他为什么要这么做。

这个人回答道："这是因为他很贪吃，还愚蠢、贪婪且懒惰。"

苏格拉底又问他："你到底有没有好好考虑过，是谁更应该受责罚呢，是你还是你的侍从？"

苏格拉底看到有一个要去奥林匹亚旅行的人，就问道："为什么你会害怕旅行呢？难道你不是成天在家里走来走去的吗？如果你决定要动身前往一个地方的话，你可以先走一段，吃个早饭，再走一段，吃个午饭，随后再休息一下。你难道不知道，这几天下来，就足以让你从雅典走到奥林匹亚了吗？早走一天要远比晚走一天惬意得多，毕竟延迟旅行是很让人厌烦的，可是在路上多花一天却是件极为容易的事情，要知道一开始紧张总比

1　阿斯克雷皮阿斯：雅典当时的一个医药之神，在他的神庙附近有一口温泉。

2　侍从：指的是当时主人出行时身边带着的一个伺候主人的奴隶。

在路上紧张好得多。"

又有一个人说，自己感觉长途旅行很是劳累，苏格拉底就问他："出行的时候背了什么重担了吗？"

这个人回答："没有，我只带了我的外衣。"

苏格拉底继续问："那是你一个人去呢，还是有个侍从跟着你？"

他回答："有侍从跟着我。"

苏格拉底接着问："那他手里拿着东西吗？"

他回答："他的手里拿着被褥和其他一部分行李。"

苏格拉底又问："旅行结束的时候他怎么样？"

那人回答："他比我强。"

苏格拉底又问："如果你们俩当时换一下拿的行李，设想一下你会怎么样？"

那人回答："很可能我就走不动了，这不太好。"

"这么说来你就应该明白，怎么会有一个受过教养的人做起事情来反而还不如一个侍从呢？"

第十四章　学会分享

在餐桌之上，苏格拉底一向推崇俭朴，比如：1. 聚餐的时候，客人之间不应该去比较食物的数量和质量；2. 一般只吃肉菜或是很少吃主食的人就是老饕[1]；3. 但凡一次吃很多道菜的人无论从哪个方面来说都是愚昧的；4. 以粗茶淡饭来养生的人才是真正懂得吃的人。

同朋友聚餐的时候，若是大家都自备食物，苏格拉底发现带来的肉食分量不一的时候，就会让自己的侍从把少的那些放到一起然后再平均分配。所以带的肉多的人总不好意思把肉放到自己的面前吃，也不好意思不放到众人面前一起分食，最后他们也只得把自己带来的肉食同众人分享。如果他们所享用到的肉食不比那些带肉少的人多的时候，他们就不必再破费去买肉食了。

苏格拉底很快注意到，在聚餐的人当中有一个只吃肉食、不吃面包的人。与此同时，其他聚餐的人都在兴致勃勃地讨论食物和行为的问题，关于食物的名称，以及什么样的食物可引起什么样的行为等。苏格拉底突然问道："各位，如果一个人被称作是老饕，那是由什么行为引起的呢？据我所知，如果把面包和肉食一起吃的话，是没有人会把他们称作老饕的。"

1　老饕：这里指的是肉食者。

苏格拉底继续说："可是，倘若有一个人并没有训练的目的，而仅仅是为了一时的美味，只吃肉不吃面包，那这样的人能不能算是老饕呢？"在座的一个人说道："这样的人如果不是，那什么样的人才算是老饕呢？"另一个人问道："那如果是吃了很多肉，但是面包吃得很少的人该怎么称呼呢？"苏格拉底说道："照我说，这样的人也是可以称作老饕的。在他人祈求神明赐予丰年的时候，这样的人倒是可以向神明祈求有更多的肉吃。"那个吃肉的年轻人虽然明白了苏格拉底是在说自己，但是仍坚持吃肉，只不过多拿了一块面包混着吃而已。苏格拉底看到这种情形，继续说："这个人大家注意到了吗？他到底是拿着面包就肉吃呢，还是拿着肉就面包吃呢？"此时，苏格拉底看到还有一个人是拿着面包和其他的菜一块吃的时候，说："同时把好多菜或是同时把大量的调味品都塞进嘴里，这样的做法无疑会破坏菜的味道，是最浪费的吃法了。虽然这样一来会把所有厨师烹制出来的菜都混合在一起，提高了菜的价值，不过这种结果的前提是他混合的是对的。假使他的混合是错的话，那必然是在破坏厨师的烹饪技术啊。"确实，一个毫无烹饪技术的人请到了高明的厨师，可是自己还随意地改动厨师的菜肴，这不就太可笑了吗？此外，习惯把一大堆菜都混在一起吃的人还有一个缺点，苏格拉底认为："一旦自己面前没有那么多菜肴的时候，他就会感觉缺少花样而认为菜肴十分简单。可是那些习惯了用一种菜肴来就面包的人，即便没有那么多菜，他也会很享受自己所得的菜肴的。"

苏格拉底常常说，"吃得好"这个词在雅典人的方言当中仅仅就是"吃"。在他看来，之所以有了"好"是因为我们要吃的只能是那些不会让心灵、肉体感受到痛苦的食物，或是那些易于获得的食物。所以苏格拉底经常在形容那些生活颇有规律的人的时候用到这个词。

第四卷　死亡

第一章　接受教育才能幸福

　　不论做什么，在什么样的情况下，苏格拉底都对大家是非常有帮助的。对于一个愿意思考的人（即便他的分辨能力很平凡）来说，若是能和苏格拉底交流的话，就没有什么比这个更有好处的了。一旦苏格拉底不在我们当中，只要想到他，就会给那些同他一起工作且很是敬仰他的人带来众多好处。苏格拉底无论是轻松说笑还是严肃论事时都于人有益。

　　苏格拉底经常提到自己热爱某人，但他所说的爱绝不是来自于那些人的美貌而是他们的内心美德。甄别一个人是否善良，苏格拉底看的是他们学习那些自己注意的事物的快慢，还有学习时的记忆能力，包括他们在学习家务、庄园、城邦及人与人之间的事情时的渴望态度。在他看来，这样的人在接受了教育之后，他们自己会感到幸福，能管理好自己，此外还可以让他人和城邦幸福。不过苏格拉底对待人的方式并不全然一致。凡是遇到自以为是、不爱学习的人时，苏格拉底就会教导他们，天赋越好的人就越应该接受教育。苏格拉底提出，一匹桀骜不驯的好马从小就要接受驯化，这样才能成为一匹出色的千里马，如果没有驯服的话，那最终只能沦为难以驾驭的驽才罢了。最为优良、最能干且最善于攻击猎物的猎犬，一旦接受了良好的训练，就会成为最有用处、最能帮助猎人的猎犬；反之，就会成为无用的、狂躁的、不听使唤的坏狗。人也是如此，天赋优良、精力旺盛且最有可能获得成就的人，如果不经教育的话，他们就会变成最不好、最有害的群体。只因不知道自己应该如何选择，就往往插手一些罪恶的事情，或者是因为性格过于狂傲、激烈、难以约束，而做出很多荒唐的事情。只要接受了良好的教育，学会如何做人的话，他们就会成长为最优良、最有用的群体。

那些自视清高、没有接受教育的人认为，他们的财富会满足他们的愿望，使他们充分为人们所尊敬。苏格拉底遇到这种人时就会对他们说："自认为不用学习就可以分别事物好坏的人是愚蠢的人。因为只有他们会认为，不分好歹，仅仅凭借财富就可以满足自身的愿望，而且还能做出对自己有益的事情。同样的，只有愚笨的人会认为，即便是无法做出对自己有利的事情，也算是做得相当不错了，这样的话就可以为自己美妙的人生做好准备了。也只有他们会认为自己尽管什么都不懂，但是有财富就会被人们认为是有才德的人，就算是没有才德，人们也会非常尊敬他们。"

第二章　揭穿自大者的真面目

　　接下来要说的是苏格拉底在面对那些自以为已经接受了良好教育而常常以智慧者自居的人时是什么态度了。苏格拉底曾听说外号是"美男子"的尤苏戴莫斯收集了大量的著名诗人和诡辩家的作品，还因此自诩有了超越所有人的才智，并且自信在言谈举止上超过同时代的所有人。苏格拉底还听说，此人目前只是因为年轻[1]才尚未参与到集市议会当中，可是他一有什么想法时，就会坐到靠近集市的一家马具铺子里，于是，苏格拉底就和几个人一起到那里去了。

　　就在苏格拉底第一次去拜访尤苏戴莫斯的时候，就有人问苏格拉底："一般民众和赛米斯托克勒斯有着如此大的差别，所以人们总是在需要伟大人物出现的时候仰望着他，这一切是因为他常与智者来往还是因为他本身就具备特别优秀的天赋呢？"苏格拉底为了引起尤苏戴莫斯的注意就说道："如果说一门不具备重大价值的工艺没有师傅的点拨就能精通的话，那无疑是荒谬的。像治理城邦这样具有伟大价值的工作要是认为人生来就会，那岂不是更荒谬了吗？"

　　又一次，苏格拉底再去拜访尤苏戴莫斯的时候，尤苏戴莫斯正好在场。苏格拉底发现他正在退出人群，原因是他不想让人感觉自己是在仰慕苏格

　　1　年轻：一般指的是二十岁以下的人。

拉底的智慧。此时苏格拉底说道："各位，从尤苏戴莫斯所钻研的事情来看，很明显在他成人之后，城邦所讨论的问题，通常他是一定会出谋献策的。在我看来，他已经为他的演讲做好了开场白。可是为了避免人们从他的演讲中看出他从何人那里学到了什么，他一定会先这么说：雅典人啊，我没有向任何人学过任何东西，就算是有人在言论和行为方面比我擅长，但我也从来没和他们讨论过什么。我从来没有计划要请他们中的某一个人来做我的老师，我始终在做的是避免拜什么人为师，也避免给人留下向他人学习的印象。即便是这样，我还是可以依照我所想的给予人们适当的忠告。显然，这个开场白很适用于那些要求城邦给予他们医药类工作的人，他们可以套用这样的开场白说：雅典人啊，我从未向他人学过医术，也没打算去请什么医生来做我的老师，我始终在做的就是避免向任何医生学习，也避免给大家留下向某些医生学习的印象。即便是这样，你们也应该给我一个医生的工作，因为我已经打算在以你们为试验品的过程中学习医术了。"苏格拉底的这番话使得人们哄然大笑。

就在尤苏戴莫斯已经明白了苏格拉底意思的时候，他还是一句话也不说，他希望沉默能给人一种谦虚谨慎的印象。苏格拉底为了揭穿他的真面目，继续说道："通常人们想要学会竖琴、笛子、骑马等其他一些技巧的时候，他们总会不间断地勤学苦练，不但需要如此还要求教于那些精于此技艺的人。最奇怪的是，他们总是在不断地想办法向那些师傅们求教，希望通过不懈的努力来增进自己的技艺，这说明他们心中一定认为没有师傅的点拨就不会有惊人的成就。可是就在那些希望自己能有演讲和实践才能的人当中，却不乏一些认为没有必要的准备和钻研也可以达成所愿，取得应该取得的成就的人。事实上，后者的实现难度要远高于前者，即便是很多人都在从事后一项工作，但是成功的毕竟是少数。这么说的话，后者显然需要更多的努力才行。"尤苏戴莫斯一开始只不过是听着苏格拉底在说这些话，慢慢地却听得越来越耐心、越来越认真起来。随即苏格拉底就向马具铺走去，尤苏戴莫斯也跟在他的后面。苏格拉底这个时候对他说道："尤苏戴莫斯，听说你收集了大量的智者的书籍，是吗？"尤苏戴莫斯回答："这话确实是真的，苏格拉底，这个工作我还在继续，希望我的收集能越来越多。"

苏格拉底继续说："事实上，对于你舍弃金银而珍藏智慧的做法我非常钦佩。这一点说明你认为拥有财富并不代表人的生活会变得更好，反倒是智者的见解能让人们的德行得以丰富。"

尤苏戴莫斯对苏格拉底的这番话很是满意，因为他听出了苏格拉底在肯定他追求智慧的做法。苏格拉底也看出了他的开心，于是接着说："尤苏戴莫斯，你珍藏了这么多好书是为了得到什么好处吗？"尤苏戴莫斯听了这个问题之后立刻沉默不语开始思考起来，可是苏格拉底接着问道："难道你的目的是要当一名医生吗？因为作为医生，家里的书总是很多。"

"不，这不是我的目的。"尤苏戴莫斯回答道。

"难不成你的目标是做一名建筑师？建筑师也是需要有本领的人啊。""我没想过当建筑师。"

"那或许你想像赛阿朵拉斯[1]那样成为一名优秀的量地师[2]？""不是的。"

苏格拉底继续问："那你是想成为天文学家吗？"尤苏戴莫斯继续否认了这一点。

苏格拉底又问："那你是想成为一名游吟诗人吗？听说你那里珍藏了荷

---

1 赛阿朵拉斯：居兰尼人，曾教授过苏格拉底量地术。

2 量地师：相当于现在的几何学家。

马的全部史诗。"

尤苏戴莫斯回答："我没有想过要当游吟诗人。尽管游吟诗人对史诗都烂熟于心，但是我知道他们本身是很愚蠢的。"

"尤苏戴莫斯，或许你是希望掌握一种治国的本领，获得成为国家领导的资格，同时还能给予自己和他人好处，是吗？"尤苏戴莫斯回答："苏格拉底，你说得没错，我就是有这样的想法。"

苏格拉底又说道："这项本领确实是世界上最为美妙、最为伟大的技能，它是属于帝王的，所以通常人们都称之为帝王之才。不过，你有没有想过，一个不正义的人能够掌握这项才能吗？"尤苏戴莫斯听完后说："我思考过这个问题，一个非正义的人哪怕是连成为一个优秀的公民的资格都没有。"

苏格拉底问他："那你具备了这种才能了吗？"

尤苏戴莫斯回答："我想我的正义不亚于任何人。"

"那你觉得一个正义的人是不是和工匠一样也应该有所作为呢？"苏格拉底继续发问。

尤苏戴莫斯回答："那是自然。"

"既然要和工匠一般去显示自己的作为，那么你能列举出正义的人都有哪些作为吗？""难不成你觉得我列举不出正义的作为来吗？正义的作为我是可以一一列举出来的，不但如此，非正义的行为我也可以列举出来，事实上每一天我们都会看到很多这样的事情。"

苏格拉底说："既然你愿意，我就在这边写上 δ，再把 α^1 写在那边，接下来我们会在 δ 的下面写上正义的行为，而在 α 的下面写上非正义的行为，这样可以吗？"尤苏戴莫斯回答道："假如你觉得这些字母是必需的，

1　在希腊文中，δ 是"正义"一词的第一个字母，而 α 是"非正义"一词的第一个字母。

那就这么做吧。"

于是苏格拉底就这么做了，随后问："人类常常会做出虚假的事情，是吧？"尤苏戴莫斯回答："是的。"

"那这一类事情要放在哪一边呢？"苏格拉底问。

"当然是要放在'非正义'的一边啊。"

"那么欺骗的事情是不是也经常发生呢？"苏格拉底继续问。

"这是一定的。"尤苏戴莫斯回答。

"那这类事情又要放在哪一边呢？""自然也是'非正义'的一边了。"

"那做坏事的也应该有吧？""是的。""那奴役人的事情呢？""也是有的。""尤苏戴莫斯，你说这些事情是不是都不能放在'正义'的那一边。""要是它们都是正义的话那就奇了怪了。""假设有一个被推举出来当将领的人对另一个非正义的敌国人民进行奴役的话，这算不算是非正义的呢？""那就不能算了。""这样的行为就应该说是正义的，对吗？""当然。""还有，如果他的欺骗是发生在敌人身上的话，那又怎么算呢？""自然是正义的了。"

"如果他偷窃和抢劫的也是敌国的财物，那是不是也要算正义的呢？""那是自然了，只不过一开始我以为你问的都是关于朋友的事情呢。"尤苏戴莫斯回答。

苏格拉底又问："那这么一来，原本放在'非正义'下面的事情都可以移到'正义'那里去了，是吗？""应该是这样的。"

"那我们这样放了以后，首先要给它们划个界线：当一类事情发生在敌人身上的时候就应该是正义的，但是在朋友身上发生那就是非正义的。对待朋友首先要求的就是坦诚，这点你同意吗？"苏格拉底问道。尤苏戴莫斯回答："完全同意。"

苏格拉底又问："一个部队的将领发现自己的士兵意志非常消沉，于是就欺骗他们说援军马上就要到了，这下士兵马上就重整旗鼓了。这样的欺骗我们要放在哪一边呢？""我认为应该属于'正义'的一边。"尤苏戴莫斯回答。

"再比如，一个孩子必须吃药，但是他一直不吃，于是父亲就说这药是饭而骗孩子吃了下去，就因为这样，孩子恢复了健康。那这类的欺骗行为又要放在哪一边呢？""也应该放在'正义'的那一边。"

"再比如，有一个意志颓丧的朋友，甚至有了自杀的念头，作为朋友偷偷地把剑一类的东西偷走，那么这种行为要放在哪一边呢？""当然也是'正义'的那一边啦。"

苏格拉底又问："你刚才不是说只要是发生在朋友身上的，不管什么都是非正义的吗？"尤苏戴莫斯回答："这些就不是了，只要你同意的话我可以把刚才的话收回。"

苏格拉底说道："当然允许你这么做了，这至少要比错放行为好得多。若那些欺骗是损害朋友的行为（关于这一点我们也无须考虑一定是非正义的），你觉得是哪一种更为非正义，是有意而为之的，还是无心做的呢？""苏格拉底，我已经没有回答这问题的自信了，事实上我最初说的那些和现在我想到的有太大的差别了。不过即便是这样，我还是想说，有意去说谎的人总是比无心为之的人要更为非正义。"

"这么说的话，你是不是觉得应该有一种如同认识和学习文字的方法一般的认识和学习正义的方法呢？""应该是有的。""那你觉得，是有意去写或是念得不准确的人更有学问，还是无意做了这些事情的人更有学问呢？""当然是有意做这些事情的人了，毕竟不管什么时候只要他愿意他都能做对这一切。""那照你这么说，有意去写得不正确的人就是有学问的，而无意的人就是没学问的人了？""应该就是这样的。""那我问你，是有意去说谎的人更正义呢，还是无意为之的人更正义呢？""当然是有意为之的人了。""那你的意思是说，懂得怎么写和念的人要比不懂的人更有学问，是吧？""是的。""懂得正义的人也应该比不懂的人更正义了，是吧？""应该是这样的，只不过我已经不太知道该怎么说了。""可是通常一个不说谎话但总是说不准的人，在他为他人指路的时候，就很可能把朝东的路说成朝西的，在他算账的时候，就有可能把多的账算成是少的，这样的人你怎么看？""那应该是他认为自己懂得的事情，其实根本不懂得。"

"你知不知道有些人是被称为有奴性的人呢？""我知道。""是因为他们有知才这样，还是无知呢？""显然是无知造成的。""他们之所以被称为有奴性的人，难道是因为他们不懂得打铁？""自然不是。""那是因为不懂怎么做木匠的活吗？""也不是。""是因为不懂做鞋吗？""都不是，也许正好相反，反倒是懂得这些技艺的人通常都会表现得奴颜婢膝。""那会不会是因为他们不懂得美、善和正义呢？""我觉得应该是这样的。""既然是这样，我们就要想方设法地去避免做一个奴颜婢膝的人吧？""苏格拉底，说实话，我曾经非常自信自己是一个爱钻研学问[1]的人，而且我还希望通过此类的尊严来提高成为一个德才兼备的人的造诣。可是你现在看看，我自己花了那么多的时间，经历那么多辛苦，最后连一个本应该知道的问题都答不出来了，我已经没有了从前的自信了。最可怕的是我居然还不知道该怎么去改变这样的结果。"

苏格拉底说道："尤苏戴莫斯，麻烦你告诉我你去过德尔菲没有？""去过两回。""那你见过庙墙上刻着的'认识你自己'那几个字吗？""见过。""你

1　学问：这里指的是哲学。

看到这几个字后，是否思考过或是注意过，或是反省过自己是个怎样的人吗？""这个问题我确实没有考虑过，我觉得对自己的一切都知道了，要是连认识自己都还没做到的话，那就更别提其他的事情了。""可是你认为一个人认识自己仅仅是知道了自己的名字吗？就好比是那些要买马的人，若尚未去观察过那些马是好是坏、是强壮还是衰弱、是快还是慢，包括它究竟是一匹良驹还是驽马等，他是无法认定自己已经了解了自己要买的马的。对自己也是如此，认识自己必须先了解自己的能力如何，再看看自己作为人的价值何在，对吧？"

"那这么说，一个人如果不了解自己的能力就不算是认识自己了，是吗？"

"是的。这样的话，人们会因为认识了自己而获得很多益处；相反的，自我欺骗只会带来越来越多的祸患。认识了自己的人，会从事适合自己的事情，同时还能分辨哪些自己能做，哪些自己不能做，并且还可以通过自己做到了自己懂得的事情而给自己带来无限的益处，另外还能避免自己去做那些自己不懂的事情从而犯下错误。有了自知之明的人，他们会去借鉴他人的经验，同他人交流，获得自己的幸福，或者避免祸患。反之，没有自知之明的人，总是会错估自己的能力，对于他人和他人的事情也是如此。他们不但不知道自己要的是什么、懂的是什么，更不知道自己要和什么样的人交往，这一切都是由于他们对自己认识不清楚造成的，因此他们很难得到幸福，并且还会因此陷入祸患当中。相比之下，懂得自己在做什么的人就会获得事业上的成功，以及人们的尊敬和赞扬。一般来说，有自知之明的人都会乐意彼此来往，而在实践中失败的人通常也乐意接受他人的忠告，更会将自己对美好未来的希望都托付在他人身上，并且他们会爱上这些有自知之明的人。而那些缺乏自知之明的人，会做出错误的选择，一切尝试最终都要归于失败。如此一来，不仅会在自己的事务上遭受失败，更重要的是他们还会因此名誉扫地，遭人唾弃和蔑视。而且那些不自量力的国家领导者如果和一个实力强的国家打仗，最后的结果只会使城邦变为废墟，国民沦为奴隶。"

"苏格拉底，我也同意你的看法，认识自己确实是非常必要的。"尤苏戴莫斯说道，"可是要从什么地方开始认识自己呢？你愿意给我仔细地说一说吗？"苏格拉底问他："你能分辨出哪些东西是好的，哪些东西是坏的吧？""这个当然可以。要是我连这个都不懂，那我就连一个奴隶都比不上了。"

苏格拉底说："那就请你先来说一说吧。"

尤苏戴莫斯回答道："这个问题很简单。第一，健康是好的，疾病是坏的。第二，作为主导健康和疾病的两大因素——饮食和生活习惯，只要是导向健康的都是好的，相反的都是坏的。"

苏格拉底问道："这么说，疾病和健康只要是好事的时候就是好的，而是坏事的时候就是坏的了，是吧？"尤苏戴莫斯说道："是的。可是，什么时候健康会是坏的原因，而疾病反而是好的原因呢？""有一些人因为身体健康参加了远征，最后失败，或是参加了海战，最后失败而死亡。相比之下，那些有了疾病的人反倒是因为这个原因而保全了自己的生命，像是此类的情况不都可以回答你的问题吗？""你说得一点没错。可是你看看，不少健康的人参与到了有益的事情中来，反倒是不健康的人总是躲在角落里。"

"这些既有可能是好事，也有可能是坏事的事情，到底是有益的还是有害的呢？""要凭空断定它们是好还是坏有点难。不过苏格拉底，智慧是一件好事，这是毋庸置疑的吧？不管什么事情，有智慧的人总比不学无术的人好吧？""难道你没有听说过代达罗斯[1]因为有智慧而被米洛斯囚禁的事情吗？他为此还沦为奴隶，远走他乡，丧失自由。就在他企图和自己的儿子一同逃跑的时候，他的儿子还因此丧命，期间他根本无法自救，还被带到了野蛮人那里，又一次沦为了奴隶。""我听说过这件事情。"

"那帕拉梅代斯[2]所遭受的苦难你听说过吗？人们总是称赞他非常有智慧，可是最后他却被忌妒的俄底修斯害死。""这故事我也听说过。"

"你可知道有多少人都是由于有智慧而被带到大君[3]那里，从此沦为了奴隶？""苏格拉底，那要这么说的话，幸福是件好事总不容怀疑了吧？"

苏格拉底继续说："假设不是由有问题的好事构成的幸福，那就应该是好事了。"

尤苏戴莫斯问道："那哪些是有问题的好事呢？"

苏格拉底回答："只要幸福当中不包含美貌、膂力、财富、光荣及其他诸如此类的事情的话，那就是没有问题的好事了。"

尤苏戴莫斯说："可是，我们必须将这些事物都包含在幸福当中，缺少了这些还算什么幸福呢？"苏格拉底回答道："这样说的话，那就是把很多带给人们痛苦的事情都包含在幸福中了。很多人看到美貌的人之后就一见倾心，从此就败坏了；有不少人自信自己很是强壮，于是去做那些超过自己能力的事情，却因此招来了不少灾祸；很多人因为财富而导致腐化堕落，被人们暗算而亡；更有许多人有了荣誉和政治能力后却遭受了莫大的灾难。"

"那么既然连称赞幸福都是不对的话，我也只好说我该向神明求些什

1　代达罗斯：传说中古希腊的著名发明家。

2　帕拉梅代斯：传说中古希腊一个非常聪明的发明家，因为聪明而招致俄底修斯的嫉恨。

3　大君：指的是波斯王。

么我心里一点底都没有。""或许你对这一类事情已经过分自信，所以你总是没有充分地去考虑它们。可是你将要领导的这个城邦是个民主城邦，你总该考虑过民主是什么吧？""这一点我无论如何是明白的。"

"你想想看，一个不知道'民'是什么的人怎么会知道民主是什么呢？""那是自然。""你觉得'民'是什么？""'民'应该是国家里的穷人[1]。""那你说哪些是穷人呢？""这我当然知道。""可是你知道谁是富人呢？""这和我知道谁是穷人应该是一样的啊！""既然这样，你说说看哪些是穷人，哪些是富人呢？""只要是无法满足自己需求的人我认为就是穷人，只要是能满足自己需求还有富余的人那就是富人了。""不知道你有没有注意过，有那么一些人他们虽然拥有的不多，可是他们也能满足自己的需求，甚至还能有富余，但还有一部分人拥有的很多，却始终不满足？""确实有这样的人存在。你提醒得很对，我知道有些僭主也会像最穷苦的人一样，因为匮乏而做出违法乱纪的事情。"

苏格拉底继续说："那这些僭主是不是就应该被放到人民当中，而那些尽管拥有的不多但是很善于管理和使用的人就应该放到富人范畴中呢？"

尤苏戴莫斯回答："因为我的无知，我不得不承认你的观点是对的。现在我觉得自己还不如沉默不语，我像是一个什么都不懂的人。"尤苏戴莫斯说完后立刻垂头丧气地走了出去，此刻他只能认为自己是个奴才，对自己很是鄙夷。

有不少也同样受到苏格拉底如此对待的人再不愿到他跟前来了，苏格拉底认为这一类人都是不可救药的蠢材。可是尤苏戴莫斯觉得，要成为一

1　穷人：确切地说这里指的应该是以劳动为生的劳动人民。

个有成就的人，就必须和苏格拉底多多接触，除此之外别无他法。所以说，只要不是万不得已他都不会离开苏格拉底。

尤苏戴莫斯还经常去模仿苏格拉底的一些举动。

苏格拉底见到尤苏戴莫斯这么做，就很少再让他感到狼狈了，他会选择最简单、最明确的方式将自己认为尤苏戴莫斯必须学会和知道的经验告诉尤苏戴莫斯。

第三章　自制能力是能力的首要条件

　　苏格拉底能够让跟随他的人一下子就变得口齿伶俐，且有缜密的办事能力和思考能力。不过，他最先要求他们的是自制能力。在他看来，如果只有其他才能却缺乏自制的话，最后只会多行不义和罪恶之事。

　　苏格拉底总是尽自己最大的努力让自己的弟子在神明面前有自制的能力。

　　就在他同他人谈论这件事的时候，同苏格拉底在一起的人就已经描述过这些谈话了，以下就说说苏格拉底和尤苏戴莫斯的谈话。

　　苏格拉底问："尤苏戴莫斯，请你告诉我，你有没有考虑过神明是怎么操心人们的需求这件事情的？"尤苏戴莫斯回答："我没有考虑过这件事情。"

　　苏格拉底又说："可是，你一定知道我们第一需求的是光，这是神明给予我们的吧？""这个我当然知道，如果没有了光，我们就只能在黑暗中生活了。"

　　"此外，我们还需要休息，神明给予了我们黑夜让我们休息。""这也是值得我们感激的。"

　　"白天因为有了阳光，我们能看清一切还能分辨时间；黑夜因为缺少了光而昏暗，我们看不清事物，但神明给予我们星星照耀着黑暗，因为它们我们也可以分辨时辰，还能做很多必须做的事情。""没错。""此外，月亮也帮我们划分了黑夜，还划分了月令。""确实是这样。"

"我们需要粮食，神明就给予我们土地用于播种粮食，还有那些适合粮食生长的季节。有了它们，我们不但能收获很多的粮食，还能让我们感觉土地赏心悦目。你是怎么看这一切的？""这些都是神明对于人类的关怀。"

"神明还给予我们最有价值的水，让它和土地、季节一起，促使所有对我们有用的东西生长、繁殖，给予我们营养。当水和我们的食物混合在一起的时候，我们就更容易消化，食物也更加美味。另外，我们其他用水的地方也很多，神明对此都毫不吝惜。你对此是怎么看的呢？""这些都表明了神明的先见之明。"

"神明还给予我们火，这让我们获得了温暖，能让我们在黑暗中看见事物。火对很多工艺都有积极的作用。总的来说，人类所有借以保全生命的有意义的事情都要仰仗于火，否则将失去原本的价值。对于这些你又是怎么看的呢？""这凸显了神明对于人类进一步的关怀。"

"神明毫无保留地把环绕在我们身边的空气赐予我们，为我们的生命提供了最基本的需求，我们还可以借助它的力量漂洋过海，到海外去做生意，这么大的恩赐岂是言语可以形容的啊！""这恩赐确实很难用言语形容。""此外，冬至之后太阳转回。随着太阳的接近，很多作物开始成熟，另外一些过了成熟期的植物已经枯萎。这一个轮回结束了以后，它会渐渐远离，就好像它生怕自己多余的热量会伤到我们一样。就在它再度远离我们的时候，一直到它认定再远我们就会因为寒冷而冻僵的时候停下来，然后它开始再度接近我们。它总是会在天空中对我们最有利的位置上为我们提供热量。这个情况你怎么看呢？"尤苏戴莫斯回答道："是的，仿佛这一切都是因人类而发生的。"

"那就很明显了，若是这种事情突然出现的话，我们是无法接受忽冷忽热的，所以太阳总是在接近和远离的过程中循环，让我们不再感觉有冷和热的极点存在。这个事情你怎么看？"尤苏戴莫斯回答："我怀疑神明应该还做了什么，除了为人类服务以外，这其中唯独让我感慨的一点就是人类是和其他生物一同享受这好处的。"

苏格拉底回答："其他生物的繁衍生息何尝不是为了人类，这点难道你还不明白？世上有哪一种生物会同人类一样从其他生物身上获得好处呢？在我看来，人类从生物身上获得的好处远比从植物身上获得的要多得多，至少在营养和贸易方面，是可以这么说的。有些人是把田间产出的果实作为食物，但更多的人是从牲畜身上获得奶、干酪和肉类来维持生命。几乎所有的人都要驯服和饲养有价值的牲畜，它们在战争和其他方面也能为人类所用。"

尤苏戴莫斯马上说道："我同意你这方面的观点。当我看到人能驯服那些比我们强大得多的动物，还能随意地使唤它们的时候，我就明白了。"

"除此之外，还有很多美好且有用的事物，它们彼此各不相同，针对它们神明给予了我们最合适的感官。有了这些感官，我们就可以去享受不同美好的事物。另外，推理能力也由神明植入了我们心里，我们因为推理能力能把我们所感知到的对象进行推理还能因此将其牢牢记在心间，从而了解每一种事物都能为我们提供什么样的好处，再用各种不同的方法来享受它们，避免不好的事物对我们的影响。神明还赐给我们表达能力，有了表达能力之后我们就可以通过教导的方式，让他人和我们一样也可以分享好的事物，制定法律来管理国家。你对这一切有什么看法呢？""苏格拉底，照你这么说，神明确实为关怀我们做了不少事情啊。""此外，神明还给予我们占卜的方法，在我们无法预知未来会有什么有利的事情发生时，神明就会用这种方式告知我们事情的结局会是如何，从而教导我们该如何达到最好的结果。你对这个又是怎么看的呢？"尤苏戴莫斯说道："苏格拉底，神明显然对你要比对其他人友好得多，因为你比其他人更早知道该做什么，不该做什么。"

"要是你所期待的并不是要看到神的形象，而是要以神明作为自己敬畏和尊崇的对象的话，那么你就会明白我所说的句句属实。你想一想，神明其实早已将这一点指示给我们了。当别的神[1]给予我们好东西的时候，通常都不是以最清晰可见的方式呈现的，只有这位维系着整个宇宙运转的神（凡善良美好的事物都在这宇宙当中），能让宇宙长久运转，永不衰老且纯洁无瑕，永远为人类服务。因此，宇宙在服从神这一方面比思想还快，而且从未有过过失。这位神因为有了伟大的作为所以才显示出他的伟大，尽管我们是看不到他管理宇宙的形象的。另外还要想想，即便有着外在的形象，但是人们还是无法真正看到他本身。假设有人很轻率地想去凝视他的话，他就会想办法让这个人失明。就算是神的仆役们也看不见神本身。从天上来的闪电是看得见的，它可以清清楚楚地落在人的身上，但是它如何到来、打击和离去是无法看见的。风本身也是看不见的，可是它的所作所为我们却看得清清楚楚。人的灵魂相对于人的其他一切更具有神性，灵魂在人体内统治着一切外显的行为，但是它本身却始终看不见。这么说的话，那些看不到的东西也不应该轻视，而是要从它们的举动中去体会它们的能力，并因此对其表示出敬畏之心。"尤苏戴莫斯说道："苏格拉底，我知道不该对神明有半点懈怠，可是一想到没人能对如此大的恩惠给予相应的回报的时候，我就感觉有些泄气了。"

---

1 神：这个地方的神原是复数，苏格拉底是个多神论者。

苏格拉底听完后说道："尤苏戴莫斯，不要随便泄气。你知道住在德尔菲的神是怎么对人提出怎样讨神欢喜的问题的吗？这个问题的答案是要遵从城邦的风俗。可是我认为，凡地方的风俗都应该是依照自己的能力为神明贡献祭品。因此，在虔诚地向神明表示尊重的时候，有什么比按照他们自己的吩咐来做更合适的呢？更为重要的是，凡是贡献给神明的祭品都不应当低于自己的能力，若有人不这么干的话那明显是对神明的不尊重。尽力去尊重神明的人都会高兴地期待着神明给予他们最大的祝福。除去期待那最能协助我们的神以外，还有什么人能值得我们如此等待呢？显然我们没有什么其他的事情比讨神明的欢心更重要的了。那么如何讨神明的欢心呢？唯一的做法就是最大限度地服从神。"

苏格拉底就是这样用自己的言论和行为让那些和他在一起的人变得虔诚、节制的。

第四章　正义与私心

　　苏格拉底从来都不隐瞒自己对于正义的看法，而是积极地通过自己的行为凸显自己的心意。即便是在私人生活方面，苏格拉底也谨遵法律，且热情助人；在公众生活方面，他无条件地依据法律来服从领导者的安排。不论是在国内还是对外远征的时候，他能始终遵守严明的纪律，这一点他做得比其他人好很多。在他担任议会主席期间，他绝不允许群众违法乱纪，他甚至为了维护法律的至高地位，还抵制了他人无法忍受的群众的攻击。就在三十僭主命令他做一些违法乱纪的事情的时候，他断然拒绝了。就在僭主禁止他和年轻人谈话且令他将一个人处死的时候，他坚决以法律的名义不配合这个命令。当苏格拉底因为美雷特斯[1]的指控而受审的时候，他没有像其他被告那样在法庭上尽可能地讨好法官，而是坚决不做违法的事情。事实上只要他稍微向法官低一下头，就很可能被释放，但到最后他还是坚持法律至上，绝不苟且偷生。

　　在苏格拉底与他人谈话的时候，他也常常这样说。一次，他和艾利斯人希皮阿斯[2]聊起正义的问题时就是这么说的。就在希皮阿斯离开了雅典一

　　1　美雷特斯：诉苏格拉底的主要人物。
　　2　希皮阿斯：当时很著名的一个智者。

段时间又回到雅典的时候，他正巧遇到了苏格拉底正在和他人交谈。当时他们谈论的问题是，一个人若是要某人去学鞋匠，或是木匠、铜匠、骑马等，这些都不成问题，因为他很清楚要让他去什么地方学习，毕竟会训练的人比比皆是。但奇怪的是，这个人若是想要让自己的儿子或是家奴去学正义的时候，反倒不清楚要派他去哪里学了。

希皮阿斯听到这话以后，就半开玩笑地对苏格拉底说："苏格拉底，你的这一套还是我从前听到的那一套吗？"苏格拉底立刻回答："希皮阿斯，没错，我讲的一点没变，更可怕的是连题目都没变呢！或许你现在见多识广，对同一个题目的表述会有不同。"

希皮阿斯回答："是的，我总希望有一些新的东西。"

"那你对于那些已然十分清楚的事情，譬如字母的数量，若是有人突然问你词里有多少和哪些字母的时候，你的回答也同从前不一样吗？还有算数，有人现在问你是不是二五还是等于一十的时候，你的回答也会不一样吗？""苏格拉底，这些问题你和我一样都会重复从前的。但是就争议而言，我知道我现在说出来的是你和其他人都无法反驳的。"

苏格拉底说道："那倒是，你发现的其实是个很好的事物，有了这个法官就不会再做出相反的裁判，公民们也再不会因正义为何而争论，也不用再打官司和争吵了。国家和国家之间也不会由于权力问题而产生纠纷或是爆发战争了。可是在你还未对我说出这个伟大发明的时候，我还真不知道该如何和你分手。"

希皮阿斯说："不过，我说句实在话，就在你还没提出自己关于正义的看法时，你是听不到的，因为你总在反驳其他人，嘲笑和质问其他人，这就够了。你始终没把自己的理由告诉其他人，不管是什么事情，自己的意见你从来都不肯说。"

苏格拉底说道："希皮阿斯，难道你没有发现我从来都没有改变我对正义的看法吗？""这难道也是一种理由吗？""虽然我没有通过言论说出自己的看法，但是至少行为已经表露出来了。难不成你认为行为和言论相比缺乏可信的价值吗？""那当然是行为更为可信了，毕竟很多嘴上说着正义的人却在干着非正义的事情，只有一个身体力行正义的人才不至于是非正义的人。"

"你可曾在什么时候发现过我做假证或是诽谤过什么人，或是我在朋友之间挑拨离间，或是做过什么非正义的事情吗？""那倒没有。"

"那你觉得不行不义是不是就是正义呢？""苏格拉底，那是自然的。可是，哪怕是现在，你还在躲避而不把自己有关正义的看法表达出来，因为你所说的是正义的人不做什么，而不是做什么。"

苏格拉底说道："我知道，不做非正义的事情就可以证明他是正义的。可是你觉得这一点还不够，那我下面要说的不知道你会不会满意，因为我要说的是守法就是正义。"

"苏格拉底，你的意思是说守法和正义是一回事吗？""我的意思就是这样。"

"那我就不明白你说的守法是什么意思了，更不明白你说的正义又是什么意思。"

"你知道城邦的律法吗？"希皮阿斯回答："这个我知道。"

"那你觉得它们的价值是什么？""公民们一致协商出来的，用来规定公民什么该做什么不该做。"

"照律法行事的人不就是守法的吗？违反这些律法的人不就是违法的吗？""这点没错。"

"难道守法不就是正义的举动，违法就是不正义的举动吗？""是这样的。""那正义的举动就应该是正义的，不正义的举动就应该是不正义的，是吧？""那一定是这样的啊。""所以很明显，守法就是正义，而违法就是不正义啊。"希皮阿斯反问道："可是苏格拉底，制定法律的人常常会修订法律，甚至是废止法律，那么这些法律包括遵守法律又为何被人们如此重视呢？"苏格拉底回答："但是城邦在战争之后常常会讲和啊！"希皮阿斯回答："那没错。"

"既然这样，如果因为法律废止了，就随意地轻视那些遵纪守法的人，这与恢复和平之后，就轻视那些骁勇善战的人，两者有什么区别呢？难不成你就因为这个而去谴责那些为了国家荣誉而投入战争的勇士吗？""那肯定不会。"

苏格拉底继续问："那你有没有想到，拉开代莫尼人鲁库格斯[1]若不是在斯巴达创建了最为严明的守法精神，斯巴达凭什么和其他城邦有所不同呢？难道你没发现，凡是能说服民众守法的城邦领导人都是最优秀的领导人？民众守法的城邦难道不是和平时期生活最幸福，战争时期最顽强的城邦吗？一个城邦最重要的莫过于同心协力。也正因此，城邦的议会和首长总是会劝民众要同心协力。希腊每个地方的人们都被要求遵守律法，人们也在每个地方都立誓这么做。可是我觉得要这么做的理由在于他们都能遵纪守法，并非为了他们能在行为上选择同一个歌咏队，或是赞赏同一个笛子演奏家，或是喜欢同一个诗人、欣赏同一种事物等。要知道，人们都能遵纪守法的话，这个城邦必然非常强大、幸福；不能同心协力的话，城邦是无法治理好的，就算是一个小小的家庭也得不到幸福。

"除了遵纪守法，还有什么比这更能使自己免受责罚、赢得众人尊敬

1　鲁库格斯：古斯巴达的立法者，大约出生在公元前 8 世纪。

的做法吗？此外，又有什么比这个更能避免在法庭上遭遇败诉呢？人们最愿意信任，且能托付子女和钱财的人是谁呢？难道不是那些遵纪守法的人吗？除了他们外还有谁值得信任呢？人们最期望从父母、亲属、家奴、朋友、同胞或是异乡人中的哪些人手中获得最为公正的待遇呢？在同敌人商讨停战、缔约与和谈的时候，人们会选择信任谁呢？人们又会选择做谁的同盟呢？同盟者又会选择谁作为领袖守护要塞呢？人们还会期望谁能有恩必报呢？又有哪些人是人们期望可以施恩于他的呢？除了这些人之外，人们会选择什么人作为自己的朋友呢？而且，除去那些与自己结盟的绝大多数人和极少数与自己为敌的人之外，还有哪些人是人们不愿意与之为敌的呢？所以说，希皮阿斯，守法和正义显然是一码事。倘若你还有不同的意见，请不吝赐教。"

"说实话，苏格拉底，你这些关于正义的意见我没有什么异议。"

苏格拉底又问："希皮阿斯，你知道什么是不成文法吗？""那是指随处都有可以遵守的律法。""那你觉得这些律法都是人类为自己制定的吗？""那当然不是，人类无论如何是不可能全聚在一起的，也不可能都说一种语言啊。"

苏格拉底问："那你觉得该由谁来制定这些律法呢？"

希皮阿斯回答："这些律法在我看来应该由神明为人类制定吧，理由是所有律法的第一条多是人类要敬畏神啊。"

"但不是都还有一条要孝敬父母吗？""是的。""不是还有父母不能和子女通婚，子女也不能和父母通婚这一条吗？""苏格拉底，我还是看不出来这是神制定的律法条款。"

"那是为什么呢？"苏格拉底问道。

希皮阿斯回答道："因为我发现有些人已经违反了这一条。"

苏格拉底又说："那他们违反过的条款多着呢。只不过违反了神制定的律法必然是要受责罚的，而违反了人制定的律法，有些人却可以躲避暴力责罚。"

希皮阿斯问道："可是苏格拉底，像是父母和子女间的通婚不能逃避哪些责罚呢？""那自然是最厉害的责罚了。"苏格拉底回答道，"就生育子女这件事来说，任何事情都比生育不好的子女的罪行更严重。""为什么说他们生育的是不好的子女？"希皮阿斯又问，"要是不存在阻碍的话，就比如他们是好人，而生育子女的对方也是好人的话。"苏格拉底回答："那必须生育子女的双方都是好人，而且是体力旺盛的人。难道在你看来体力旺盛的人生育的子孙同那些体力并不旺盛的人生育的子孙是一样的吗？你觉得哪个会更好呢？"

希皮阿斯回答："一定是体力旺盛的人所生的子女啊。"

"那体力不旺盛的人所生的子女精神就差了，是吗？""很有可能。"希皮阿斯回答道。

"这样的人是不是就不该有子女？""是不应该。"

"这样的子女就不应该生，是吧？""我认为是这样的。"

"那么说要是不好的子女不是来自这些人的话，还可能是其他什么人吗？""我同意你的说法。"

"此外，很多地方的律法中不也都有一条以德报德吗？""是啊，只是人们也违反了这条律法。"

"违反了这条律法的人，最后不是会因为失去好朋友且诉之那些憎恨自己的人而遭受刑罚吗？凡善待朋友的人都应当是好朋友，而那些以怨报德的人都应该算是忘恩负义的人，对吗？可是，要知道和善待自己的人成为朋友对任何人而言都是有好处的，他们难道不应该去尽力找这样的人结交吗？""是的，苏格拉底，一切仿佛都是从神那里来的。我觉得，只要是本身就能给违反的人带来刑罚的律法，就必定非人所制定的，一定是比人更好的立法者所为。"

"希皮阿斯，对于正义的律法和非正义的律法，你觉得哪个应当是神制定的呢？""神制定的自然不会是非正义的律法了。"希皮阿斯回答道，"如果神制定的是非正义的律法的话，那就不会有其他人能制定正义的律法了。"

"这么说的话，正义和守法在神看来也是一回事了。"

苏格拉底就是用这样的言论和实践的方式，让他身边的人都成为了正义的人。

第五章　自制的好坏及必要性

进一步来说说苏格拉底是怎样让那些与他交流的人变得更有实践能力的。苏格拉底认为，但凡期望获得高尚成就的人，首先，要做到自制。所以，苏格拉底总是先让那些与他交往的人看清，自己能够先于其他人在这方面身体力行。其次，他会借助他人的言论来劝说门人，让他们明白自制比什么都更为重要。苏格拉底时时将那些有助于德行的事情记在心中，并用这些来提醒自己的门人。他和尤苏戴莫斯两人就有一番关于自制的言论。

苏格拉底说："尤苏戴莫斯，麻烦你告诉我，你觉得对于个人和城邦来说，自由是高贵且美好的财产吗？"尤苏戴莫斯回答："是的，确实如此。"

"你觉得如果一个受情欲所支配，总是不做好事的人算不算是自由呢？""那当然不应该是。"尤苏戴莫斯回答道。

苏格拉底又说："兴许你认为自由就应该是做最好的事情，且没有任何阻碍，一旦做不了这事情的话就不算是自由了，对吧？""确实如此。"

苏格拉底问："你觉得如果是自制能力很差的人，是不是就没有自由了呢？""应该是这样的。""不过，你觉得那些自制能力差的人，是因为阻碍而无法做最好的事情呢，还是他们是被迫去做最无耻的事情呢？""我认为，两者都可能存在。"

"你觉得一方面阻碍他人做最好的事情，又强迫他人去做坏事的主人是什么样的？""无疑是最坏的主人呗。"尤苏戴莫斯回答。

苏格拉底问道："那你认为究竟什么样的奴隶是最坏的奴隶呢？"尤苏戴莫斯回答："在最坏的主人控制下的奴隶是最坏的奴隶。"

"那是不是说，凡是无法自制的人就是最坏的奴隶了呢？""应该是这样的。"

"最大的善就是智慧，难道你不觉得，凡是无法自制的人就会和智慧远离，还会因此走向相反的方向吗？难道你不觉得，因为无法自制，就会让人感觉留恋快乐，还时常让原本能分辨好坏的人一时间感觉迟钝，不得已去选择坏的事情，甚至由此阻碍了人们对有用事物的注意和学习？""这样的情况是存在的。"

苏格拉底继续说："尤苏戴莫斯，那就让我们试想一下，还有什么比难以自制的人更不与理智健全不相称呢？在我看来，理智的健全和无法自制两者是正好相反的。""我同意你这个观点。"尤苏戴莫斯回答。

"就你看来，除了不能自制外，还有其他的什么能阻碍人们去注意正当事物呢？""应该没有了。"

"迫使人只选择有害的事情而不做有益的事情，迫使人忽略有益的事情而不关注有害的事情，迫使人们做那些和健全理智相反的事情，所有这些对人不是最坏的吗？""是的。"

"自制和不自制所产生的效果是正好相反的，这难道不是自然而然的事情吗？""那是自然。"

"可是这种效果相反的原因，对人而言岂不是一件好事吗？""确实如此。"

"尤苏戴莫斯，这么一说，人要是能自制就是一件大好事了。""确实可以这么说啊。"

"尤苏戴莫斯，你是否想到过……""你说想到什么？""我想说的是，人们认为不自制带给人们的只有快乐，但实际上是做不到这一点的。快乐必须是由自制产生的。"

"此话怎讲？"

"无法自制的人就无法忍受饥饿、口渴、情爱和睡觉的欲望，这一切都和吃、喝、性交、休息息息相关，这也与人们的乐趣相关。就在一段的克制和期待之后，这些事情才会给予人们最大的快乐，反倒是不能自制无法让人们体会到最必要和最经常的乐趣。自制的人才能忍受我提出的所有这些，所以说自制是带来这些值得称道的快乐的根本。"

"你说的句句属实。"

"另外，要学习美好且高尚的事情，钻研能帮助人们维护自身身体，治理自己的家庭，对朋友和城邦有益且能降敌的本领，若能做到这些不但对自己有益，同时也能获得巨大的快乐。一般来说，能够自制的人在做到这一切的时候，也同时享受到了其中的乐趣。相反，那些无法自制的人是享受不到的。试想一下，那些只是一门心思想获得眼前的快乐，而不把这些付诸实践的人，显然是最不适合去享受这快乐的人。""苏格拉底，我觉得你似乎在说那些只是贪图身体快乐的人无论如何都是没有德行的。"

"尤苏戴莫斯，一个不能自制的人和那些愚蠢的牲畜有什么区别呢？只是竭尽全力去追求个人快感，却不重视美好事情的人和最蠢的牲畜有什么区别呢？只有自制的人才会真正重视美好的事物，还会对事物进行仔细地甄别，从言论、行为上选择好的，避免坏的。"

苏格拉底说过，只有自制的人才会成为最高尚、最幸福和最具推理能力的人。他还认为，推理这个词是从人们聚集在一起进行讨论，对事物的性质进行甄别中而来的。所以，先要尽自己最大的努力来做好准备，然后进行充分的研究，这才能让人成为最高尚、最具推理能力的人。

第六章　虔诚与遵纪守法

接下来要说的是苏格拉底是如何让自己的门人更加擅长推理的。苏格拉底觉得，认清了事物不同性质的人，就能够向其他人具体说明那些事物。而那些没理清事物不同性质的人，他们是很失败的，并且他们还会让他人遭遇失败。

所以说，苏格拉底和他的门人们总是一刻不停地在考察事物的各种性质。

如果要详细地讲述他所下的定义就太费篇幅了，因此接下来只是尽可能详细地阐述其考察事物的方法。

第一个要说的是虔诚。苏格拉底关于虔诚的看法大致是这样的，一次苏格拉底对尤苏戴莫斯说道："麻烦你告诉我，虔诚到底是一件什么样的事情呢？""当然是最为美好的事情了。"

苏格拉底问道："你能说说虔诚的人都是什么样的人吗？""在我看来就是那些敬神的人。"

"那么人们可以根据自己的方式敬神吗？""不行，敬神有一定的律法要求。""那就是说，知道律法的人就一定知道怎么敬神了，是吗？"尤苏戴莫斯回答："我认为是这样的。"

苏格拉底又问："可是一般知道如何敬神的人不是也应该明白不能用自己所不知道的方式来敬神吗？""这点他们当然知道。"

"不过，到底有没有人会用自己所不知道的方式敬神呢？""我觉得应该没有吧。"尤苏戴莫斯听了以后回答。

"那那些知道什么对于神而言是合法的人会不会也用不合法的方式来敬神呢？""应该不会。""以合法方式来敬神的人是不是可以说就是按照应该的方式来敬神呢？""难道不是这样吗？""以应该的方式来敬神的人就是虔诚的人吧？""当然了。""虔诚的人是不是就应该被正确地定义为了解了什么是对神合法的人？""我想应该是这样。"

"在待人方面，可不可以用自己所愿意的方式来做呢？""自然是不行的，这件事情也存在合法与否的问题。""以律法规定的方式来待人，是不是就是照最应该待人的方式来做呢？""何尝不是呢？""依照最该做的方式去做的人不是应该做得更好吗？""那是自然的。"尤苏戴莫斯回答道。

"在待人方面表现很好的人，在其他与人有关的事务上也应该做得很好吧？""应该是这样。"

"遵纪守法之人做的事情难道不是正义的吗？""一定是正义的。"

"正义的事情是哪种性质的，你知道吗？"苏格拉底问道。

尤苏戴莫斯回答："就是依照律法做的事情。"

"遵照律法来做的事情就该是正义的，也是应该的吧？""难道不是这样吗？""有正义行为的人难道不是正义的人吗？""我想应该是这样。"

苏格拉底问道："你觉得，是不是有一种遵纪守法的人却根本不知道律法是什么？""应该不会有。"

"那你认为有没有明知道要做什么的人却会觉得自己不该做那些事情呢？""应该不会有。"尤苏戴莫斯回答。

苏格拉底接着问："你认为有什么人会不做他们应该做的事情，反倒去做别的事情吗？"尤苏戴莫斯回答："我不知道。"

"而那些了解了何为合法的人，做出来的事情就一定是正义的吗？"
"是的。"

"那这么说，做正义事情的人就应该是正义的人？""除他们以外还有什么人会是正义的呢？"尤苏戴莫斯反问道。

"那些了解了什么是合法的人被定义成了正义的人，这个定义难道不是正确的吗？""我觉得应该是这样的。"

"试想一下，什么是智慧？麻烦你告诉我，你觉得是明白事物才算有智慧还是不明白事物算是有智慧呢？""当然是明白事物的。不明白事物的人怎么能算是有智慧的呢？""那人有了知识就算是有智慧了，是吗？""人有智慧如若不是因为有知识还能是因为什么呢？"

"除了知识能让人具备智慧之外，还有什么其他的吗？""我认为不再会有了。""那就是说知识就是智慧了。""是的。""可是，你觉得一个人是不是什么事情都懂呢？""这不可能，人们能知道的只是很小的一部分。""这么说，对所有事情都有智慧的人是不存在的了？""那是自然。"

"这么说，只要一个人具备了自己应该具备的知识就算是智慧了，是吗？""我觉得就是这样。""尤苏戴莫斯，那这样的方法可以用来研究善吗？""那要怎么做？"

"你觉得，一个东西对不同的人来说是不是都可能有用呢？""我觉得不是。""那你觉得是不是一旦某个事物对某人有利就会对某人不利呢？""是的。"尤苏戴莫斯回答道。

苏格拉底继续问："除去有益的东西，有没有什么其他东西也可以被称为善呢？""没有。"

"这么说的话，只要是对人有益的东西也就是善了？""我想应该是这样。"尤苏戴莫斯回答道。

苏格拉底又问道："就以美为例，还有什么其他的方法可以用来定义吗？难不成我们要把对于一切事物都是美的，譬如身体、工具还有其他一些事物都视为美吗？"尤苏戴莫斯回答："当然是不可以的。"

苏格拉底接着问："那随便一件事物对什么有用，或是可以用在什么东西上，那就应该是美了吗？""确实是这样。"

"如果任意一件事物，用在了适合它之外的事物之上的话，那还会是美的吗？""对于任意的一件事物而言都不会是美的。"尤苏戴莫斯回答道。

"有用的东西对于使用的所有事物而言就是美的了吗？""我觉得是这样的。"尤苏戴莫斯回答道。

"再来说说勇敢的事情，尤苏戴莫斯，你觉得它也是美好事物的一种吗？""我觉得它确实是一种美好的事物。"尤苏戴莫斯答道。

"那你觉得勇气对于微不足道的小事来说有用吗？""当然不是的，它只对重要的事情有用。"

苏格拉底问尤苏戴莫斯："你觉得若在可怕和危险的事物面前一点知觉都没有，这是有用的吗？""当然不是。"

"那么，那些对事物的性质既无知又无惧的人，难道不是勇敢的人吗？""肯定不是，若是的话，很多疯子和懦夫都应该可以称作勇敢的人了。""还有那些害怕本来就不可怕的事物的人呢？""那就更不是勇敢的人了。"

"那你觉得在可怕和危险事物面前临危不惧的人就是勇敢的人，而总显示出害怕的人就应该是懦夫了，是吧？""就是这样。"

"那你觉得当灾难来临的时候，除了勇于面对的人外，还有其他的什么人能做到勇敢面对呢？""除去这些人外就没有了。"尤苏戴莫斯回答。

"那么还有哪些人会同不善于应付灾难的人那样惊慌失措呢？""还能

有什么人会这样呢？"

苏格拉底接着问："这么说来，两者都应该如你所想的那样去应付到来的灾难和危险吧？""还有其他的情况吗？"尤苏戴莫斯回答道。

"那不善于应付危险的人，你觉得他们会用什么方式应付呢？"尤苏戴莫斯听了以后回答："很显然，他们是不知道方法的。"

"知道了如何应付的人就只有那些明白如何应付的人吗？""只有他们而已。"

"并不是完全错误的人又怎么样吗，他们会不会也表现得惊慌失措呢？""我想应该不会。"

"就这而言，不知所措的人就应该是完全错误的人，是吧？"尤苏戴莫斯回答："极有可能是这样的。"

"这么说的话，知道如何应付可怕和危险情况的人就是勇敢的人，而错误应付的人就是懦夫了，是吧？""我觉得是这样的。"尤苏戴莫斯回答道。

苏格拉底认为君主制和僭主制是两个完全不同的政体。在他眼里，君主制是在人们同意的基础上，依照城邦法律来治理城邦的政体；而僭主制是违反人们的意志，不用律法来治理城邦的政体，它的统治依据是统治者的意愿。但凡从人们中间依据法律来选举官吏的就是贵族政治，那些依照财产来指派官吏的做法就是富豪政治，而所有人都有被选举权利的就是民主政治。

当有人和苏格拉底在某一个问题上产生争论的时候，却始终没能表达清楚自己的意思，只不过是断言自己提到的某人要比苏格拉底更为聪明、更具政治才能、更勇敢等，可是苦于找不到证据，苏格拉底就会用以下的方式将讨论引回最初的原则性问题上去，他会说："你的意思是你推崇的比我推崇的更好吗？""我是这个意思。""那我们为什么不去考虑一下，究竟好公民的本分是什么？""我们还是这么做好了。""就财政来说，难道不是那些让城邦更为富裕的人是更好的公民吗？""肯定是的。""就战争来说，难道不是那些让城邦更加强大起来的人是更好的公民吗？""难道不是吗？""就使节来说，难道不是那些化敌为友的人是更好的公民吗？""应该是的。""就议会发言来说，难道不是那些可以创造和谐、停止纷争的人是更好的公民吗？""应该是的。"苏格拉底就用这样的方式把讨论拉回到原则性的问题上去，而且使和他争论的人更加清晰地看到了真理。

当苏格拉底和人们讨论某一个问题有所进展的时候，他会积极地推动大家一致同意的观点向前一步，他觉得这是讨论问题最为可靠的一种方式。所以，在苏格拉底发表言论的时候，他是最容易赢得众人同意的一个。苏格拉底说过，荷马曾经把俄底修斯称作"稳健的雄辩家"，那不过是因为俄底修斯能把议论从人们公认的观点上再向前推进一步罢了。

第七章　要有独创精神

从以上所说的内容中可以清晰地发现，苏格拉底喜欢对自己的门人坦诚相见。接下来我要说说苏格拉底对自己的门人在各自的工作中拥有独立工作能力的关心。

苏格拉底是一个很善于发现门人们了解什么的人。只要是善良和高尚的人了解的事情，苏格拉底也非常了解，同时他还很乐意去教导他的门人们。当自己也不熟悉的时候，苏格拉底也把门人带到了解的人那里去，让其去教导他们，他会告诉他们凡是经过良好教育的人应该了解各门学术到什么样的程度。

比如说，苏格拉底曾经说过，对于一个正在学习量地学的人来说，关于买进、出让或是分配土地，以及对土地进行正确的丈量，还有对此时的劳动量进行的正确运算等，都是很容易学会的。所有钻研过测量学的人，大概都会明白有多大一块地，还有它应该用什么样的方式测量出来。苏格拉底不同意在学习量地学的时候去研究那些复杂难解的图形，在苏格拉底看来，这方面的学习没有太大的价值，虽然他自己并不是很明白这一套是怎么回事。苏格拉底觉得学这个的话会浪费人一生的精力，如果把精力都消耗干净了，也就没有精力去学习其他东西了。

苏格拉底推荐大家去学习天文学，目的在于劝大家去了解夜间的时辰、月份节令，这一切都是为了水陆旅行，值夜班与其他和节令、月份等有关系的工作而做的准备，这都是为了利用正像来分辨上述的每一个时间。

苏格拉底觉得所有知识都可以从那些有必要知道这些知识的人那里学习到，譬如夜间行猎的人、在船上掌舵的人及其他的很多职业人那里。至于那些需要分辨分布在不同轨道上旋转的不同天体如行星、彗星，还有那些测量它们与地球之间的距离、旋转的周期及学习它们所消耗的精力等，苏格拉底就觉得没有必要学习，也不赞成去学习。苏格拉底提到过，他不认为学习这些有什么用途。事实上他自己也不懂得这些知识，只不过苏格拉底认为学习这些实在是太耗费人的精力了，所以为了能有精力学习其他有用的知识必须放弃这些知识。

至于天空的事情，苏格拉底通常都会劝人不用去详细研究探寻神明对每一个天体是如何操纵的。在苏格拉底看来，这些事情都不是能为人所研究得透的。另外，那些千方百计要讨神明欢心的人就不能去探寻神明不愿意透露的事情。苏格拉底还说过，大胆去探究神明究竟的这些人，就和阿那萨哥拉斯是一样的，他们同样有了丧失神志的巨大风险。阿那萨哥拉斯曾经夸耀自己能了解和解释神明的造化，他也因此丧失了自己的神志。

阿那萨哥拉斯曾经说过太阳和火是同一种东西，就在他这么认为的时候，却没有料到 [1] 火是很容易让人们见到的，可是太阳却无法让人们长时间凝视。只要太阳光照射的时间一长，人的皮肤就会变黑，可是人的皮肤在火光的照射下就不会变黑。但是阿那萨哥拉斯万万没有想到，缺少了太阳光的照射，地里的庄稼就长不了太好，只要经过火的炙烤，所有的庄稼都会因此而枯萎。就在阿拉斯把太阳说成是一块滚烫、火热的石头的时候，

1　没有料到：这里的意思是不知道的意思。

他却忽略了一个重要的事实，那就是如果石头可以放在火里的话，那它不但不会发光，也很难长时间地在火里面抵挡住火的威力。相比之下，太阳本身却是个永恒发光的辉煌天体。

苏格拉底希望人们都去学算术，关于算术学习和其他学习一样，苏格拉底也都尽量地去劝人们别多做无意义的劳动。不管是什么有用的事情，苏格拉底都和自己的门人一同研究、一起考察。

苏格拉底总是劝导他的门人要注意身体健康，他的建议是一方面先去向那些时刻保持身体健康的人多多学习；另一方面自己也要时时刻刻提醒自己注意健康生活，像是吃什么、喝什么，做什么样的运动对自己的身体更有好处，以及如何利用这些有利因素使自己赢得健康等。苏格拉底常常说，一个懂得如何关心自己健康的人会发觉，只要是对健康有利的事情，自己了解的可能会比医生还要多得多。

不管是谁期望获得超过人类智慧所能提供的帮助的时候，苏格拉底就会劝说他对占卜术进行研究。这么做的原因，是他认为能了解神明通过什么预兆来显示出事情经过的人，通常在任何时候都不会缺少神明的指示。

第八章　死亡的幸福

虽然苏格拉底被判了死刑，但不可否认的是他的守护神是真的。他被判死刑是因为他决心一死。他的勇气来自于他的无辜的鼓舞。在他看来，死了反而会让自己获得好处，这样至少他可以躲避年老的痛苦。

假设有人认为，苏格拉底曾经说过他的守护神提醒过他什么是该做的事情、什么是不该做的事情，而苏格拉底却被法官判处了死刑，这就说明他的关于守护神的事情就不是真的。那么这样认为的人，第一，要考虑的事情应该是，那个时候苏格拉底年事已高，就算是那个时候不被判死刑，不久以后他的生命也会走向终结；第二，苏格拉底失去的那段时间其实只是所有人都会感觉智力衰退的那段时间，无疑是生命中最为累赘的那段时间。除此之外，他所获得的是自己的精神力量，并使之彰显且胜过了当时的很多人。这个案件对苏格拉底来说是表现了自己最为真诚、最为坦率、最为正直的申述，而他还为此赢得了光荣，苏格拉底还在死刑面前表现得非常镇定、非常勇敢。人们都普遍认为，到现在为止，似乎还没有比苏格拉底更从容面对死的人。在苏格拉底被判处死刑的时候，正巧是德利阿节[1]，依照当时的法律规定，不能在朝圣团[2]从德拉斯回来之前随意地处死犯人，因此苏格拉底在判刑之后又活了三十天。

1　德利阿节：是在德拉斯举行的纪念阿波罗的一个节日。
2　朝圣团：是由国家派去神居住的地方或是运动会的使节。

就在这一段时间里，那些和他在一起的人们都很清楚地看到，苏格拉底所过的生活和从前几乎没有太大的区别。事实上，就在这之前，人们总是在赞叹苏格拉底的生活，因为他们发现他比任何人都过得恬静、幸福。这世上还会有人死得比这更好呢？还会有什么样的死法同这个相比更为高尚、更为英勇呢？还有什么样的死比这样高尚英勇地死去更为幸福呢？还有什么样的死要比这样更得神的青睐呢？

在希帕尼卡斯的儿子海尔莫盖尼斯那里传说的很多关于苏格拉底的故事，很多人都希望能给他们再说一说。海尔莫盖尼斯说过，米利托斯当时写控诉状控诉苏格拉底的时候，他还从苏格拉底那里听到了不少事情，却始终没有听苏格拉底说过自己被人控诉的事情。于是他对苏格拉底说，倒是要开始想想怎么为自己辩护的事情了。不料，苏格拉底说的第一句话却是："难不成你觉得我这一辈子都要耗费自己的时间去思考这个问题吗？"接着，在海尔莫盖尼斯问苏格拉底要如何进行辩护的时候，苏格拉底表示自己这一辈子在考虑的问题就是正义是什么、非正义是什么，并且在做正义的事情之外，其他的事情他几乎都没有做过，这件事情在苏格拉底看来是最好的辩护方式。海尔莫盖尼斯又对苏格拉底说道："苏格拉底，难道你不知道雅典的法官已经因为言论的原因对很多无辜的人判处了死刑，也把很多真正有罪的人当场释放了吗？"苏格拉底回答说："海尔莫盖尼斯，其实最初我也考虑过如何在法官面前进行一下辩论，但是我的守护神显然不让我这么做。"海尔莫盖尼斯问道："你说这话真奇怪，这是为什么呢？""要是因为神明在这个时候要求我就此了却此生的话，你还会感到奇怪吗？"苏格拉底继续说，"难不成你不知道到现在为止，我始终不认为这世上有谁的生活会比我更幸福、更好？在我看来，凡是生活得很好、很幸福的人通常都是在仔细研究生活如何能更好更幸福的人，而最幸福的人通常都是意识到自己能过得越来越好的人。

"迄今为止，我眼里我自己的情况就是这样的。就在我和别人进行比较的时候，我也始终是这样的看法。除了我自己以外，其他和我在一起的朋友和门人他们也是这么看待我的。当然，这要排除掉他们爱我的这个因素（毕竟那些爱其他人的人也会对他们所爱的人抱有如此的想法）。事实上，是由于他们明白，要是他们常常和我在一起，那么他们也会因此被称为最好的人。要是我在这个世上活的时间能更长一点的话，那么也许到了我老的时候我会无法忍受年老所带来的痛苦，像是视力下降、听力不灵、思想迟钝、学习能力不断下降、记忆力衰减等，很多之前我认定比普通人要强很多的能力都一天天不如其他人了。要是我感觉不到这些衰退的话，生活就开始变得没有价值了；要是我感觉到了，那我的生活质量就会随之越来越差，也开始感觉越来越不幸了。不过，如果我的死去是因为不义，那这必然是那些不义地处死我的人的耻辱。毕竟不义是可耻的，难道不义地去做任何事情都不是可耻的吗？可是对我而言，别人对我的判决都不可能是正义的，那这又何来什么可耻呢？以我看，后人对前人的看法一般会随着他们生前做了什么不义的事情或是遭受了什么不义的待遇而发生变化。我也明白，要是我现在就死去的话，人们对我的看法也不会随着那些处死我的人的不同而变化，他们会始终站在我这一边，为我做证，证明我从来没有做过那些对任何人不义的事情，更没有让任何人变坏，我是始终让那些同我在一起的人变得好起来的。"

苏格拉底和海尔莫盖尼斯及其他人的谈话大抵都是这样的。通常了解苏格拉底并且对他的德行非常仰慕的人们，就算是到了今天，还是非常地怀念他，这种怀念甚至超越了所有人，因为在他们的眼里苏格拉底是对培养人们的德行最有帮助的人。苏格拉底就如上面文字中描述的那般虔诚，他在神明尚未指示什么意见之前不会轻易地去做什么事情。同样的，苏格拉底也是非常正义的，就算是在极其微小的事情上，他也不会去做伤人的事情，反倒会给那些与他交往的人最大的帮助和关心。苏格拉底也是自制的，就算是到了任何时候，他都会恪守自己的德行而不是因为快乐而放弃它。苏格拉底也是智慧的，在分辨好坏这个问题上他从来没犯过错，也不需要听从别人的建议和忠告，他都是凭借着自己的经验去分辨它们。苏格拉底也是非常有才干的，对于任何事情他总是能够干脆地决定和说明解释，也因为他的才干，苏格拉底可以考验其他人，指出他们的错误，劝导所有人去追求德行及善良和高尚的事情。因此，一个最善良、快乐的人应该是什么样，他就应该是什么样。假设有什么人对于这些关于苏格拉底的描述有什么不满的话，那就不妨让他用其他人的品质和德行来同苏格拉底进行比较，并加以判断吧。

苏格拉底之死

【古希腊】柏拉图 著

苏格拉底与欧绪弗洛之辩

苏格拉底徘徊在庭外，等待受审时，遇到了预言家与宗教专家欧绪弗洛。寒暄之时欧绪弗洛表明来意，他要控告父亲犯了杀人罪。苏格拉底听后大为震惊，问他如何能够确信自己的这种行为没有违背宗教责任？于是，一场有关"虔敬"的真正性质的讨论在他们之间展开。

欧绪弗洛不是雅典传统思想的拥护者，甚至感觉自己和苏格拉底同病相怜。作为一个自成一派的智者，他一直对自己思想的真理性信心满满。这使得他非常适合苏格拉底的"助产术"[1]，这个方法里一个重要的步骤就是先摒除人们原先的错误假设，使他在接受真理时不会抵触。其他人一般都会因为这种做法而感到被冒犯，但自命不凡的欧绪弗洛却毫不介意，甚至接受了苏格拉底对他的温和的调侃。

欧绪弗洛（以下简称欧）："嘿，伙计，你为何不去你喜爱的树林广场，而徘徊在皇家走廊？你究竟碰到了怎样的大事让你一反常态？难道是跟我一样，也是因为涉及了什么案子吗？"

苏格拉底（以下简称苏）："我确实是有案子，是公众诉讼案，并非私人案件。"

欧："你不可能控告任何其他人的吧，我相信一定是有人对你提出了

1　助产术：通过比喻、启发等手段，用发问与回答的形式，使问题的讨论从具体事例出发，逐步深入，层层驳倒错误意见，最后走向某种确定的知识。

诉讼！"

苏："的确如此。"

欧："是谁？他是谁？"

苏："我对他的了解也不过了了，似乎是个平庸的年轻人吧。人们习惯叫他美雷特斯，是个住在庇底斯（Pitthis）区的男人。发丝长直，也无美髯，鼻如鹰钩。听了我的描述后如果你脑海中能浮现出某个人，那估计就是他了。"

欧："我对这个人并没有什么印象，可是，他究竟控告你什么呢？"

苏："唉，那可不是件小事呢！他声称我应该为一些年轻人性格的腐化负责任，他站出来向国家揭发了是我腐化了他的同龄人们。虽然这就好像一个小孩子向妈妈告状，但对于他这样的一个年轻人来说，如果此次的控告得以成功，将会把我推到风口浪尖上，他也能因此名声大噪。但在我看来，他却是在我们政界鲜有的想要在政治行动中循规蹈矩的人，即先把注意力都集中在维护年轻人的最高利益上。这就好比一个慈爱的母亲通常一样分给更年幼的孩子愈多的关爱，然后再去管大一些的孩子。美雷特斯也是如此，他首先要把矛头指向我这种被他认为是用温水煮青蛙的方式'毒害'年轻人的祸首。我认为在昨晚这件事情之后，他一定会再去为年长的一辈做些什么。如此一来，就会让民众觉得这人对国家的贡献不可小觑。所以不管碰到什么样的情况，通过这次控诉，一定会达到他心中理想的效果。"

欧："我的老朋友，我真心祝愿最终会是你所说的结果，但我更担心此事会有适得其反的影响。因为当他想要中伤你的时候，他便也开始在国家的核心损害着国家。请告诉我，他具体控告你哪些事情？"

苏："其实是相当荒谬的事情。从第一次听证开始他就一口咬定，说我信口雌黄捏造神灵，并且我在捏造新神的同时颠覆了原先的神。"

欧："我想我明白了。你经常说能感受到超自然的声音，因此他视你为异端，并且在法院歪曲你的言论对你进行指控。他十分清楚，这是大众心中最薄弱的环节，稍做粉饰就能起到他想要的效果。在我自己的案子里，每当我在议会里对宗教做一些陈述，预言将来的事情时，他们就会像嘲笑一个疯子一样嘲笑我。他们不会在意我的预言是否应验，关键是他们妒忌，忌妒所有拥有我们这种品质的人！我们应该勇敢地与他们斗争，而不是忧心于他们对我们的态度。"

苏："我亲爱的欧绪弗洛，假如我们仅仅是被他们嘲笑，那么我们确实没有什么好担心的，可是，你应该明白，雅典人不会在乎一个'自私'的专家吝啬自己的智慧的，但他们会恼怒于有人正把聪明睿智的光芒洒向他人，拂去他人心头愚昧的尘埃。原因或许是忌妒，或许是其他不得而知的因素。"

欧："如此说来，他们在那一方面对我的态度，我是真的不想去费心猜测了。"

苏："不用担心，在他们眼里你不像我这样张扬扎眼，你很少在公共场合表现自己，对传播自己的思想理论也没有什么兴趣。我偏偏合群乐道，会毫无保留地向每一个人打开我的心扉。只要大家愿意来听我讲述，我绝不会收取费用，甚至愿意用金钱来换取听众。所以，如果他们只是像嘲笑你那样嘲笑我的话，那么只是在法院里浪费时间嘲弄我们取乐，也不见得会太无趣。可是，如果他们真的很认真地跟我铆上了，这个案子的演变将不容乐观，虽然具体会怎样不好妄测，但像你这样的聪明人肯定心中有数。"

欧："放心吧，苏格拉底，我相信你会平安无事的，你也会像我一样，如愿地办好这次案子的。"

苏："那么现在说说你的案子是怎么回事吧，你是原告还是被告呢？"

欧："我是原告方。"

苏："那你要控告的人是谁？"

欧："因为这人与我的特殊关系，我控告他，大家都认为我是个不可理喻的疯子。"

苏："怎么会这样？难道他有过人的才情？"

欧："不，不，他只不过是一个平凡的长者罢了。"

苏："哦？！这个人是？"

欧："我的……父亲！"

苏："什么？！我没听错吧？"

欧："没错。"

苏："那你要告他犯了什么罪？"

欧："是杀人罪。"

苏："我的上帝！不过普通民众是不会知道这个案件背后的真相的。我想，倘若不是一个极度睿智的人，是不会采取这样特殊的方法的。"

欧："的确，被你说中了，苏格拉底。"

苏："那么，被杀害的是你们的家庭成员吗？我想一定是这样，如若是个外人，你自然不会揭发自己的父亲。"

欧："苏格拉底，对于犯罪这件事，在你眼里被害的是否是家人，难道会被区别对待吗？重点应该在于杀人这件事本身是否合法呀！法律允许杀人，他便无罪，否则就应当被绳之以法。换言之，当你知道一个与你情同手足的人触犯了法律，你却包庇了他，那么这时你也等于同时沾染了他的罪恶。就这次的事情而言，受害的其实是我的一个临时家仆，他在纳克索斯岛上帮我们耕种。有一次，他醉酒后与另一名家仆发生口角，甚至失去理智用刀杀害了他。我的父亲知晓此事后，就把这名仆人绑起来丢在了水沟里，与此同时派人去雅典当局询问该如何处置。在等待的期间，他把这人抛之脑后，觉得他是罪有应得的杀人犯，死不足惜。结果这个被遗忘的家伙带着枷锁在饥寒交迫中默默死去了，都没能等到信差归来。就是因为这件事，我控告了我的父亲杀人，然后成为了众矢之的。他们认为我的父亲并没有直接杀害那个人，更何况那个人本身就是杀人犯，是个不值得维护的罪人。并且作为儿子，跑去控告自己的亲生父亲，实在是太不虔敬了！苏格拉底，你说，这些人对于神圣法中'虔敬'的理解是不是太肤浅了？"

苏："等等，欧绪弗洛，你真的确信自己对虔敬与否的认识没有差错吗？你就没有发觉一丝值得迟疑的地方？万一你在做着一件不虔敬的事而不自知，可怎么办？"

欧："不会的，苏格拉底。若是连这些正确的知识都不曾掌握，那我和市井之流又有什么分别？我也就没什么值得骄傲的地方了。"

苏："既然你如此才华横溢，我当前拜你为师将是最明智的决定。然后在我的案子开庭前，我要告诉美雷特斯，以前我很想了解有关宗教的知识却不得法，现在我拜了欧绪弗洛为师。这时他再诋毁我的宗教看法是异端学说，我会告诉他：'美雷特斯，如果你信服欧绪弗洛这个专家，那就意味着默认我的信仰的正确性，同时不能再指控我。若是坚持对我的指控，就理应先控告我的老师欧绪弗洛，以及给他错误指引的父亲。'如果美雷特斯不理会我的话，那我能做的就是在法庭上重申这番话了。是吗？"

欧："我敢说他一旦想要控告我，我一定能抓住他的行为逻辑漏洞，并且在法庭上先发制人！"

苏："我也觉得会是这样，所以我迫切地想要拜你为师。我觉得，很多卫道士，比如这个美雷特斯，竟然在把矛头指向你之前先给我扣上了'不虔敬'的帽子。所以请你赶紧向我传授你刚才说的无比坚信的真理吧。比如就杀人这件事，你所理解的'虔敬'与'不虔敬'意味着什么？这个理解是否可以套用到其他事情上，并且能否把'不虔敬'单纯理解为'虔敬'的反义词。或者说，判断'不虔敬'有没有一个普遍适用的标准？"

欧："你说得没错，苏格拉底。"

苏："那就对我具体解释一下吧。"

欧："好的。就我这次的案子而言，'虔敬'就是把一个罪犯绳之以法，不管他的罪行是什么，也不管他与你有多亲近，只要你没有做这件正确的事，就是不虔敬的。苏格拉底，告诉你我总结的信条吧，也是我告诉别人的最重要的自我辩护论点，即我们不管对方是什么身份，总之绝不能姑息任何一个不虔敬的人。就像宙斯这个大家眼中最客观公正的神，也曾因为父亲吃掉他的兄弟而将父亲手脚铐起来。宙斯的父亲也因为自己的父亲犯错而将他阉割。轮到我这里他们却如此愤恨，这不是既不公平又无道理吗？"

苏："欧绪弗洛，每当听到有人和我提及这些有关神的故事时，我就本能地排斥，因为不相信这些事情真的存在过。每每这样，就得罪了很多虔诚的信徒，也正因为这个我才会被传唤至此接受审判。连你这样的专家都坚信这些故事，那么其他民众的人云亦云也是可以理解的。如果我们都坦白对这些事情的无知，也是无可厚非的，但是我们也算是相识一场，请你和我说句心里话，你对这些神话故事的真实性真的从来都没有怀疑过吗？"

欧："那当然，苏格拉底，这些只是众所周知的部分，还有很多奇妙的故事是大部分人并不知晓的呢。"

苏："这么说来，比如众神之间频繁的内战、激烈的争吵和决斗等跌宕起伏的故事，还有那些诗人和绘画大师们在作品里所描绘的宗教故事情节你统统都相信？甚至包括那次为了祭奠雅典娜[1]女神，扛了很多长袍去城堡，对于那些被绣满长袍的荒谬露骨的内容，你也深信不疑？"

欧："不要惊讶，苏格拉底，就像我刚才和你说过的，除了那些广为流传的故事以外，我还知道很多鲜为人知的宗教故事，或者更应该说是事实。只要你愿意听，我都可以告诉你，我敢肯定那些故事会让你更加瞠目结舌的。"

苏："放心，我的朋友，我愿意洗耳恭听。等再寻一个闲暇时候，你可以给我好好说说这些奇妙的故事。而现在，我想我们还是回归到刚才我提的关于虔敬的问题上吧。你方才只用自己控告父亲杀人这件事告诉我，你在做一件虔敬的事，但还没从更广义的角度给我解释什么叫虔敬呢？"

欧："你说得没错，苏格拉底，刚才我所说的也都是真相。"

苏："这个我相信，但你肯定也知道其他的可以称为虔敬的行为。"

欧："这个当然。"

苏："那么，你回忆一下，我刚才想要询问的不是一两桩可以称为虔敬的事例，而是迫切地希望你能给我总结一下这类事情的共性，给我提供一个能普遍适用的判断虔敬还是不虔敬的标准，还记得吗？"

欧："没错，我想起来了。"

1　雅典娜：古希腊神话中的智慧女神，亦是农业与园艺的保护神、司职法律与秩序的女神，奥林匹斯山的十二主神之一。据说她传授纺织、绘画、雕刻、陶艺、畜牧等技艺给人类，亦是位女战神。希腊神话里的英雄赫拉克勒斯在制伏妖怪时，通常雅典娜会将法宝武器借给赫拉克勒斯。

苏："好的，详细和我说说这个标准的具体内容吧。这样我就可以拿着它当作一个模板，然后任意套用到其他的人和事的判断中去，如此就很方便了。"

欧："苏格拉底，既然你想要这样的答案，我完全可以给你。"

苏："好极了，你说吧！"

欧："关键就在于能否得到众神一致的肯定。如果能那就是虔敬，否则就是不虔敬。"

苏："非常精辟！这正是我想要听到的答案啊，欧绪弗洛。在我判断这个说法的合理性之前，你一定会进一步解释给我听的，对吧？"

欧："那是自然。"

苏："那让我们一起来剖析一下刚才的观点吧。你的意思是说，神赞同的人和行为就是虔敬的；相反，神所厌恶的，就是不虔敬的。这两者站在相互排斥的对立面上。"

欧："是的，就是这样。"

苏："看来对于刚才的总结你很是得意。"

欧："是这样的，你怎么看，苏格拉底？"

苏："可是欧绪弗洛，你刚才好像也说过，众神之间发生过斗争、冲突，这是不是说明他们的意见也常常不统一，以至到了大动干戈的地步？

"亲爱的朋友，你觉得是因为什么引发的冲突呢？举个例子来说吧，如果我们两个仅仅因为争论某两个数字哪一个更大这样的问题，会严重到引发愤恨的情绪吗？我想那种情况我们大概只会去用算术的方法来解决争论而已。"

欧："你继续说。"

苏："还有，我们会因为对物体体积的大小判断意见不统一争论不休，而不去直接测量一下得到答案吗？"

欧："你说得有道理。"

苏："我们这样的人一定会用行动直接解决这类争端的。"

欧："那当然，傻瓜才会浪费时间在争执上呢。"

苏："既然不会是那类问题，那你觉得什么样的问题才能让我们难以达成统一，甚至会发怒到势不两立？你也不用马上回答我，我可以再引申一下我的观点。导致矛盾不可调和的问题，很可能是关于是非、好坏和贵贱之间的判断。只有在这些能各执己见并能自圆其说的事情上才会让双方水火不容。"

欧："是的，就是因为那些问题才会发生矛盾啊，苏格拉底。"

苏："那把这个分析套用到众神那里呢，我的朋友！他们的争论点，是不是也更应该是因为这样的分歧？"

欧："确实是这样。"

苏："我机智过人的欧绪弗洛，按照你的意思和我们刚才的分析，众神本身也常常对于是非好坏、高低贵贱的意见不一致，不然也不会流传下来那么多争斗的事迹。这么说没问题吧？"

欧："没有问题，很恰当。"

苏："也就是说，每一个立场下的神们，都有他们自己的是非标准，同时不接受其他的观点。"

欧："当然是这样。"

苏："但是根据你的意思，有些事情被一部分神奉为真理，却被另一部分神嗤之以鼻，他们为这样的事情针锋相对，争吵以至大打出手。我没有理解错吧，是不是这样的情况？"

欧："是的，你说得没错。"

　　苏："所以说，对于同一样事物的判断，连那些神们都会产生很多分歧。那放到我们人这里，对于虔敬与不虔敬的判断也就难以找到准绳啦。因为可能根据一部分神的观点，我们是虔敬的，换到另一些神的角度，我们就变成了不虔敬的。"

　　欧："嗯，也许会是这样的。"

　　苏："所以说，我聪明的欧绪弗洛啊，你等于没有回答我最初的提问。重申一下，我要的不是你给我举几个具体事例，并给我你的判断，我要的是一个能作为公理的判断标准呀。不难发现，刚才的论证说明，一件事物可能会同时被神爱着，也被神恨着，具有两面性。就比如你这次要控告你父亲的这件事，宙斯一定会点头称赞，赫菲斯托斯[1]也会欣然微笑，可是作为母亲的赫拉[2]一定会很心痛，同时克洛诺斯[3]和乌拉诺斯[4]会愤怒万分。所以，除了你这件事，也肯定还会有其他的事情让众神们意见不一。"

　　欧："等等，苏格拉底，可是我觉得对于'杀人犯这样有违正义的人，

　　1　赫菲斯托斯（Hephaestus）：希腊神话中的火神与手艺异常高超的铁匠之神，奥林匹斯山的十二主神之一。罗马神话中为伏尔甘（Vulcan）。西方语言中的"火山"一词来源于他的罗马名字。众神之王宙斯和众神之王后赫拉的儿子（由赫拉独生），阿佛洛狄忒的丈夫。有火山活动的利姆诺斯、西西里等岛屿最初尊他为地火之神。因他能建筑神殿，制作各种武器和金属用品，且技艺高超，而被认为是工匠的始祖。在手工业中心，他被奉为锻造的庇护神。

　　2　赫拉（Hera）：是古希腊神话中的第三代众神之王后，奥林匹斯山上的十二主神之一，喜好和平，是克洛诺斯和瑞亚的女儿，主神宙斯的夫人和姐姐，主管婚姻和家庭，被人尊称为"神后"。生有火神赫菲斯托斯、战神阿瑞斯、青春女神赫柏和生产女神狄斯科尔狄娅（埃勒提亚）。赫拉在奥林匹斯山的地位仅次于她的丈夫——宙斯，因此她就是奥林匹斯山上的女王。

　　3　克洛诺斯（希腊文：Κρόνος，英文：Cronus）：是希腊神话中的第二代众神之王，原为第一代神王乌拉诺斯和神后盖亚的儿子，泰坦十二神中最年轻的一个，然而人们通常把他和古希腊的时间之神柯罗诺斯混淆。克洛诺斯推翻了他父亲乌拉诺斯的残暴统治后，领导了希腊神话中的黄金时代，直到他被自己的儿子宙斯推翻之后。其他的第一代泰坦神大多被关在地底的塔尔塔罗斯之中，而他自己却逃走了。

　　4　乌拉诺斯（Uranus）：是希腊神话中的天空之神，从母亲盖亚的指端诞生。象征希望与未来，并代表天空。乌拉诺斯既是盖亚的儿子，也是盖亚的丈夫，是十二泰坦神、独眼巨人与百臂巨人的父亲。

应当受到惩罚'这个亘古不变的道理，那些神们肯定都会赞成的，不可能会有分歧。"

苏："欧绪弗洛，你应该知道的，世人经常在一种情况上产生热议，那就是：'杀人犯或者违法者，是因为某些过失而犯罪，并且情有可原，他们该不该受到同等的处罚？'"

欧："确实是这样，这种问题的争论屡见不鲜，在法院里尤甚。几乎所有犯了错的人，都使出浑身解数来为自己的罪行开脱，目的只是不想伏法。"

苏："欧绪弗洛，那些犯错的人是想说，虽然自己确实有过错，也承认，但还是有理由证明不该受到惩罚吗？"

欧："不，那肯定不会！"

苏："如果不会，那就是他们根本不承认自己有过错。因为对于'犯了错误，就应该受到惩罚'这个问题，他们也无从辩驳，能做的只不过是证明自己其实无罪。"

欧："我同意你的说法。"

苏："换言之，他们也都认同'任何人做错了事情，都要承担责任'。他们想表达的是：'谁在什么时候做了什么事情，才是应该负全责的，而他自己其实没有错。'"

欧："没有错，事实通常如此。"

苏："那很好，作为神，我想也是这个情况。就像你刚才说的，他们也会争论是非对错，但关键是在争执到底是谁的错，而不是错了不该受罚。因为你也知道，任何一个人哪怕是神，也不会表达出'犯了错误，不用承担应有责任'这样的论调。"

欧："嗯，到目前为止我很同意你总结的观点，苏格拉底。"

苏："我还没有说完，我的朋友。假设神也会像人一样争论，那么所有的争论都是在针对某一件特定的事情。就那件事情而言，孰对孰错，神们会有不同的意见。"

欧："是的。"

苏："所以啊，我的朋友，我拜你为师了，请你务必快些把你的才学传授给我，给我点拨，让我足以应对这些问题。到底怎样让别人相信那个杀了人的仆人被主人捆绑了，在等候有关当局发落时意外死去，而不是死有余辜？又怎么肯定一个儿子，为了那个有可能死有余辜的仆人，去控告自己的亲生父亲杀人，是一件无可厚非的事情呢？我很期待你的解释，好让我相信所有的神都会毫不犹豫地站在你这一边，支持你的做法。如果你的说法足以令我信服，我一定会由衷地钦佩你的才学的！"

欧："苏格拉底，你还真给我出了一个难题呢。当然不用着急，我想我能给你一个满意的答案。"

苏："竟然如此自信！一会儿你就要进法庭，对大家做同样的说明，让大家都相信你的父亲确实有罪，众神也都会支持你的做法。难道你觉得我会比那些陪审员们还要好打发吗？"

欧："苏格拉底，只要大家愿意认真听完我的阐述，我相信我会得到认同的。"

苏："是的，欧绪弗洛，我相信只要你说得理由充分、条理清晰，他们一定会愿意听的。但在你说这些的时候，我的脑海中一直在思索一个问题，是这样的，我们假设你已经把我说得心服口服，相信所有的神都会一致认为，你父亲确实有过错，并且你站在正义的角度大义灭亲是很了不起的行为。但即使这样，也并没有让我对虔敬的界定有更深的理解，最初的疑惑仍然存在。就像你的这次控告，很多事情很可能会同时让神又爱又恨，出现对立的两派观点。暂且不说你的案子，如果换一种假设，即所有的神都一直喜欢我们很虔敬，都对不虔敬感到不满。但又会有事情让他们的观点不一致，那是不是可以理解为，这些事情与虔敬还是不虔敬并没有最直接的关系？因为那些产生分歧的事情很难用虔敬或者不虔敬来界定，你同意这样的说法吗？"

欧："你这么说是完全可以的，苏格拉底。"

苏："我也觉得我说得没有错，可是欧绪弗洛，你不妨再想一下，这样的论证和假设不是让你到现在还没有成功履行你的诺言吗？你依旧没有教给我如何分辨什么是虔敬，什么是不虔敬啊。"

欧："你刚才说得很好啊，确实所有的神都不希望我们不虔敬，也会很满意我们虔敬的行为。"

苏："欧绪弗洛，我们是应该检验一下这个观点，还是就此作罢，简单地认可这些假设，并且把表达观点的人所说的字面意思当作他的本意，而不去管他所阐述的内容对不对？"

欧："我想我们应该先检验一下。就我而言，我认为我给的定义很合理。"

苏："好的，欧绪弗洛，我们很快就能得到答案了。我想问你，一件事情是虔敬的，是因为它本身就带有虔敬的属性，还是说它因为得到了众神的认可，所以才虔敬？"

欧："苏格拉底，你可以说得再明白一些吗？我不是很懂。"

苏："当然可以。举个例子来说吧，我们常会说到'搬运者'和'被搬运者'、'管理者'和'被管理者'、'观察者'和'被观察者'等这类有着对立关系的词语，就拿这些词语来说，它们之间的区别到底在哪里？"

欧："这个我肯定知道呀。"

苏："就好像还有'爱'与'被爱'也是一样。"

欧："那是自然。"

苏："那就请你告诉我，可以构成'搬运'与'被搬运'关系的双方，除了是因为有'搬运'这个动作外，还有其他的原因吗？"

欧："没有了吧，我想不出其他的可能了。"

苏："那我们是不是可以以此类推，有'被管理者'是因为有'管理者'的存在，有'被观察者'也是因为有人在观察它？"

欧："是的。"

苏："我想这回已经说得够明白了，你一定懂得。是因为我们主动看了一个物体，所以它才会变成被看的东西；一个东西被管理，也是因为我们先做出了'管理它'这个行为。所以我们可以理清主动和被动的先后关系了，是因为主动行为在前，才会产生被动的一方，并不是某个物体从产生的那一刻开始，就注定是被动物体。'影响'与'被影响'也是这样的，'被影响者'的产生，是因为发起'影响'这个主动行为的一方，把它当作了行动的对象，这个被动的属性并不是它自己决定的。"

欧："你继续说，我听着呢。"

苏："好的。你是不是也认为一个被爱的事物，它如果不是一个固定的产品，就一定是某一种行为的对象？"

欧："我是这么认为的。"

苏："那我就可以把刚才总结的理论用到现在所说的问题上了。是因为先有了'爱'这个行为，才有了'被爱'，在此之前它并没有什么特殊。它之所以是被爱的，不是因为它一开始就被界定为是被爱的对象，而是'爱者'对它施加了行为。"

欧："没错，你说的我都认同。"

苏："那你能用上面得到的观点告诉我，在虔敬这个问题上应该怎么判断呢？因为你开始不是说，被众神们喜爱就是虔敬吗？"

欧："我是这么说的。"

苏："那就是说它被喜爱，也只是因为它是虔敬的？"

欧："没有其他了，就是因为这个。"

苏："那就等于说，因为它本身是虔敬的，所以才被众神喜爱，并不是因为它得到了神的喜爱才变得虔敬。你同意吗？"

欧："我同意。"

苏："但是，刚才的结论也表明正因为神选择喜爱某个事物，那个事物才有机会承蒙神的爱，成为被爱的对象。"

欧："当然是这样。"

苏："那我就可以得出结论了。欧绪弗洛，和你刚才阐述的并不一样，得到众神喜爱的东西和值得虔敬的东西，并不可以画等号，它们其实是两样不同的东西。"

欧："苏格拉底，你是怎么突然得出这个结论的？"

苏："那我再和你分解一遍。首先，刚才我们已经都认同了，一个事物是虔敬的，是因为它本身虔敬在先，然后才被神喜爱，并不是被喜爱了才虔敬。"

欧："没错。"

苏："然后，我们也都同意某个事物能承蒙众神之爱，是因为先有了神对它的爱这件事，并不是它本身就是作为被爱对象才存在的。"

欧："这个我也同意。"

苏："但是，亲爱的欧绪弗洛，倘若你坚持要把被神喜爱和虔敬两者对等起来，那就会出现逻辑的矛盾。比如先从这个角度说，一个虔敬的事物是因为它本身的虔敬，才被神爱，就会得出一个事物是因为被爱，所以被爱这个结论。但从另一个角度说，一个事物之所以被神爱，是因为神爱它，结论又会变成一个事物为什么虔敬，是因为神爱它。这是刚好相悖的。或者也可以概括成，一边说事物因为可爱，所以被爱；另一边说，事物是因为被爱，所以才可爱。经过这些分析，我想我要的是一个对虔敬本质的解释，而不仅仅是你所给我的一个有关虔敬的属性而已。就好像我想要了解什么才是冰山，而你只给了我'冰山一角'。所以请你不要再和我兜圈子了，也不要有所保留，如果你愿意，让我们重新回到我一开始的提问上，现在请直接告诉我吧，什么是虔敬，什么是不虔敬？"

欧："好吧，苏格拉底，我现在有点茫然，不知道如何向你表达才能让你真正懂我的初衷。好像不管我说什么，它所传达的意思都会产生偏移，不能起到预期的效果。"

苏："如果我是你，欧绪弗洛，并且也说了你刚才说的那番话，你一定会取笑我的，因为我的祖先代达罗斯[1]也曾在作品里说过类似的话。你会笑我因是他的后裔，自己用论证建构起来的逻辑产品才会有偏移，不能停留在预期的位置上。可是我们这次偏偏是你说了那样的话，所以不能抓着这一点来开玩笑了，只能再找别的乐子。其实我想你自己也意识到了，会出现这样的问题，完全是你个人的原因。"

欧："可是苏格拉底，在我看来，你说的这些和刚才对我的挪揄都是一样的，并不是我造成的，更是因为你这个代达罗斯的后裔。是你的曲解让这些本来无误的陈述偏离了原来的位置。我自己说的内容并没有什么问题。"

1　代达罗斯：希腊神话中的人物，墨提翁的儿子，厄瑞克透斯的曾孙，也是厄瑞克族人，是一位伟大的建筑师和雕刻家。

苏："若真如你所说，都是我造成的，那我的口才和思维真是能赶超我的祖先代达罗斯了。他只能赋予自己的作品这种移动的力量，而我竟然不只能赋予自己的作品这种能力，甚至连别人的言论我都能够左右了。可是我想申明一下，我的分析是不具有特定的导向性的，或者说不是故意刁难你。我其实更希望我们的表述是能够经得住推敲的，甚至比坦塔罗斯[1]的财富和代达罗斯的才学更经得住考验。看你的样子已经对这个话题感到厌烦了，不想再说下去了，可我还是希望你能再考虑一下，我也努力配合你以使你传授给我有关虔敬的知识，请别这么早就放弃，好吗？你是不是觉得在道德层面上，所有虔敬的人和事，都一定是公正的？"

欧："是的，都必须是公正的。"

苏："那就是说，所有符合道德公正的事情都是虔敬的？还是反过来说，所有虔敬的事情都一定在道德上是公正的？但是事实上这两个不能直接画等号，因为还有一些正义的事情却具有虔敬以外的属性。"

欧："苏格拉底，我有点听不懂你的意思。"

苏："欧绪弗洛，你比我更加年轻有为，机智过人。可能正因为如此，你才对这简单的事情感到乏味。你说不懂，我很惊讶。请再认真听听我说的话吧，其实并不难懂。有个诗人写过：

'可是，创造我们世界及万物的宙斯，

他不会责难；

凡是有恐惧的地方，那里也就有尊敬。'

我的意思不过是恰恰和这个诗人说的相反而已。你想知道为什么吗？"

1　坦塔罗斯：希腊神话中主神宙斯之子，起初甚得众神的宠爱，因此获得了别人不易得到的极大荣誉：能参观奥林匹斯山众神的集会和宴会。坦塔罗斯因此变得骄傲自大，甚至侮辱众神，因此他被打入地狱，永远受着痛苦的折磨。后遂以其名喻指受折磨的人。以"坦塔罗斯的苦恼"喻指能够看到目标却永远达不到目标的痛苦。

欧："当然想知道。"

苏："我不认同那句'凡是有恐惧的地方，那里也就有尊敬'。因为你想，大家都恐惧受到疾病与穷困等不幸的事情的折磨，难道大家会对这些事情有一丝一毫的尊敬吗？"

欧："你这么说我觉得有道理。"

苏："但如果把意思反过来表达，我就觉得可以理解了。就是面对你尊敬的事物时，会伴随些许惧意，可能就是所谓的敬畏吧。你是否能想象一个人对自己的某个行为感到惭愧，不想被宣扬，但又不怕因为犯了过错而遭人诟病呢？"

欧："我想他会害怕的。"

苏："所以说，那个诗人的言论是有失偏颇的。你可以从有尊敬会产生恐惧来说，却不可以颠倒了顺序，断言有恐惧就有尊敬。因为恐惧的范围大过尊敬。尊敬可以理解成恐惧的一种，就好像数包含了奇数一样。但是不能说数都是奇数，这回你肯定能明白我的意思了。"

欧："当然明白了。"

苏："那你也应该能明白我之前所说的问题了，因为是一个意思。道德正义的范围大过虔敬，不能说有正义就有虔敬。但如果说成'虔敬的地方，就会有正义，可是有正义的地方，并不一定有虔敬'就能算是个正确的命题了。你如果不同意我的说法，可以进行反驳。"

欧："我没什么好反驳的，我觉得你说得没错。"

苏："所以我们可以接着讨论后面的问题。既然说虔敬能够被包含在道德正义的范畴里面，我们就可以思考一下，它属于正义的哪个类别。还用刚才的数字来说，你若问我什么是偶数，或者让我给偶数的性质下定义，我会告诉你'偶数是指一个直立三角形中两边相等的时候的数，而不是指两边不相等的时候的数'。这你肯定同意。"

欧："是的，我也这么认为。"

苏："所以现在轮到你用同样的方法告诉我'虔敬'的定义了，它到底是什么样的道德正义？这样我就能用你所教我的东西，抵御美雷特斯对我的抨击，让他不再以'不虔敬'这个罪名指控我。因为我已经从你那里获得了'虔敬'和'不虔敬'的含义与真谛。"

欧："好的，苏格拉底，我觉得虔敬这个部分是针对服侍众神而言的，除了这个部分，道德正义是针对服侍人类而言的。"

苏："欧绪弗洛，虽然你的答案已经很精彩了，但离我想要的还有点差距。因为我不怎么理解你口中的'服侍'是什么意思。就好像我们除了驯马师，很少有人真的懂得如何去服侍马匹一样。我想你在这里针对众神，运用这个词所表达的意思，一定和往常使用时不同。对不对？"

欧："那当然。"

苏："是因为对象不同吗，那个是马？"

欧："是的。"

苏："同理可得，换一种动物，比如狗，也是只有驯犬师才懂得服侍的法门。"

欧："这个也没错。"

苏："就因为服侍的对象是犬？"

欧："嗯。"

苏："饲养牛羊，服侍的对象就是牛羊？"

欧："那还用说？"

苏："欧绪弗洛，那么你的意思是，虔敬服侍的对象就是众神？"

欧："就是这个意思！"

苏："那这些'服侍'所要达到的目的就是服侍对象的利益，为了取悦他们？就好像驯马师就是为了马好，你赞同吗？"

欧："我很赞同。"

苏："那么我可以理解为被服侍的犬与牛羊等，它们都会对这种服侍感到很受用。同理类推到别的事情和对象时也是这样。或者说，你会认为被服侍其实是在被伤害？"

欧："我肯定不会那么认为。服侍它当然是为了它好。"

苏："既然你这么说，那么你觉得虔敬这件事是在服侍众神，让众神得到了利益好处？你做一件你认为虔敬的事情时，可使哪一位神更好了？"

欧："不，不是你说的那样。"

苏："我也觉得你肯定不是那个意思，欧绪弗洛。所以我才急切地让你给我解释你确切的意思。服侍这个词用在众神那里，是指什么？"

欧："苏格拉底，看来你还是懂我的，听我来和你解释。"

苏："那你说，我洗耳恭听呢。"

欧："我的朋友，如果真的要说，那大概是一种奴隶对主人的服侍。"

苏："我明白，那是一种服务，是取悦众神们的行为。"

欧："正是如此。"

苏："那你觉得医生对病人的服侍，或者说是提供的服务，是为了病人的健康，对吗？"

欧："对的。"

苏："那你说，造船工人的工作是想要达成什么目的呢？"

欧："必然是造出一艘船啊，苏格拉底。"

苏："那么你的意思是建筑工人的工作目的，就是为了建造房屋？"

欧："对啊。"

苏："既然你说你在宗教知识方面卓然不群，那你一定能回答我，为众神服务，是为了达到什么目的？"

欧："我没有吹牛，苏格拉底。"

苏："我的上帝啊，那我问你，我们用虔敬服侍众神的时候，他们收获了什么利益和好处？或者具体一点说，我们的努力使他们完成的最了不起的成果是什么？"

欧："他们取得了很多伟大成果啊，苏格拉底。"

苏："欧绪弗洛，同理，将军们获得的成果，人们可以很简单地用辉煌战绩来进行总结。"

欧："是的。"

苏："农夫们的伟大成果就应该是，辛苦耕耘后地里长出来的蔬菜瓜果。"

欧："那当然。"

苏："按这个理论推导，你说众神们的伟大成果又是什么呢？"

欧："苏格拉底，我的朋友，我已经告诉过你很多遍了。想要把这些事情很准确地估量出来，实在是工程浩大，几乎不可能完成。我只能泛泛地给你解释这么多道理。那就是当你在对神灵献祭或祷告的时候，主动迎合他们的心意，就是在做虔敬的事情，这样的事情不仅对个人、家庭有好处，也是在维护国家的公共生活秩序。相反，做违背众神旨意的事情就是不虔敬，会造成很大的危害。"

苏："欧绪弗洛，我觉得你并没有真心实意地向我传授知识。因为一个坠入爱河的人，一定会一步步地跟着他的爱人前进，而如果你真的想教我，肯定会言简意赅地向我表达，也不至聊了这么久，我还是没有得到想要的答案。每次遇到最核心的问题，你总是闪烁其词、打太极。请直截了当一点给我答案吧，你所说的'虔敬'与'不虔敬'是有关祷告和祭祀的概念吗？"

欧："是的。"

苏：可是以我的理解，祭祀是为众神奉献，祷告是在向众神传递夙愿。

欧："苏格拉底，你的理解没错。"

苏："所以你的观点是，虔敬就是有关众神的索求和给予的学问了？"

欧："苏格拉底，你终于懂我说的意思了。"

苏："欧绪弗洛，我是真的为你的智慧而倾倒，所以才专心致志地听完你说的每一个字、每一句话。我理解的你的意思是，'虔敬'这种对众神的服务包含着对他们的给予和索求两个方面，是吗？"

欧："嗯，我是想表达这个意思。"

苏："这么说来，我们向他们进行索求，就是告诉他们我们需要什么东西？"

欧："不然还要怎么做？"

苏："那么我可以这么推理，因为最恰当的送礼物是给对方所需要的东西，所以我们对于众神恩德的回报，就是呈上他们需要从我们这儿得到的东西。"

欧："你说合情合理，苏格拉底。"

苏："那就很好理解了，欧绪弗洛，你的意思是，'虔敬'这个行为其实是众神与人类相互交换、各取所需的技巧而已。"

欧："是的，你真要这么说，我也不反对。"

苏："如果'虔敬'真的包含你说的这个意思，那么这就是我不喜欢它的原因了。我们所获得的每一样美好的事物都是众神的恩赐，这一点我们都认同，可是同时，他们究竟从我们这里拿走了什么作为补偿？我还是不太明白。如果他们只是单纯无私地给予我们好处，不求任何回报，那不是很不公平吗？"

欧："苏格拉底，你觉得众神一定要从我们给他们的献礼中得到什么具体利益吗？"

苏："那如果没有，我们为什么还要对众神虔敬，向他们祭祀呢，欧绪弗洛？"

欧："哎呀，我的朋友，为什么一定要较真呢。他们可以得到感激、尊重和尊荣之类的回报呀，你觉得呢，苏格拉底？"

苏："那我明白了，欧绪弗洛，虔敬就是单纯地取悦神灵、让众神开心的东西，对他们来说没有具体的用途和价值，不一定是他们最想要的。"

欧："我恰恰认为虔敬是他们最喜爱的东西。"

苏："那么重申你的话，就是说我们的虔敬对众神来说，是他们最喜爱的东西。"

欧："一定是这样！"

苏："我很高兴你这么说，但你可能还没有意识到，你的观点、立场已经慢慢地改变了，不再停留于原处。并且，当你的技艺已经超越了代达罗斯，可以让自己的论点围成整圆时，还会怪我是误导、曲解你观点的代达罗斯么？你估计也发现了，聊了这么久我们又回到了原点，之前我们也总结论证得出，虔敬和被神灵喜爱是两码事，记得吗？"

欧："我当然记得。"

苏："那你为什么又要表达'虔敬就是众神喜爱的东西'这样的论点？这和虔敬就是承蒙众神之爱的说法，有什么区别？"

欧："好像是这样。"

苏："那一定有一个错了。要么前面的结论有漏洞，要么现在我们提出的假设是错误的，你觉得呢？"

欧："只能这样判断了。"

苏："所以说，我们还要重新推理一遍虔敬的含义。我向来是个不知疲倦的探究者，不得到令我满意的答案我是不会放弃的。全人类中可能只有你——欧绪弗洛——知道这个问题的答案，所以请你务必用最严谨专注的态度来对待我的求教。如果这次错过了你，我肯定会懊悔万分，所以在你给我解答之前，我肯定不能让你像普罗透斯[1]那样轻易走掉。因为你哪怕有一丝不确定自己通晓所有有关'虔敬'的细节，都一定不会为了那个杀了人的家仆而去冒大不韪的风险控告自己可能无罪的父亲。因为一旦发现其实你没有做对，你会比任何人都懊悔今天的行为。如此一来，不仅会触怒众神，也会让自己陷入无法自拔的羞愧的阴影中。看你今天如此自信满满地来到法庭，我相信我不会估计错的，你一定是最懂这方面知识的人了，所以请你毫无保留地给我答案吧！"

欧："实在不好意思，我的朋友，让我们下次再聊吧。今天我来这儿还有正事要做，现在必须去了。"

苏："亲爱的欧绪弗洛，你真的要这样对我吗？你这么一走了之，我刚燃起的星点希望又熄灭了！本来期待从你这里可以得到有关'虔敬'和'不

1　普罗透斯（Πρωτεύς，英文：Proteus）：希腊神话中的一个早期海神，荷马所称的"海洋老人"之一。他的名字可能有"最初"的含义，因为希腊文"protogonos"表示"最早出世的"。最初并没有提及他的家系，直到后来的神话学者才将他归为奥林匹斯神波塞冬的后代，或者是涅柔斯和多里斯之子，或是俄刻阿诺斯同一个放牧海豹的奈阿得斯所生。他有预知未来的能力，但他经常变化外形使人无法捉到他——他只向逮到他的人预言未来。

虔敬'的真理，就可以不再害怕美雷特斯的指控了，并且还能告诉他作为欧绪弗洛的学生，不可能再无知地表达有悖于传统的论调，成为所谓的异端了。这也能让我的后半生过得更美好一些。"

申辩篇：苏格拉底在法庭上的陈述

苏格拉底在公元前 399 年被雅典公民美雷特斯、阿尼图斯[1]和吕孔[2]以"苏格拉底是社会不安定因素"为罪名起诉。

在这一罪名里，首要的便是"歪门邪说"，这无疑是能将人们的偏见煽动起来的一柄利器。这个罪名在之前对哲学家阿那克萨戈拉[3]的起诉中大获成功，在这里，人们显然又把他的某些观点强加到了苏格拉底身上。但由于苏格拉底平日谨守宗教规范，所以这条罪名很难在他的身上成立。即使是这样，情况仍不乐观，苏格拉底曾经对固有信仰中的缺陷进行了批判，并声称自己的言论受命于神，这些足以证明他是一个对社会充满危害的自由散漫的思想家，他将被扣上亵渎神灵的莫须有的罪名。

其次也是罪名中最为严重的一项指控，他们声称苏格拉底"腐蚀了年轻一代的心灵"。这个看似无稽之谈的控诉却有相当复杂的政治因素。苏

1　阿尼图斯（Auytus）：公元前 5 世纪至公元前 4 世纪人，雅典水军指挥官，公元前 409 年他未能从斯巴达人手里夺取皮洛斯。公元前 403 年，他帮助推翻三十僭主统治，并出任将军。为公元前 399 年起诉苏格拉底的三人之一。

2　吕孔（Lycon）：特洛伊人，为珀涅琉斯所杀。

3　阿那克萨戈拉（公元前 488 年—公元前 428 年）：古希腊哲学家，出生于爱奥尼亚的克拉佐美尼。他是米利都学派的哲学家阿那克西美尼的学生。在雅典人战胜了波斯人之后，他被老师带到了雅典。他是第一个把哲学介绍给雅典人的。由于他否认天体是神圣的，因此被指控亵渎神圣，幸亏伯里克利的调解才得以活命。

格拉底曾经与一些右翼贵族[1]交往甚密。虽然那些贵族(如克里底亚[2])已经不在人世，但苏格拉底曾与他们交好的事实却给后继者们留下了一段极其恐怖的回忆；更有甚者，苏格拉底的杰出门生，曾经和他无比亲近的阿尔基比亚德[3]直到现在仍被看作是危害国家稳定的叛贼。人们可以顺理成章地认为是苏格拉底的歪门邪说使这些人误入歧途的，而他直到现在还在对其他的人进行着相同的教唆。

最后，苏格拉底常常与主流思想背道而驰，对其大肆批判，这使得民主党人对其颇有微词。无独有偶的是，三个控告者中的主心骨阿尼图斯恰好是民主党[4]中有头有脸的一号人物。

来自宗教方面的不满和来自政治方面的怀疑一同成为了控诉苏格拉底的中坚力量。三个原告在心里盘算着，苏格拉底的反对者们一定会支持他们的行动，因为苏格拉底曾经无情地践踏过他们的自尊。同时，他们认为陪审团也许会因为苏格拉底的傲慢和强硬而变得怒不可遏，因为陪审团所习惯的是被告人对他们极力地讨好和低眉乞求。

法庭流程由如下部分组成。原告和被告要说明各自的案情，其间不能有法律顾问或者律师的协助。先由原告方提问，提问完毕后被告方进行回答。接着由501个公民代表组成的陪审团在主审官不进行任何汇总和引导的情况下进行投票，根据得票的多少进行判决。假如支持方和反对方所得票数相同（这种情况在陪审团中有人告病或者发生意外时会出现），案件会就此撤销；要是原告方所取得的支持票数达不到陪审团总人数的百分之

1　右翼贵族：政治立场保守的贵族，以传统的农业奴隶主为代表。

2　克里底亚：古希腊智者，苏格拉底的学生，柏拉图的亲戚，出身豪门，曾做过"三十僭主"之首。

3　阿尔基比亚德：雅典杰出的政治家、演说家和将军。

4　民主党：由工商业奴隶主组成的政党，政治立场激进。

二十，他将受到罚款的处罚。如果被告方被认为有罪，而对其如何惩处又无法可循，原告方有权利提出自己关于处罚的建议。同时被告方有权反驳，并提出自己的建议，最后由陪审团在两种建议间做出选择。

苏格拉底（以下简称苏）："先生们，你们对原告人对我的控诉持何种态度，我并不清楚。但是我自己却着实为他们所倾倒了，他们的说辞是如此的不可争辩。但与此同时，我也十分明白他们的这套说辞是彻彻底底的谎言。他们告诉你们这样一句话，'你们要小心点，千万不要被他蒙骗了'，对于这一无比虚假的说辞，我尤为惊叹不已。我对这句话的理解是：我是一位巧舌如簧的雄辩家。当这句话从他们口中说出的时候，他们竟寡廉鲜耻到脸不变色心不跳。他们明白，如果事实证明我没有任何雄辩家应当具备的素质时，他们会被反驳到无法还击。但如果在他们的认识里所谓'家'就是那些有胆量说真话的人——如果他们真的是那么认为的话，我会欣然承认我是一个演说家，一个行事作风与他们完全不同的演说家。"

苏："正如我刚刚所说的，原告人控诉我的说辞虚假到没有哪怕一句话是真实的。但相反的，我可以向各位保证，你们从我这里听到的一字一句将全部都是真实的。我所说的话也许不会像他们一样辞藻华丽，充满谄媚，但我却会用最平实、最真诚、最不假思索的语言来向你们说明一切。我认为我有义务这么做。我也希望你们中的任何一个人都不会喜欢我做出与此相悖的事情。先生们，我不认为像我这样一个古稀老人还在这里标榜自己是一个初级演说家，试图用浮夸的语言与你们交谈是恰当的。但我仍然十分谦卑地向你们恳求，假如在我进行自我辩护的期间，我使用了一些市井俚语——就如同我在街头或者其他场所所使用的那种措辞（你们当中肯定有人在一定场合聆听过我的演说）——请你们不要为此而惊讶，也不要因此而阻止我继续演说。这个恳求是有原因的，虽然我已经活了七十多岁了，但这却是我在法庭上的第一次辩护，对于你们平日所使用的语言我十分陌生。假如我是一个外国人，你们会欣然谅解我的与生俱来的语气和乡音，但我不是。所以在此案中，我诚恳地向你们提出一个合理的要求，请不要在意我说话时的态度（这件事具有两面性，可好可坏），而把你们的思维和注意力全都倾注到我们所争论的问题上来，即我所提出的请求公平与否。正如同诚实地说话是辩护人最要紧的义务一样，我认为我的请求也是陪审团必须履行的义务。"

苏："尊敬的各位陪审员，我认为首先探讨这些指控的发起人，接着再探讨随声附和的人，才是恰当的法庭流程。我如此区分，其缘由是在各位的听证会上我已经被一拨人控诉了很久。即便他们都是以讹传讹，我对他们依旧是十分地惧怕。诚然，阿尼图斯一伙已经足够恐怖，但我对这些人的惧怕程度远远超过我对阿尼图斯一伙的恐惧。此外，还有一些家伙令我胆战心惊，我在这里所说的是那些在你们中的大多数人尚处在懵懂年纪的时候就浸染你们的人，从那个时候他们就试图将那些关于我的不实控诉灌入你们的潜意识里。他们声称：'苏格拉底是一个聪明绝顶的人，他上知天文、下知地理，在辩论中他总能四两拨千斤。'先生们，这些人使关于我的流言四起，如今他们是我最害怕的控诉者。信奉他们言论的人会做出如下的假设——只有无神论者才会去讨论这一类的命题。除此之外，有许多这一范畴内的控诉者已经坚持不懈地对我进行了多年的控诉。更可怕的是，他们是在你们心智尚未成型的时候接近你们的，在在座各位中的一些人尚且年幼的时候，因为无人为我辩解，所以他们曾取得过胜利，赢在对手没有出席上。所有的这一切，最让我感到困惑的是，我竟然不能知晓他们的姓名并告知于各位。当然这不包括他们当中正好有一个人是剧作家的情况。全部的这些人，因为忌妒和对造谣的热爱，尝试将你我对立起来；他们中很大一部分人也只是道听途说而已。这一切都是相当棘手的问题。我们无法传唤他们当庭讯问，而正因为如此，我一定要用对付一个隐形的对手的方法，以期自我保护与为自己做出辩护。因此我恳请你们接纳我的陈述，把对我口诛笔伐的人划分成两个类别：其一是我当下的控诉者们；其二是我口中早期的批判者们。各位必须做出这样的假设，我将首先着眼于后一类人并做出相应的辩护。因为你们已听闻了他们长期以来对我的诽谤，其程度远超近期的控诉者们。"

苏："先生们，话不多说，下面我将开始我的自我辩护，与此同时，我一定要在我仅有的短暂时间里扭转你们对我根深蒂固的偏见。我期待我能够顺利地扭转局面，也期待这将会让我们取得双赢。我清楚地认识到这会是一个非常困难的任务，我对此次任务的性质也是十分的了解。不管怎样，我会在守法的前提下为自己进行辩护，就让神来做出最终的裁决吧。"

苏："让我们对本案追根溯源，让我们来探索到底是怎样的控诉将我弄得人心尽失，从而鼓舞得美雷特斯写出现如今的诉状。批判我的人在抨击我的品行时使用了何种语言呢？我一定要高声诵读他们的宣誓书，就好像他们真的是我的法定控诉人一样：'苏格拉底被控告犯了诡辩罪，理由是他大量探究天地间的奥秘，他喜欢在辩论中用处于劣势的观点来反驳处在优势地位的观点，并教唆别人学习他的行为。'对我的控告大致也就如此了。你们都曾经在阿里斯托芬的戏剧中见识过这样的控告，在戏中，苏格拉底不停地旋转，号称他是在气层上漫步，与此同时他不停说着一连串连我自己都无法理解的话。我对这些知识充满敬意，假如有人熟稔这些知识——我希望美雷特斯不要再对我提起别的什么控诉——遗憾的是，先生们，实际上我对这样的知识没有什么兴趣。接下来，我诚恳地请求你们中的大多数人能成为我的陈词的见证者；我诚恳地请求你们中全部曾聆听过我说话的人（在场的大部分人都有这样的经历）能在此点上涤荡自己的内心。期待你们互相提问，提问你们当中是否有人曾听闻过我或详或略地探讨过那些问题。这样，你们会认识到，别的很多风行一时的关于我的传闻都是虚假的。"

苏："实际上，上述对我的控诉全都是虚假的。假如你们曾听闻任何有关我向他人进行有偿教学的传言，这一样也是虚假的。我期望这些都是真的，因为假如一个人的确有传道授业的能力，那么在我看来有偿教学并不是一件坏事。好比林地尼[1]的高尔吉亚[2]、开奥斯的普罗狄科，以及埃利斯的希庇亚[3]一样。他们三个中的任何一个人都实力雄厚，不管他们去往哪个城市，当地的青年都会对他们趋之若鹜，甚至不惜抛弃那些原来交往的公民伙伴，并心甘情愿地为自己能享受到这一优待而付出金钱，并对他们蜂蝶随香而心存感激。我发现近期有一位来自帕罗斯[4]（Paros）的专家也在这里进行访问。我又恰巧碰到一个曾经给予雄辩家高额费用的人（他所给的钱甚至超出他给上述三人金额的总和），我指的是希波尼库（Hipponicus）之子卡里亚[5]。因此我向他（众所周知他膝下有两子）提问：'卡里亚，假如你的儿子是小马驹或者小牛犊，为它们寻觅和聘请能够提高它们秉性的训练师将不是一件难事。马匹商或者农场主都可以胜任这一角色。但是依我所

1　林地尼（Leontini）：纳克素斯岛移殖的同名城邦，公元前8世纪至公元前7世纪，希腊人在该岛上大量移民，建立了赠克利（Zancle）、利吉姆、林地尼、卡塔拉（Catana）、迈利（Mglae）、机拉（Gela）、希米拉（Himera）、卡斯门尼（Casmenae）等殖民城市。

2　高尔吉亚（Gorgias，约公元前483—公元前375年）：古希腊哲学家和修辞学家，著名的智者。他是西西里岛雷昂底恩城人，早年随恩培多克勒学习修辞、论辩、自然哲学和医学。公元前427年为请求联合反对叙拉古而出使雅典，晚年在特萨里亚的拉里萨居住。

3　希庇亚（Hippias）：雅典僭主。

4　帕罗斯（Paros）：希腊爱琴海基克拉泽斯群岛（Cyclades）中的岛屿。

5　卡里亚（Callias）：公元前5世纪人，雅典政治家，雅典豪门之后，他是诡辩派的资助人，平日不计钱财，甚至为此倾家荡产。

见，你的儿子们是人，因此你觉得谁可以担当他们的老师呢？谁是使人品德高尚并善于交际的业界权威呢？我确信为了你两个儿子的前程，你一定仔细思考过这些问题。这样的权威是否存在呢？''肯定有。'他说。'那会是何方神圣？'我问他，'价格几何？''苏格拉底，我告诉你，他就是来自帕罗斯的厄文努斯 [1]，'他说，'他收取五百个德拉克马 [2] 作为学费。'在我看来，假如厄文努斯真的在这方面有一技之长，而他又仅收取恰当的学费，我们应该祝福他。如果我也拥有这样的不凡才能，我无论如何也要衣着光鲜，使自己派头十足。但是，先生们，很遗憾我并不是这样的人。"

苏："此时此刻，你们也许忍不住要问我说：'苏格拉底，你究竟知晓并宣扬了什么，以至每个人都会对你产生误解？要是平日里你对自己要求严格，一直按照应有的道德规范来约束自己的行为，那么你一定不会像现在一样被风言风语所包围。别人之所以抨击你，必然是因为你平日里行为不端，如果你觉得这一切都是我们捏造的，我们给你一个澄清的机会。'我认为你们的质疑不无道理，因此我会尽力来消解你们的困惑，让你们明白是什么造成了如今的局面，让我变得如此声名狼藉。恳请你们耐心地听我辩解。你们很可能会怀疑我不够真诚，那么我在此立誓，我绝无虚言。"

苏："各位，我之所以能够声名鹊起，全部源于我所拥有的智慧。我究竟拥有怎样的智慧呢？在我看来，是关于人的智慧。局限于这个范畴，我还是相当聪慧的。但我刚刚提及的那些天赋异禀的人所拥有的聪明才智，比关于人的智慧不知道高了多少；除此之外，我无话可说。我的水平的确

1　厄文努斯（Evenus）：修辞学者和诗人。

2　德拉克马（δραχμή）（符号为Δρ，Δρχ 或 Δρ）：古希腊和现代希腊的货币单位。古时流行于多个希腊城邦和国家。在现代，德拉克马于 1832 年成为希腊的法定货币，直至 2002 年 1 月 1 日欧元正式流通后被取代，1 欧元等于 340.750 德拉克马。

没有他们那么高。那些说我具备如此水平的人，是在赤裸裸地诋毁我。各位，即使你们觉得我口出狂言，也请大家不要打断我，理由是我将要向各位述说的并不是我个人的见解；为了使你们信服，我将请出无可置疑的德尔菲神来作为我的见证人，他将证明我所拥有的智慧百无一用。"

苏："相信大家都对凯勒丰（Chaerephon）十分熟悉。我跟他是发小，他与在座的各位一样，是一个在近期发生的政治风波中尽职尽责的民主党人。你们了解他的为人，他对于自己所应承担的事务总是充满热忱。某一天，他却到了德尔菲城向神灵诉说自己的困惑——就像我之前说的，请容我把话说完——他向神灵提出疑问：我是不是最聪明的人。女祭师给出了肯定的答案。鉴于凯勒丰已经撒手人寰，我将请他的弟弟为我所说的话做证，他的弟弟现在就在法庭上。"

苏："请思考我向你们述说这件事情的意图。我想让你们明白，先前对于我声誉的恶意中伤是怎样开始的。在我听到预言家所给出的答案时，我自言自语道：'神谕想表达什么？他为什么不说得更加明确呢？'我十分清楚自己无权宣称拥有智慧，我既没有大智慧，亦没有小智慧。因此，当他一口咬定世界上没有人比我聪明时，究竟是出于何种目的呢？他不会说谎，因为对于他来说这是错误的行为。"

苏："这件事使我困惑了好一阵子，最终我十分牵强地选择用如下手段来辨明预言的真伪。我去拜见了一位以智慧著称的人，因为在我看来，只有在此地我才能成功地证明神谕是不正确的。我能够向神的权威发出挑战：'你不是说世界上没有人比我聪明吗？可在我身边显然就有这样一位比我聪明得多的人。'"

苏："我对那个人进行了一次彻底的测验——我不能说出他的姓名，但他是那时我正在探究的众多政治人物中的一位——当我们谈话时，他给我留下的最初印象是，在他自己眼中和别的很多人看来，他应当是十分聪慧的，但实际上并非如此。接下来我告诉他，他其实并不聪明，只是自以为是罢了，因此他和在场的很多人当即对我的话感到不悦。但是当我远离那个是非之地的时候，我认真地进行了思考：'他的确没有我聪明。显然，也许我们两个都不曾拥有值得夸耀的智慧，但他却自以为是地认为自己无所不知，而我却能清楚地认识到自己是无知的。无论如何，有一点我是绝对比他聪明的，那就是我有自知之明。'"

苏："稍后我再次去拜会了另外一位更加有声誉的智者，而他又一次证明了我的判断；同样的，在这里我使得那位智者和很多的旁观者感到非常不悦。"

苏："自此，我接连拜会了许多人士，我惊恐地发现，拥护我的人越来越少，但我认为我一定要把我的宗教责任摆在首位——正因为我是在试图探求神谕的真意，我更需要拜会所有以知识渊博著称的人。先生们，我在此立誓（我必须坦诚相待），我客观的看法如下：当我受到神的指引进一步地进行调查时，我感觉到，那些声名鹊起的人往往都有着同样显著的缺点，而那些在人们看来不如他们的人，却在实用性强的智慧这部分上表现出统治力和自得其乐。"

苏："我希望你们可以把我的探究活动看作一次人生旅行，一次为了验证神谕真伪的旅行。当我将政界人士访问尽了，我转而将目光投向诗人——不论他是豪放派还是婉约派，抑或是别的派别。此处，我下定决心，我要以一个相对的愚民的角色出现。我常常把我眼中他们最优秀的诗篇筛选出来，接着细致地询问他们有关自己作品的意义，期待这样能顺带拓展我的知识面。先生们，我必须向你们说出真相，即使我并不希望那么做。说'有极大的可能，旁观者对那些诗文的阐述要比作者来得更加精辟'并不是危言耸听。因此，我对诗人很快也有了定论：'在我看来，他们进行诗歌创作的动力，绝非智慧，而是一种本能或灵感，就好比你们在预言者和先知身上发现的那些一样，即使先知和预言者毫不知晓他们所言的意义，他们依旧能发布他们所有的神谕。'显而易见，这和诗人们的情形相似度极高。我还留意到，因为自己是诗人，他们就认为自己对所有话题都了如指掌，即使他们对那些话题一窍不通。因此，在我对诗人们的探究结束之后，一股优越感在我心中油然而生，与我之前从政界全身而退时的感受一模一样。"

苏："最后我将目光投向了能工巧匠们。我深知自己没有任何做工的资历，但我相信我一定能在他们那里学到足够多的令人动容的知识。就此而言，结果让我很满意；他们了解许多我并不知晓的事情，就事论事，他们的聪明程度远远超过我。可是，先生们，这些能工巧匠似乎犯了和诗人一样的毛病。我指的是，因为自己精湛的手艺，他们想当然地认为他们对别的事情也都了如指掌，不论那是多么重要的事情。在我看来，这种错误使他们本身拥有的智慧也不能完美地展现。因此我封自己为神谕的代言人，扪心自问：我是应该维持我一贯的姿态——与我访谈的人不同，既不聪明过头，也不愚笨不堪——还是紧跟他们的脚步，两者兼备？我通过思考认为，自己对神谕做出解答，保持自己固有的姿态会更好。"

苏："先生们，我进行的种种探究使我到处树敌，他们对我的敌意浓重而绵长，后果是引起了众多恶毒的提议，包括戏谑地称我为智慧的教授。原因是每当我确凿无误地对某人在相关领域所富有的智慧之名进行反证之后，旁观者都默认我对那一领域了如指掌。但是，先生们，实际情况一定是这样的：只有主神才拥有真正的智慧，他试图通过我做代言人而向大家传递一个信息，即人的智慧往往只有一丁点的价值，有时候甚至没有任何价值。他希望人们注意的不是苏格拉底这个人，而仅仅是用我的名字当作一个示范，他似乎想对我们说：'最聪明的人类是像苏格拉底那样能了解到什么是真正的智慧的人（与智慧相比，人确实毫无价值）。'"

苏："这就是为何，如果我对某人的聪明才智有所耳闻，不管他是雅典公民也好，陌生人也好，我都依旧遵从神的旨意，四下寻访探究的缘由。每当我认为某人天资愚钝时，我也会趁着证明他确实愚钝的时机去不断完善神谕。这份工作让我疲于应付，导致不管我是从政还是做自己的事情，总是无法深入探究。老实讲，我之所以如此困顿，都是因为我虔诚地侍奉着主神。"

苏："我被你们所厌恶还有别的原因。很多无所事事的富家子弟对我十分追捧，理由是他们很喜欢聆听我与其他人展开的辩论。他们时常将我视为榜样，并尝试去跟别人辩论。因此，我猜测，在辩论中他们认识到有些人对某些事情知之甚少甚至一无所知，却自以为不可一世。因此那些在辩论中输给他们的人恼羞成怒了，他们不去怪罪那些年轻人，却将矛头指向了我；他们抱怨道，苏格拉底是一个多管闲事的人，他以传染病传播的势头用谬误的观点给年轻人洗脑。但是当你追问这些爱抱怨的人苏格拉底究竟有何作为，他传播了些什么样的观点，从而导致了现在这种局面时，他们却又支支吾吾，无言以对。然而，他们又不想承认自己头脑愚蠢，所以他们将任何哲学家对我的诘责视为好帮手：指责我向我的学生教授天文和地理知识，向他们倡导无神论，教他们在辩论中以弱胜强。我认为有一个事实是他们难以接受的，即在他们一无所知的情况下，他们却因假装有知识而被宣判有罪。因此，我猜测，因为他们珍视自己的名声，又因为他们是一大群精力旺盛的人，又有一件很可能胜诉且谋划已久的针对我的案子——这些人曾经持续地、夸夸其谈地向你们灌注针对我的猛烈控诉。这样一来，美雷特斯、阿尼图斯和吕孔他们不停地抨击我的缘由就显而易见了。美雷特斯会觉得义愤填膺是由于他是诗界领袖，阿尼图斯是专家和政客的代表，而吕孔是雄辩家的代表。因此，正如我当初所言，假如我可以在我被许可的短暂时段中，扫除那些在你们内心已经根深蒂固的对我的不正确的看法的话，我一定惊讶无比。"

苏："先生们，这下你们了解了事情的真相了吧。我在尽可能还原事实真相的前提下，锱铢必较地向你们进行了展示。我确定，正是由于我这样平淡无奇的说话风格，你们才会对我感到厌恶，而这恰恰证明了我所言非虚。现在我已经准确无误地向你们阐明了人们是如何及为何抹黑我的，不管各位是立刻对之进行研究，还是以后再对之进行回顾，你们都会发现，我刚刚所言无疑就是事实。"

苏："对于首先控诉我的那批人的攻击，我做了如上辩护。接下来我要尝试将美雷特斯—— 一个将自己标榜为品德高尚的爱国者的人——作为我申辩的对象。稍后我会依次将其他几位作为我申辩的对象。"

苏："首先让我们拿出看待最新提起的诉讼的态度，对他们的证词进行重新的思考。证词的内容大概是这样的：'以下是苏格拉底的罪行：年轻人的心灵被他腐蚀，他对国家所信仰的神表示不屑，却极力推崇自己捏造的神。'所谓的罪行大抵如此，让我们来逐一查验其重点。"

苏："首要的罪行是它对我腐蚀年轻人心灵的控诉。但是，先生们，在我看来，美雷特斯触犯了藐视法庭的罪行，理由是他仅仅因为一些微不足道的原因就召唤人们来参与庭审，并且对某些他从未关注过的事情表现出高度的重视和浓重的忧患。我会尝试证实我的说法，一直到你们都表示赞同为止。"

苏："那么，美雷特斯，请你告诉我，你是否持有'让年轻人接受最健康向上的熏陶非常重要’这一观点？”

美雷特斯（以下简称美）：“我想是的。”

苏："非常好，那么请你告诉在场的先生们，是谁向年轻人传播了正能量？假如你如此重视这一问题的话，显然应该知道问题的答案。你当庭指出并控告我进行了不良教化，那请高声告之在场的各位：‘谁对年轻人进行了好的浸染？’——美雷特斯，看看你自己，你现在瞠目结舌、无话可说了吧。你不认为这是件值得羞愧的事情吗？这恰好证实了我的观点，即你对这个主题没有丝毫的兴趣，我的伙伴——‘谁使年轻人积极向上？’”

美："当然是法律！"

苏："亲爱的先生，我指的可不是这些，我当下要求你明确地指出那个‘以法律为第一要务的人的名字’。"

美："苏格拉底，在座的各位陪审团的先生们就是。"

苏："美雷特斯，你认为他们有能力教化年轻人并使之积极向上？"

美："那是当然。"

苏："这个说法能被在座的所有陪审团成员印证，还是只能被他们中的一些人印证？"

美："当然能被在座的所有陪审团成员印证。"

苏："非常好！能够教化年轻人的人士可真多啊。那么，当前法庭里在座的旁观者是不是也能教化年轻人呢？"

美："是的，他们可以。"

苏："议会的参议员呢？"

美："当然也包括他们在内。"

苏："美雷特斯，那你是说议会里所有的议员都不会对年轻人有消极的影响，他们的影响都是正面的吗？"

美："他们都在发挥积极的作用。"

苏："如此说来，除了我之外的所有雅典人，对年轻人起的都是积极作用，只有我一个是有伤风化的人。你真的是这个意思吗？"

美："没错！我就是这个意思！"

苏："你这样武断在我眼里是最荒谬的。让我来问你一个问题吧，我们就以马为例，你也会一口咬定，能够驯化它们的是除了某个人以外的绝大多数普通民众吗？还是说，你更愿意相信，只有极个别的驯马师能够驯化它们，大部分普通人起不到任何作用，甚至只能起反作用？再换其他的例子也是一样的意思，都是你刚才观点的正反两面表达，孰是孰非很容易分辨，你不承认也不行。如果社会上真的只有一匹'害群之马'，其他的都是仁厚贤良的典范的话，那这真是个理想的美好社会。这一点我不想再掐住不放了，美雷特斯，众多的证据都能揭穿你对年轻人的虚情假意，你根本不是真心为他们着想，却偏偏拿这个罪名来指控无辜的我。"

苏："还有一个问题想问问你的看法。美雷特斯，请你坦诚地回答我，人是住在什么样的社区环境里比较好，是好的社区还是坏的社区？这个问题不难。我们常常说近朱者赤、近墨者黑，是这个道理吧？"

美："是这个道理，很对！"

苏："你觉得可不可能有这样一种人，宁愿被周边同伴损害其利益，也不愿得到同伴的美意相助？美雷特斯，我的朋友，我以法律的名义请你回答我，真的有那样愚钝的人吗？"

美："当然不可能有！"

苏："好的，当你用指控把我招来法庭的时候，在你眼里，我所做的腐化年轻人品质的事，是出于有意还是无意呢？"

美："我想你肯定是有意为之。"

苏："美雷特斯，你年纪轻轻，却比我这个年迈的老头子更加灵台清明。既然品行不端的人产生的不良影响会波及他的左邻右舍，而一个善良忠厚的人会给邻里做出优秀的榜样，我竟然没有想到，在我教坏了周边人之后，他们也会以同样的方式来伤害我的利益。我想我再怎么愚钝无知，也不会用这么一个蹩脚的理由支撑我这么做。我觉得包括你在内的所有人，都不应该相信我会有意腐化年轻人的品质，你的指控是完全错误的，就算我真有过失产生了不良影响，那也是无意的。那种轻微过错，仅仅需要的是把我带到一旁，口头责备并加以劝导，让我认识到自己的过错即可。因为一旦使无知不再蒙蔽我的眼睛，我就不会再做出有损他人利益的事情。但这些教化、开导你都不曾做过，而是直接控诉我。我自己认为，我的所作所为不至于被传唤到法庭来接受审判，因为你们都知道法庭不是教化人的地方，而是惩罚有罪之人的地方。"

苏："在座的各位先生，你们一定赞同我刚才的陈述。美雷特斯从来就没有真正关心过年轻人的利益。但是，美雷特斯，虽然你在控诉状里确实说明过，但你能不能再告诉我们一下，你是怎么发现，或者为何认为我做了伤风败俗的事情，腐化了年轻人的心灵？就因为你觉得我在向他们宣扬我的新神，并否定旧神吗？"

美："我都强调很多次了，还用我再说吗？"

苏："请别激动，美雷特斯，请你看在我们谈及的共同的神的份儿上，再向今天在场的所有人详细解释一下你的论点吧。你是想指控我是个彻彻底底的无神论者，并且也教别人别再信神吗？那为什么又指控我向年轻人宣扬和原来国家认同的神不同的新神呢？如果我真的那么做了，就恰恰证明我是个有神论者，之前的罪名就是不成立的。所以请你再表达得更清楚一点。"

美："是的，我就是说你完全不信神，是个无神论者！"

苏："太让我意外了，美雷特斯！你是出于什么目的才说出这样的话？你这是在指控我是全人类信仰的异端，把我放到了所有人的对立面，我说过不相信太阳和月亮是神吗？"

美："陪审团的先生们，请你们相信我，他确实曾亵渎神灵，因为他说太阳是一大块石头，而月亮只是一堆泥土罢了。"

苏："亲爱的美雷特斯，你是否觉得，阿那克萨戈拉才是你现在控诉的对象？你对陪审团成员的评价何至于如此之低，你觉得他们知识浅薄，乃至于对克拉佐门尼[1]的阿那克萨戈拉的著作中所充斥的观点都一无所知？假如年轻人向往的话，他们在市场上就可以接受这种理论的熏陶，只需要付出最多一个德拉克马银币作为报偿。（所以，姑且不论这些理论是多么另类，如果苏格拉底想要给这些理论都署上自己的名字，年轻人一定会嘲笑他。）你还坚持年轻人是向我学会这些理论的观点吗？美雷特斯，你如实告诉我，这是否就是你对我的认识？觉得我是个无神论者？"

美："对，你就是一个彻头彻尾的无神论者。"

苏："美雷特斯，我认为你的观点空洞到连你自己都无法赞同。先生们，在我看来，这是一个彻彻底底的、自私自利的、欺软怕硬的人，他控诉我的理由无非是出于完全的、毫无理由的自我臆测。他试图为我设计一套智力测验题，接着自言自语道：这下，从不犯错的苏格拉底是不是能看出我正为了迎合自己而自我矛盾，抑或是，我能否顺利地把他和所有听众都蒙在鼓里？我认为，在控告我的事上他真的是非常矛盾的，其控诉可以精简为如下的语句，即，虽然苏格拉底信神，但是他犯了不信神的罪。这简直就是胡说八道。"

1　克拉佐门尼：希腊伊奥尼亚地区的一个城邦。

苏："先生们，我请求你们跟我一道来检验使我得到如此结论的推理手段。美雷特斯，你能够回答我的问题对我们是十分有益的。不知道大家是否还记得我当初的请求，假如我以我习惯的模式来引领这次辩论的话，请不要打断我？美雷特斯，世上是否有人可以信任人的行为，却不信任人？先生们，请让他回答，而不是允许他接二连三地抛出反驳的意见。会不会有人不相信马，却相信马的活动？或者，是否有人不相信音乐家却相信音乐家的演奏？答案当然是否定的，我亲爱的朋友。假如你不愿意回答，我将很乐意为你及在座的各位做出解答。但是接下来这个问题你一定要回答：是否会有人相信超自然的现象却不相信超自然的存在？"

美："不会。"

苏："好样的，在法庭的威严气氛下，你的回答十分坦诚！很好，你是否说过，我笃信超自然活动的存在，并且诱导他人也持相同观点？这些活动到底何时发生并不重要，重要的是，根据你的说法，我笃信超自然活动的存在。确实，假如我笃信超自然活动的存在，那么我也必然对超自然的存在深信不疑。这点你没有说错。假如你现在保持沉默，我将视你为默许。你是否同意，我们概念里超自然的存在就是指神，或者神的孩子？"

美："当然认同。"

苏："既然这样，如你所言，我笃信超自然的存在，假如这些超自然的存在不管怎样都是指神，我们将从你用来消遣我而进行的智力测验中得到结论，理由是你一开始否认我信神，接着因为我笃信超自然的存在，又认定我信神。换个角度说，假如像神话传说中那样，神和半神半人的少女或凡人少女的私生子们即这种超自然的存在，那么，世上有谁会信仰神的孩子们而不信仰神本尊呢？这就好比相信小马驹和小骡子，但是不相信成年的马和骡子一样不可理喻。另外，美雷特斯，有一个结论无法回避，你之所以起诉我，仅仅是为了对我的智力进行测试，否则就是因为你找不到任何可以控诉我的真正成立的罪名而绝望不已。对于你试图以笃信超自然和神的活动，并不足以证明笃信超自然和神的存在（反之亦然）的观点来劝说任何一个尚有头脑的大活人的行为，我想最后的结果一定会超出你原有的设想。"

苏："实际上，先生们，我不认为我还需要进行什么辩解来摆脱美雷特斯对我的指控，到目前为止我已经说了足够多的话。但是你们一定十分理解我在早前说的话，即，我已然树敌颇多。假如我会被什么东西毁灭的话，我想我一定毁于他们的敌意——不仅仅局限于美雷特斯和阿尼图斯的敌意，而是来自抹黑及忌妒我的所有人。这样的抹黑和忌妒曾使其他无数清白的人受到致命的打击，我认为这样的事以后还会发生，对于我的攻击不会是一个结束。但可能会有人说：苏格拉底，挑选这样一条足以将你置于死地的险路，你就一点也不后悔吗？我的答案十分明确，朋友，假如你认为一个有价值的人应当花时间纠结生与死的前途的话，你就错了。在开始做事之前，他需要顾及的仅仅是他的所作所为是对是错，他看起来是好人还是坏人。根据你的看法，那么在特洛伊战争[1]中牺牲的英雄们就显得一无是处了，尤其是忒提斯[2]之子。你可能会记起他宁愿去冒险也不想蒙受屈辱名声的故事。当然，他杀死赫克托尔[3]的心情十分迫切。我猜测彼时他那身为神的母亲一定会用如下话语来警示他：我的孩子，假如你为了给你的

————————

1　特洛伊战争：以争夺世上最漂亮的女人海伦为起因，以阿伽门农及阿喀琉斯为首的希腊军进攻以帕里斯及赫克托尔为首的特洛伊城的十年攻城战。

2　忒提斯（Thetis）：海洋女神，海神涅柔斯（Nereus）和海洋女神多丽斯（Doris）的女儿，是他们的女儿之中最贤惠者。阿喀琉斯的母亲。

3　赫克托尔（Hertor）：普里阿摩斯（Priamus）的儿子，特洛伊（Troy）王子，帕里斯的哥哥。他是特洛伊第一勇士，被称为"特洛伊的城墙"。最后和阿喀琉斯决斗，死在对方手里。

同伴帕特洛克罗斯[1]报仇而杀死赫克托尔，你自己也将丧命；赫克托尔死后，你的命运也早已注定。——从他听到这一警示的那一刻起，他早已将生死置之度外，但令他感到恐惧的是毫无荣誉可言的余生和无法为同伴报仇的屈辱。他回答道，我宁愿在手刃仇人之后暴毙也不愿躲在这状似新月的战船旁，被人们当作一无是处的负担而嘲笑。你认为生或死的问题困扰过他吗？

"先生们，事实应当如此。当某人认定了自己的立场（或者仅仅由于他认为这个立场对他最有利，抑或是他服从了自己所受到的指令）之后，我确信他会愿意为了这个立场付出一切的。除了自己的名誉，他将不会在乎任何事情，哪怕是生或死的问题。

"事情的真相既然是这样，那么，先生们，假如我从前的所作所为和如今的所作所为大相径庭，这就证明了我性格上有耸人听闻的矛盾性——从前，当你们所推举出的将领们在波提狄亚[2]、安菲波利斯[3]和德里姆[4]分配我任务的时候，我和所有人一样，坚守自身岗位并且对死亡没有 丝惧怕；现如今，我认为，我也确信，当主神选定我执行一个自我反省，也反省别人的哲学家的职责时，我却由于恐惧死亡或别的任何危险而擅离职守。假如是这样，才真的令人震惊，而我着实也应当被以不信奉神灵、不听从神谕、贪生怕死和自作聪明的罪名传召到法庭上。先生们，我想对你

1　帕特洛克罗斯（Patroclus，又名 Patroklos，希腊文 Πάτροκλος）：取意"父亲的荣耀"。在希腊神话中，被记载于荷马所著的《伊利亚特》中。墨诺提俄斯之子，阿喀琉斯最好的朋友。

2　波提狄亚：位于古称为帕利尼地峡的北端，即在今爱琴海北岸的萨洛尼卡湾以东，如今的伐耳塔的北面。其居民虽说为科林斯的移民，但他们却是雅典的纳贡同盟者。

3　安菲波利斯：马其顿斯特里蒙（Strymon）河上的古希腊城市，在斯特里蒙河畔，距爱琴海约 4.8 公里。是战略运输中心，也是从爱琴海进入巴尔干半岛东南部的门户。

4　德里姆：爱琴海沿岸的地名，战略要冲。

们说，贪生怕死只是自以为聪明的另一种表现罢了；这种观点是自以为自己懂得了实际上一无所知的知识。以死亡为例，无人知晓它是否真的是人的一生中最幸运的一件事情一样，但人们对死亡充满恐惧，就好像他们可以认定死亡是人的一生中最不幸的一件事情一样；这种自以为是的无知，无疑是最应当被谴责的无知。先生们，我可以说这一点就是我优于世上其他所有人的原因。假如我号称我相较于我的邻居在任何一方面更加有智慧的话，那一定是在此处：我对'人死之后会怎样'这个问题不具有任何真实可靠的知识，并且与此同时我能清醒地意识到这一点。但是我的确明白，犯错误和违抗上命——不论这个命令是来自主神还是来自人——都是罪恶的和不光彩的事情。因此，我永远不会害怕或者厌恶任何在我的认知范围内的确有可能是值得庆幸的事物，但是我恐惧和唾弃那些我明知是罪恶的事物。

"此外，假如你们将我无罪开释，并对阿尼图斯不予理睬——他曾断言，有两种途径可以对付我，第一是根本不应当让我出现在法庭上；第二是我已然出庭的话，那么务必将我判处死刑，理由是，假使我潜逃了，你们的儿子们将立刻被我的言传身教弄得腐败不堪。综上所述，假如你们对我说：'苏格拉底，今天我们会对阿尼图斯不予理睬，并将你无罪开释，但是有一个前提，并且只有这一个前提，即你承诺你再也不花费时间对这个进行探寻，并停止教授哲学。假如你执迷不悟，再次被我们抓住把柄的话，你一定会被判处死刑。'那么，就像我刚刚说的，如果你们提出这些前提作为换取我无罪开释的筹码，我会回答：'先生们，我是对你们心怀感激的忠实奴仆，但是，我顺从主神多于顺从你们。因此，只要我还活着一天，我将会把对哲学的践行一直进行下去，我将会一直激励你们，并坚持向我遇到的所有人阐释真理。'我将自始至终地坚持说，我的挚友，身为一个雅典人，你属于一个世上最宏大。同时也是以智慧和力量著称的城市。当你们一心追名逐利、巧取豪夺的时候，你们对真理、理解和灵魂的完善没有丝毫的兴趣，你们不为此感到耻辱吗？假如你们中的任何一位对这一态度表示怀疑，并对这些事情表示出足够的关心，那么我一定会挽留他或者跟随他；若不是这样，我会向他发问，检验他、测试他。假如结果显示，他只是号称对那些事情十分关注，而事实上却并不能真正践行其追求善的道路的话，我会指责他本末倒置。所有我遇到的人，不管老少，不管是否是本国公民，我都会对他们这样做；并且我尤其要对你们这样做，因为你们是我的同胞，与我是同一国家的公民，因为你们在血缘关系上和我更加亲近。我郑重承诺，我是在按照主神的指令行事；我确信，我对主神指令的遵从是其赋予我们的城市的最大的恩惠。因为我耗费时间四处奔波，无论老少我都试图劝诫他们要把灵魂深处的幸福而不是肤浅的身体或者财富作为最优先、最重视的关注对象。我一直表示：'财富并不会创造出善，但善却可以给个体和整个国家带来财富和别的一切祝福。'假如因为我的这一观点而使年轻人受到了腐蚀，那么这一观点听起来似乎是危害很大的。但假如有人说，我的观点与此不同，那他一定是信口雌黄。因此，先生们，我想说："你们是不是愿意听信阿尼图斯，是不是会将我无罪开释，这都无所谓；但你们要知道，我会坚持我的行为，虽百死而犹未悔。"

"先生们，请肃静！别忘了我的请求——仔细聆听，不要打断我的发言；并且我认为听我发言会使你们受益的。我将向你们讲述一些其他的事，一些也许会使反对者群情激奋的事。但是，恳请你们保持理智。我向各位承诺，假如我的确和我声称的我一模一样，而我被你们判处死刑的话，你们对于我的迫害将远不如你们对于自己的伤害。不管是美雷特斯还是阿尼图斯都不能迫害我，他们没有这样做的权利，因为我坚信主神的法律不会纵容一个恶人去迫害一个好人。但毋庸置疑的是，控诉我的人可能使我命丧黄泉，或是使我被流放，抑或是将我的公民权剥夺。但是，就算他以为——他极有可能正持有这种观点，并且我相信其他人也都正持有这种观点——这些判决将使我陷入绝境，但我却不这么想；我坚信，他现在的所作所为——企图将一个无辜者置于死地——将使他自己陷入更糟糕的境地。先生们，既然如此，我现在之所以诚心祈求，并非如你们揣测的那样是为求自保，而是为了保全你们，我祈求主神保佑你们，使你们不至因为判我有罪而亵渎了主神。假如我被你们判处死刑，你们会发现想要找到一个可以填补我离去后的空白的人非常困难。我被主神精心安排到这座有如一头壮硕公牛的城市中，由于它体形硕大，它变得十分懒散，所以牛虻的刺激必不可少。（这事听起来荒谬，但又千真万确。）我认为主神之所以将我送到这座城市，就是让我履行一只牛虻的职责。所以我整日不停歇地四处奔波，以唤醒、劝服和斥责你们所有人。先生们，找到一个跟我一模一样的人是非常困难的，但假如你们能听从我的劝诫，你们就会放我一条生路。我好像能预感到，过不了多久，你们将因为恼羞成怒而采纳阿尼图斯的建议，就好像用手拍死牛虻那样一掌要了我的性命；假如主神不再眷顾你们，不再给你们派一个像我一样的人，你们将继续醉生梦死，一直到你们的末日来临的那一天。

"假如你们对我是不是就是主神给予这座城市的恩赐存有疑虑，只需用如下方法就可以证实这个问题。你们以为我是心甘情愿地占用自己的时间，经年蒙受抛妻弃子的恶名，整日为你们操劳，如同长辈那样，四处奔波，与你们进行一对一的会面，引导你们走向善途吗？假如我曾经通过我的所作所为得到任何回报，或者曾经有偿地向你们提供这些引导，这样的话，我的所作所为似乎就事出有因了；然而，实际上，正如你们亲眼所见，就算有人厚颜无耻地对我进行了种种控诉，但仍有一件事情他们不敢造次，那就是，我未曾向任何人贪婪地索要过钱财。我以为，我有充足而又确凿的证据可以证明我刚刚所说的话是十分令人信服的——那就是我的贫困潦倒。

"我四处奔波，对他人进行劝诫，为了他人的私事而终日忙碌，但我从不冒险当众宣扬我的思想，或对政局指手画脚，这可能使你们感到困惑。之所以会这样，想必你们早已从我之前在各处的演说中有所耳闻了，即我曾受到超自然的神灵的指引。对此，美雷特斯认为恰好可以在其控诉书中曲解篡改。这种指引早在我的幼年时期就已经初露端倪——好像是一些话语传入我的耳中。每当我听到这些话语的时候，总是被告诫不要做我想要去做的事情，但它从不激励我去做些什么。我之所以从不在公众生活里抛头露面，就是因为它的阻碍。在我看来，这无疑是一件妙不可言的好事。因为，先生们，你们无比确定，假如我早就尝试投身政治，我很有可能早就因此送命了，而这不管是对你们，还是对我自己而言，都不是一件好事。假如我讲出了事情的真相，请不要在意。世上没有任何一个人可以在没有陷入疯狂的前提下对你们或者其他任何一个组织纪律性良好的民主政治提出异议，并直截了当地对在其所属国发生的荒谬及不合法的事情进行阻止之后，还能够全身而退的。假如一个一心倡导正义的人想要保全自己，哪怕只是在一段很短暂的时间里，他也必须将自己禁锢在私人的范畴里，将政治远远地抛在一旁。

"我将提供确凿的证据来证明我所说的话——不是猜想，而是你们看得见、摸得着的事实。当我讲述我的亲身经历时，请仔细聆听，以方便你们了解，哪怕会性命不保，我也绝不会屈服，我绝不会因为忌惮死亡而没有原则地向权威曲意逢迎。这会是一个普普通通的故事，虽与你们平时在法庭上听到的那些并无太大区别，却是无可争辩的事实。

"先生们，我在这座城市里担任过一次公职，也是仅有的一次，就是我被推举参加参议会。当时你们恰好决定那十个在海战中狠心抛下落水人员的将领应当集体受到审判（之后你们都发现这样做是不合法的），我所在的分组正好担任执行官。在这紧要关头，我是唯一一个坚持你们不可以违背宪法的执行官，并且对于那个建议，我投了反对票；即使领导者都想要对我进行抨击并且将我逮捕入狱，而你们所有人都对领导者的想法随声附和。我坚信，以法律和正义为名坚持到最后，而不因对入狱和死亡的恐惧曲意逢迎，这正是我的职责所在。

"发生这件事的时候，我们还处于民主政治的体制之下。当寡头政治把持政局时，我和其他四位同僚被那三十名长官召唤到圆厅中去，他们指使我们去撒拉米（Salamis）的勒翁家把他逮捕后处死。而这相对于那三十名长官发出的类似命令，只是九牛一毛。这些长官的目的极为歹毒，他们想尽可能多地牵扯无辜。在这危急关头，我再一次挺身而出，用自己的实际行动而不是无力的说辞，来显示我根本就是视死如归。但是，在我看来，坚持不犯错和不违背道德是十分重要的。彼时，政府权倾天下，但它仍没有使我忌惮到去做违背原则的错事。当我们走出圆厅的时候，那四位迅速地去撒拉米逮捕了勒翁，而我却独自回家了。要是那个政府没有很快垮台，那我极有可能因此丧命。我刚刚所说的内容，有很多见证者。

"你们以为，要是我曾经真的投身公共生活，并时刻在那个圈子里显示出自己的高风亮节，坚守正义的底线，而且目的明确地认为这一切高于别的一切，我还能平安无事地活到现在吗？先生们，这根本就是无稽之谈，换了别的任何人也不可能做到。你们要明白，终其一生，我总是前后一致地执行着公务。我私下里也是这样的，对于做出有悖正义的行为的人，我绝不会支持他（包括那些被不怀好意的人称为我的学生的人）。我从不以任何人的老师自居，但是假如有任何人愿意聆听我讨论我的个人使命，无论他年纪长幼，我都会尽心指教。我与人谈话从来都是免费的，更不会由于是免费的而不愿与人交谈；我时刻准备着解答别人的困惑，无论他富贵还是贫贱，并且只要有人渴望听我讲话并回答我的提问，我就总是来者不拒。根据公平原则，假如这些人中的任何一个变成了良好公民或者不好的公民，这都与我无关，因为我根本不曾向任何人传道授业并做出承诺；要是有人声称他在私下从我这里得到过任何我不曾向别人公开的教诲，他一定是在撒谎，这一点我深信不疑。

"但是，他们为什么愿意花费时间与我相处呢？先生们，对于这个理由你们早已有所耳闻，我曾坦诚地告知过你们。这是由于他们乐于看我检验那些天资愚钝却又自以为是的人，这是一种充满趣味的体验。就像我之前所说，正是由于我谨遵主神借由神谕、梦境或者任何一种可行方法传递给我的指令，我才担负了这个责任。先生们，我所言绝对非虚，并且你们可以轻易地验证。要是一些年轻人正在遭到我的腐蚀，并且有一大拨人已经被我腐蚀的事情是真实的，那么那群早已被我腐蚀的人（想必都已经成年）中若有人幡然醒悟，我曾在他们少不更事的时候给了他们荒谬的告诫，他们现在一定会对我群起而攻之，并寻求对我的惩罚；要是他们不愿躬行此事，他们会寄希望于他们的亲人——他们的父亲、兄长，或是别的亲人——如今会回忆起那段陈年旧事，要是他们的至亲骨肉真受到过我的摧残。毋庸置疑，许多往日里曾与我交谈过的人，现在就在这法庭上，我已经亲眼看到了好几个：第一个是坐在那里的克里托，他与我同岁，也是我的好邻居，他是这位名叫克里托布卢（Critobulus）的年轻人的父亲；接下来是坐在这里的埃斯基涅（Aeschines），来自斯费图（Sphettus）的吕姗尼亚斯（Lysannias）是他的父亲；然后是坐在那里的来自凯非索（Cephisus）的安提丰（Antiphone），厄庇革涅（Epigenes）是他的儿子。此外，除了我刚刚提到的这几位，还有隶属于我们讨论会成员的所有亲属：尼科斯特拉图（Nicostratus）是塞奥佐提德（Theozotides）的儿子，塞奥多图（Theodotus）的弟弟——可惜的是，塞奥多图已经不在人世，否则尼科斯特拉图还可以向他的哥哥寻求帮助；这位是帕拉卢斯（Paralus），德谟多库斯（Demodocus）之子，塞亚革斯（Theages）是他的兄长；还有这位阿狄曼图，阿里斯通之子，坐在那一头的是他的兄长柏拉图；埃安托多鲁（Aeantodorus）的兄长阿波罗多洛也来了，他坐在那里。此外，我脑海中的名字不胜枚举，他们中的一些一定被美雷特斯在其演说中举为人证。假如他并没有这样做，并且现在想要弥补，我会对他大开绿灯；请他指明，他究竟有没有这种人证可以推举出来。先生们，与此相反的，你们会看到，他们都会来支持我—— 一个在美雷特斯和阿尼图斯口中是腐蚀他们至亲的人和生来奸邪的人。在事实上遭受过我的腐蚀的"受害者"可能会帮助我（这是可以理解的），但是，他们那些并未被我腐蚀而且心智成熟的至亲们又为什么要来支持我呢？事情的真相只有一个，那就是他们知道我所言非虚，而美雷特斯却是一个彻头彻尾的骗子。

"先生们，以上（可能还能增加一些同样的证词）就是我的自我辩护的全部内容。假如你们之中也有一位曾经历过与我现在的遭遇相似的人，回忆起当年自己由于一桩与如今相比更加微不足道的案件，而痛哭流涕地向陪审团苦苦哀求，在法庭上祭出自己年幼的孩子和几乎所有的亲朋好友，以期尽可能地博取同情，但我却不会这样做，即使情况是如此的艰险，我也不想放下身段以乞求同情，对比我的反应，可能他会恼怒不已。可能你们中的某一位，在回忆起这些真相之后，会对我产生偏见，接着，因为对不堪往事的回忆而恼羞成怒，最后在怒火中烧的情况下进行投票。假如你们中的某位想要这样做——我希望不会有这样的人，但确实是有这样的可能的——我认为我可以理直气壮地对他说：'亲爱的先生，诚然，我也是有一些亲戚的——让我借用荷马说过的话，就算是我，也不是从橡树或石头里蹦出来的，而是脱离于父母的肉体凡胎。因此，事实上，我有亲戚；对的，同时也有儿子，先生们，我有三个儿子，我的大儿子眼看就要长大成人，而另外两个尚且年幼，但我仍然不准备让他们到法庭上来乞求你们将我无罪开释。'"

"我为何不愿这样做呢？先生们，不是因为我行为乖张，也不是我看不起你们，至于说，我能够充满勇气地面对死亡，也与此无关。重点是，为了我自身的名誉，同样为了你们乃至整个国家的名誉，我不觉得像我这样一把年纪、声名远扬（这点没有绝对的对与错）的人，做出上述任何行为是恰当的。但是，不管怎样，人们给出了这样的建议：苏格拉底是位异于常人的人。假如你们中有人是以智慧和勇敢，或其他任何一种美德而著称的话，但如今却使用了上述的那些手段，这将会是奇耻大辱。可我留意到，有些以以上美德而著称的人，在面对审判时，却无所不用其极。这意味着他们恐惧死亡，就好像你们不判处他死刑，他就能长生不老一样。我认为这些人使我们的城市蒙羞。假如一个到我们城市来游览的客人，觉得这些因品德高尚而被我们推举出来作为领导者的男性楷模们还没有女人优秀，那这位客人是情有可原的。先生们，哪怕你只有微薄的名声，你也不能堕落到去使用以上提到的那些手段；假如我如此做了，你们应当阻止我。反之，你们一定要指出，所有因造成以上丑陋一幕，而使我们的城市蒙羞的人，都要比保持沉默的人更值得人们去指责。

"但是，先生们，透过现象看本质，我对想通过乞求陪审团而使自己无罪释放的行为不以为然；我认为应该真诚地把事实告诉陪审团，并且通过辩论来使他们信服。陪审团进行会议时，不会将主持公道玩视为一种恩惠，而是判定正义在哪里成立；而且陪审团成员曾宣誓，成员们不能以他们的一己私欲来实施恩惠，而应当给出一个公平公正、合理合法的判决。这样看来，我不能助长你们发伪誓的气焰，你们也不能纵容这种恶习在你们身上滋长；恶习一旦养成，就会使我们彼此都蒙羞。因此，先生们，请你们不要奢望我会用我所鄙夷的、毫无道德可言的，或者和我的宗教职责相悖的方式来回应你们；特别是，当我在这里被美雷特斯以不虔敬的罪名提起控告时，你们绝不能有此幻想。假如我胆敢低三下四地向你们乞求，并顺利地让你们背弃了自己的庄严宣誓，那么我就是在教唆你们藐视宗教。如此说来，我的辩护则变成了我自己是无神论者的佐证了。但是，那种观点与事实相去甚远。先生们，无论是我的控诉人中的哪一位，都不会比我拥有更虔诚的信仰。我静候你们和主神对我的裁决，这样不管对你们还是对我，都是最好的结果。"

判决结果是有罪，美雷特斯宣布道。

苏："先生们，有无数理由可以让我不被这个结论——我指的是你们对我的判决——而困扰；但是，最重要的理由是：这个结果没有出乎我的意料。使我感到意外的是，两边的得票数竟如此接近，我到现在都不敢相信这一结果。这样说来，只要有三十个人改变自己的看法，我就能够被无罪开释了；不只是这样，众所周知的是，假如阿尼图斯和吕孔不参与到这次起诉中，美雷特斯交给法庭的保证金—— 一千个银币就会被按章充公，理由是他并未获得投票总数百分之二十以上的支持率。

"不管怎样，对于他提出死刑要求这一事实，我必须坦然面对。好的，先生们，我会提议用何种惩罚来作为代替呢？很明显，我提议的代替方案必须分量十足。这样的话，根据我的行为，什么样的惩罚会对我适用呢？

"平稳安定的生活向来与我无缘。对于大部分人趋之若鹜的事物，比如赚钱、拥有一个温暖的家、高官厚禄，还有一切正发生在我们城市中的活动——政治委任、秘密结社、党派活动——我都毫无兴趣。在我看来，因为我的确过于坚守原则，假如我参与到刚刚所说的那些活动中，我担心我会没法生存下去。因此，我没有走这条损人不利己的歧途，我要求自己在私底下单独为你们提供在我看来最为有益的服务：我尝试告诫你们所有人，不要总是贪图那些可以给你们带来名利的东西，要时常考虑到自己精神和道德方面的健康。推而广之，就是不要总将注意力放在国家或其他一切事物能带来的利益上，而要关注国家或其他一切事物的健康成长。我做这些应当有何种回报呢？先生们，假如一定要让我对我应有何种回报提出建议，那么，我觉得我应该得到一些奖励，而且，必须是受之无愧的奖励。那么，究竟什么样的奖赏对于一个贫困潦倒，将所有时间都奉献在对你们进行道德方面的激励的有恩于公众的人来说是恰如其分的呢？对于这种人来说，用国库里的钱来接济他的生活是再合适不过的了。相比于奥林匹亚赛马的获胜者，无论是单马、双马还是四马赛的获胜者，他都更有资格得到国家的供养。这些获胜者只向人们展示了成功的表象，但我却向你们揭示了成功的实质与内涵；他们无须为生计而担忧，而我却受困于此。因此，假如要我提出一个公平公正又量刑恰当的惩罚的话，我提议由国家无偿对我的生活进行供养。

"可能和我之前所说的博取同情和进行情感号召的情形相同，我刚刚所言会给你们留下这样一个印象：我是存心在显示我的自以为是。先生们，实际上并非如此，而是像我下面所说的那样。我坚信，我从未蓄意中伤过什么人，但我却没有办法使你们对此信服，这是由于我们可以用来探讨的时间实在是太短暂了。假如你们能遵照别国的惯例，给予重罪听证会更多的时间，而不是像现在这样只有短短的一天，我有信心可以说服你们。但是，此情此景下，要将如此重罪在极短的时间里处理好，是非常难的。因此，鉴于我确信我从未中伤过一个人，你们没理由期待我说我会自己应当受到迫害或提议一个程度接近的刑罚来虐待我自己。我为什么要这样做？由于忌惮美雷特斯建议的那种刑罚的疼痛吗？但是，正如我所言，我对死是好还是坏一无所知。你们期盼我在进行反提议时挑选一样我明明知道是不好的事情吗？遭受牢狱之苦？我为何要在牢狱中度过余生，并且对那些按期轮换的狱卒们唯命是从？蹲在狱中直到我还尽对我的罚款？这状况，与蹲监狱跟罚款的结果并没有什么不同，理由是我不可能有钱偿付罚款。所以，我是否应该提议把我流放呢？你们接受这个提议的可能性非常大。

"先生们，如果我接受被流放，那么一定是我惜命到无以复加的地步了。公民兄弟们，我还没有蠢到看不出你们几乎已经没有再听我辩论和演说下去的耐心了，你们认为我的辩论和演说令人生厌、使人不快，因此你们希望立刻远离它们。是否有别国的公民会认为它们易于接受呢？先生们，可能性不大。要是我在风烛残年被流放，接着迫于无奈尝试一个城市接着一个城市地寻找落脚点，但总是被人驱逐，如果我能这样了此一生，对我来说将是多么大的福音啊！我十分清楚，不管我去向何方，当地的年轻人都会对我的演说趋之若鹜，如同本地的年轻人一般。但是，要是我婉拒了他们，他们也会挑唆自己的长辈将我轰走；要是我欣然接受，他们的至亲也会出于对年轻人的保护而主动将我轰走。

"可能一些人会说：'苏格拉底，当我们流放你之后，你大可以顺理成章地把精力都投放到自己的事上，以此来安度晚年啊。'对于你们中的一部分人来说，这是最令他们困惑不已的事情。假如我做出了那样的行为，我就违背了主神的意愿，这正是我不能将精力都投放到自己的事情上的症结，你们不会相信我对此信以为真。换个角度，要是我跟你们说，终日探讨善和别的一切你们听我谈论过的话题，反省自身和他人的确是一个人可以做到的最美好的事情了，并且我认为一个不能进行反省的生命是没有价值的，你们更加不会对我信服。先生们，不管怎样，即使说服你们非常困难，我也要重申，我绝对所言非虚。另外，我不愿假设自己应当遭到惩罚。假如我有钱，我会提出一个我可以负担的罚款金额，因为那样做我不会受到任何伤害。但依据现在的状况，我不会提出这样的建议，因为我穷得叮当响。要不然你们拟定一个我可以承担的罚款金额，我建议是一百个德拉克马，我想这个数额我能够负担得起。

"先生们，请稍等。在这边就座的柏拉图、克里托、克里托布卢及阿波罗多洛让我把罚款的金额增加到三千个德拉克马，他们愿意为我提供担保。既然如此，我答应这个数目，你们也大可相信这几位绅士会缴纳罚款。"

陪审团决议要判处死刑。

苏："呵呵，先生们，仅仅是为了节约那么一点微不足道的时间，你们将得到将苏格拉底'那位智者'杀害的名声（还有那些企图蔑视我们城市的人们所发出的指责）——因为，那些想挑你们刺的人一定会说我是智慧的化身，即使实际上并不是那样。要是你们能够耐心等待，你们就会顺理成章地看到你们所期待的结果。你们能够看到，我年老体衰，死期将至。这些话并不是说给在座的所有人听的，而仅仅针对那些对于处死我投赞成票的人，此外我还有别的话要对他们说。

"先生们，你们一定会认为是由于我没有去做那些可以使我无罪释放的事情，或者去说那些可以使我无罪释放的话，才导致我缺少有力的论证，才会被判死罪的。但是，这样的揣测却与事实大相径庭。我会被判死罪，绝非因为缺少论证，而是因为我没有无耻、无礼到那样的地步，并且我坚持自己的说话方式，即使我知道怎样的方法可以最大程度地取悦你们。你们渴望看到我痛哭流涕和哀叹不已，说各种别人口中说的你们早已习以为常而我却不屑一顾的话语。但是，当时我并不认为因为我身处险境，我就要堕落到卑躬屈膝的境地，就算是现在我对我自己所采用的申辩方式也毫无悔意，即使我知道另一种申辩方式可能会给我带来生机，我也宁愿高傲地死去，而不愿苟且偷生。法庭就好比战场，不管是谁，都不应当穷其智力、不择手段地逃避死亡。在战场上，你们可以丢盔弃甲并向追兵求饶而免于被杀害。不管多么危险，只要你们放弃底线，不择手段，你们一定能苟且偷生。但是，先生们，我认为难的不是逃避死亡，而是免于被恶念侵蚀，因为犯错的速率远比死亡的脚步快。就现在的情况来说，我，一个行动缓慢的老者，已经被两者中跑得较慢的那个赶上了，那些机智敏捷的控诉者们，却被那个相对迟缓的赶上了。当我走出法庭的时候，我将背负你们给我的死罪，但是他们却在真理的映衬下显得堕落与邪恶。当我受到审判时，他们将受到针对他们的审判。毋庸置疑，事情一定是这样的，我也感到这样的结局十分公正。

"话已至此，我认为我要对那些向我投了反对票的人做出预言，我已濒临死亡，而这正是一个人最容易发出正确的预言的时候。告诉你们这些导致我被判处死刑的人，当我离开人世时，你们将立刻遭到报应，这报应将比杀害我的惩罚严厉千万倍。你们判处我死刑，认为这样的话，我将再也无法谴责你们的所作所为，但在我看来却正好相反，因为你们不如他们年轻，你们将遭到他们更为严酷的对待，因此使你们烦恼倍增。要是你们想通过杀人灭口来阻碍人们批评你们不正确的生活方式，那么你们的逻辑本身就是错误的。这样的逃避方式终将一无是处，最正确、最可行的方法不是阻塞言路，而是不断地提高你们自身的品德。对于你们这些判处我死罪的人，这是我最后给出的忠告。

"希望我能够被无罪开释的人们啊，我也有话要对你们说，也许官员们还在奔忙，在我没被押入死牢之前，让我来安慰你们一番，好让你们能够安心地接受投票的结果。先生们，我希望你们能允许我花这么一点时间，以使我们可以在法律所允许的范畴内交换一些想法。我将你们视为我的朋友，我期待你们可以更确切地了解我当下的处境。

"各位陪审团的先生——你们应该得到这样的称呼——我拥有一段非同寻常的经历。从前，我对于听到的预言之声早已习以为常，它就像是我的同伴，哪怕再小的事情，假如我的选择是不正确的，它就会提出反对意见。如今，正如你们所见，一个应该被归类于而且一贯被归类于可怕的灾难的事情降临到了我的身上，但不管是我今早走出家门之时，还是我站在法庭被告席之时，抑或是我在进行演说时的任意时刻，神谕都没有提出相反的意见。在其他的辩论场合，当我话说到一半的时候，神谕往往会出来打断我，但是这　次，在我受审的过程中，无论我说了什么或是做了什么，神谕一直没有出现。应该怎么看待这样的情况呢？让我来向你们解说一下吧。我认为正发生在我身上的事无疑是一件幸事，但有人却错误地认为死亡是一种邪恶。我之所以这么说是由于我把握十足。因为，假如我的所作所为不会导致任何有益的结果，我习以为常的神谕绝不会对我放任自流。

"我们应当认真思考，我们是否有各种各样的依据来期望在别的基础之上一样也能有个好的结局。死亡具有两面性：一者，它是毁灭，死去的人不会对任何事物产生意识；二者，就像我们所了解的，它的确是一种改变：灵魂出窍，游走到别处。假如人死之后再无意识，并且就像进入了一场不会产生梦境的睡眠，那么死亡无疑是一件幸事。我认为，假如要求某人选出一个睡得如此深沉，深沉到都不被梦境打扰的夜晚，并且让他将这一夜与其生命中的其他所有日子进行对比；然后，让他按照要求反复思考并给出答案，他生命里究竟有多少这样的日子能比他睡得无比深沉恬静的那晚更加酣畅淋漓——我猜测，不要说是哪一位平头老百姓，就算是国王本人，想必也会发现，相比于别的日子，这些安详和美的日子更容易被计算出来。假如死亡果真如此，那么，我觉得这会令人受益。假如这样去看待死亡，我们的一生就能够被浓缩成这样的一个夜晚。此外，假如死亡只是一次迁徙，并且人们的传说（即死者们都在另一边）都是真的，那么先生们，死亡所带来的福祉不是比别的一切都多吗？假如在去往另外那个世界的时候，在超出我们所认为的正义范畴的地方，你会听闻那里有真正的法官在进行审判的传言，比如米诺斯[1]、拉达曼迪斯[2]、埃阿科斯[3]、特里普托勒摩斯[4]和别的那些所有半人半神的人——他们都是以刚正不阿而流芳百世的人——因此这怎么可能是一次百无聊赖的旅行？换一个说法：你们愿意以多少金钱为代价去拜会一下奥菲斯（Orpheus）、穆赛乌斯（Musaeus）、赫

1　米诺斯（Minos）：希腊神话中的克里特国王，主神宙斯和欧罗巴之子。他借助波塞冬之力取得克里特王位，同时也成为爱琴海诸岛的统治者。妻子帕西淮与公牛相爱，生下了米诺陶诺斯。后者被关押在迷宫中。米诺斯发动了对雅典的战争。他强征少男少女作为贡品让米诺陶诺斯吞食。后来忒修斯在米诺斯的女儿阿里阿德涅的帮助下，斩杀了这个吃人的怪物。米诺斯是在西西里洗澡时被人用开水烫死的。现在，很多学者认为米诺斯是克诺索斯的弥诺斯人的文明或青铜器时代祭司统治的一个皇家或王朝的名称。

2　拉达曼迪斯（Rhadamanthus，又译为拉达曼提斯）：希腊神话中主神宙斯和欧罗巴的儿子，米诺斯、艾亚哥斯的兄弟；又说，为费斯托斯或塔洛斯之子，娶阿尔克墨涅为妻，生埃律托斯和戈尔提斯。在米诺斯统治克里特以前，拉达曼迪斯是克里特之王，后来他被米诺斯赶出克里特岛。拉达曼迪斯流亡到皮奥缇娅（Boeotia）岛，在那里他和阿尔克墨涅结了婚。相传拉达曼迪斯死后做了冥界的判官，专门惩罚罪人。

3　埃阿科斯（Aeacus）：宙斯与河流女神埃癸娜（又名埃吉娜，英文名Aegina）之子，珀琉斯（Peleus）和忒拉蒙（Telamon）的父亲，特洛伊战争中希腊主将阿喀琉斯和大埃阿斯（Ajax或者Aias）的祖父（阿喀琉斯为珀琉斯之子，大埃阿斯为忒拉蒙之子），以公正著称。

4　特里普托勒摩斯（Triptolemos，"三重战士"，也称Buzyges）：在古希腊神话中与得墨忒耳因为厄琉息斯秘仪而关系紧密。他是阿提卡地区厄琉息斯的国王克琉斯的儿子，或者根据伪阿波罗洛斯的说法为盖亚和俄刻阿诺斯的儿子，即一位原始神祇。

西奥德及荷马？在我看来，假如那个世界确实存在，就算让我死十次又怎样？要是能去往那里与他们相处，与帕拉墨得斯[1]、埃阿斯[2]，或是其他任何一个因早年受到歪曲的审判而离世的英雄们相见，并且把我的命运与他们对比，这一定是段妙趣横生的经历——我认为是会让人喜不自禁的：我最看中的是，我期待在另一个世界，我能与现在一样，将时间用以检测和探求人们的内心世界，去发现他们之中，谁是的确富有智慧的人，谁又是自以为是的人。先生们，难道有人会认为，能够与奥德修斯、西西弗斯（Sisyphus）这些攻打特洛伊的英勇将领们或是其他许许多多众所周知的人物进行谈话、交际与辩论不是一种令人难以言喻的幸福吗？无论如何，我确信他们不会因为我的所作所为而将我判处死刑。因为，他们所在的世界除了比我们幸福百倍外，他们如今也已在时间的长河里得到了永生，前提是人们描绘的传说都所言非虚。

"陪审团的各位先生，你们也一定要对未来充满信心，并且在你们内心之中树立一个明确的信念，即，你们永远无法去伤害一个好人，不管他是活着还是已经死去，而主神绝对不会对他的命运置之不理。我落到现在这般田地并非刻意为之，我十分明白，我阳寿已尽，与其在世上苟延残喘，还不如离开人世，从无尽的烦恼之中得以解脱。这就是为什么神谕从没有阻止我的原因。在我看来，那些抨击和控告我的人一点也不可恨，即

1　帕拉墨得斯（Palamedes）：希腊神话中的英雄，希腊联军中最有见识者，国王瑙普利俄斯和克吕墨涅的儿子。他勤恳、聪明、正直、坚定，而且长得俊美，能唱善弹。他发明了灯塔、天秤、量度器和骰子等；为传入希腊的腓尼基字母表加上了四个字母；他又是数目字、钱币、历法的发明者。他为希腊人做了许多事情，却没有受到公正的对待。

2　忒拉蒙和厄里斯珀之子，通称大埃阿斯；特洛伊战争中的希腊英雄。又翻译为阿贾克斯。被称为特洛伊战争阿尔戈斯人中武勇和美貌仅次于阿喀琉斯的英雄。阿喀琉斯因阿伽门农的侮辱罢战后，他与小埃阿斯、狄奥墨得斯等英雄共同抵抗强大的赫克托尔的军队，拯救阿尔戈斯军队于危难之中。

使他们完全是抱着恶毒的动机在对我进行抨击和控告（他们觉得自己的所作所为对我造成了伤害，但那是无罪的）。但是，我请求他们帮我一个忙。先生们，当我的子女长大成人后，要是在你们看来他们不把善放在最首要的位置，那请你们去折磨他们，正如我现在对你们的所作所为一样，如此一来你们的仇也就报了；假如他们无端地自以为是，自认为有某方面的专长但实则一无是处，你们一定要抨击他们玩忽职守，就如同我对你们的谴责一样。假如你们能这样做，我和我的孩子一定会从你们那里得到正义的优待。

"现在我在世间的旅途就要走到尽头了，而你们还将继续原来的生活轨迹。但是我们孰乐孰忧，就只有神灵知晓了。"

监狱篇：苏格拉底最后的时光

依照雅典的惯例，死刑判决后是要立刻行刑的，而苏格拉底却被关在监狱里，等待了差不多一个月的时间。这是因为苏格拉底受审前日，恰逢雅典人一年一度的节日，所有的死刑必须暂停执行。这个日子雅典人要去岛上举行仪式，朝拜大英雄忒修斯[1]，感谢和纪念他曾经消灭了克里特岛上一个人身牛头的怪物，这让当地人不用再每年进贡年轻男女给怪物食用了。刚好就在这一年，国家的军舰带着朝圣团离开雅典，再等到他们归来，中间有很长时间，这段时间就是苏格拉底最后的时光。

苏格拉底（以下简称苏）："克里托，你怎么这么早就来这里了？"

克里托（以下简称克）："确实还很早。"

苏："现在是什么时候？"

克："天还黑着呢。"

苏："牢头可能都没注意到你来了吧？"

克："苏格拉底，我经常来这里，也打点过这里的牢头，现在已经和他们相当熟悉了。"

苏："你来多久了？很久了吗？"

1　忒修斯（Theseus）：传说中的雅典国王。他的事迹主要有：铲除过很多著名的强盗；解开米诺斯的迷宫，并战胜了米诺陶诺斯；和希波吕忒结婚；劫持海伦，试图劫持冥王普鲁托的妻子珀耳塞福涅，因此被扣留在冥界，后来被赫拉克勒斯救出。

克："确实来了有一会儿了。"

苏："那你怎么都不叫醒我，只坐在床边不说话？"

克："因为我根本没打算叫醒你。我经常会失眠，看到你睡得如此安稳，我很惊讶也很羡慕，所以不忍心叫你。往常我就很钦佩你那气定神闲的处事作风，觉得是那么的可贵。特别是看到在这次的不幸中，你依旧故我，那安逸平静的态度比任何时候都更让我折服。"

苏："我都年迈至此了，若还害怕和抗拒死亡，不是让人笑话吗？你说呢，亲爱的克里托？"

克："苏格拉底，我的朋友，话虽如此，可与你年岁相仿的人也会面临死亡和不幸，但如果他们真的也遭遇你今天的境况，一定会异常愤慨不平的。"

苏："你说得也对。那你先告诉我，今天为什么来得如此早？"

克："因为我有坏消息想要告诉你，苏格拉底。也许在你眼里这不是什么糟糕的事情，但是对我和你的其他朋友来说，实在是难以接受，我真的感到非常的难过。"

苏："哟！你想说什么坏消息？是那条能让我的死刑得到延缓的船从提洛开回来了吗？估计现在已经在码头了吧？"

克："现在还没有到，不过今天应该就能到了。是从那些在索尼昂[1]跳下船后，来到这儿的人那得到的消息。按他们的说法，我估摸着今天船到了之后，明天你就会被行刑了。"

苏："好的，我知道了，克里托，但愿这是我们能料到的最好结局。如果这就是主神的旨意，那就姑且接受吧。可是，在我看来，那条船今天不

1　索尼昂（Sunium）：阿提卡南端的一个著名海角，在希腊。在很多诗歌作品中出现过，可以理解为一种伟大的虚无主义的诞生和破灭。

会到的。"

克："为什么，苏格拉底？"

苏："请听我慢慢道来。如果我说，我会在船到了之后的一天面临死亡，那一定不会错。"

克："那当然，政府当局就是这么说的。"

苏："所以我才认为船会在明天到，而不是今天，毕竟今天才刚刚开始。是这样的，我方才睡觉的时候做了一个梦，真要感谢你没有叫醒我，让我把梦做完。"

克："是吗？你都梦见了些什么？"

苏："我梦见了一个有着倾城容貌的女子，白袍摇曳地走近我，并温柔地说：'苏格拉底，第三天，你将来到快乐的佛提亚[1]。'"

克："苏格拉底，这个梦能说明什么？我觉得毫无意义。"

苏："克里托，在我看来，这个梦的意义再清楚不过了。"

克："确实是简单明了。但是，苏格拉底，请听我说，你现在赶紧离开这里，还是来得及的。如果你这次真的死了，将给我带来双重打击，我不希望是那种结果。我不仅要失去一位挚友，从此知音难觅，还将承受舆论的猜疑。那些不了解你我的人，一定会认为我是个见朋友于危难而袖手旁观的人，这是个多么大的恶名啊。因为但凡我愿意出钱、想办法，一定可以救你出去的，但你却最终死在了这里，我是有口难辩了。试问有谁会相信，在我百般劝说下，执意要留下受刑的是你苏格拉底自己。"

苏："我亲爱的朋友，克里托，我们为什么一定要让众人的妄言左右自己的心呢？我相信那些明白事理的聪明人，一定会相信这就是事实的。"

1　佛提亚：古希腊地名。

克："苏格拉底，我们怎么能完全不顾及舆论呢？你到今天一定也明白这个道理了。悠悠众口的影响力可不能小觑啊，如果一旦有把柄被他们抓住不放，那我未来可能永无宁日了。"

苏："平头百姓们如若真的有这么大的能力搬弄是非，也不见得是坏事，因为这么一来，他们同时也就拥有了无穷无尽的做好事的能力。很可惜，事实上他们两样都做不到，只不过是任意而为，既不能使一个人变得更加聪慧，也不能使人变得更加愚昧。"

克："你真的要那样想，我也没办法。不过，还是请你理智一点，听听我们的劝告吧，我们这些朋友是真心为你着想的。你不会是在担心逃走后，我们这些营救你的人将被告密者举报，然后也惹上麻烦吧？如果是有那样的顾虑，就真的没有必要。因为只要能够救你出去，不要说是财产充公、巨额罚款了，就算更严重的惩罚我们也会心甘情愿地承受。"

苏："克里托，我确实想过你刚才所说的情况，不仅如此，我还考虑到了其他的一些事情。"

克："我就知道是这样，太好了，请别再为那些而烦忧了。我认识一些人愿意把你救出这里，并帮助你出国，这一切只需要稍稍花费一些钱就可以了。那些告密者就更好打发了，他们也只是想讹诈一些钱，并不会太多。我会给你提供足够生活的资金，如果你不愿意我冒险出这些钱，那么在雅典有很多来自外邦的先生们愿意为此解囊。有一位叫作西米亚斯（Simmias）的先生，为这件事特地从底比斯（Thebes）带钱赶来了。除了他还有克贝（Cebes）等其他人也愿意给你提供帮助。所以请千万不要因为怕给我们带来麻烦而放弃逃走。更不要因为自己在法庭上说的那样，觉得离开这个国家会难以自处，感到不安。因为不论你去哪里，都会有很多人乐于接纳你的。我在色萨利[1]有很多朋友，他们都很敬重你，只要你愿意去，请相信我，他们会保证你的自由在色萨利不受任何的干涉。

"与此同时，苏格拉底，我并不觉得你此时甘愿接受行刑，放弃求生的努力是可取的行为。你现在等于在竭尽全力地帮助你的敌人们摧毁你自己，他们会非常希望看到你死去。更重要的是，我觉得你这么做是在抛弃自己的儿子，推卸你对他们应尽的责任。一个人要么不生孩子，一旦有了孩子，就有责任和义务去培养和教育他们，为他们的成长提供帮助。你本来可以好好抚养你的孩子，但现在却要放弃。可想而知，没有了你，他们将沦为孤儿挣扎在这个社会上，未来的日子会多么悲惨，这些你有没有考虑到呢？你一直声称自己是把善作为自己人生的信条，但你现在却没有说的那样勇敢坚强，也没有足够的善心。我为你的懦弱不抵抗感到羞耻，为自己作为你的朋友，这个时候也如此胆小畏缩感到懊恼。纵观整件事情的始末，我们都太过隐忍退让和缺乏计划了。在一开始你就完全没必要来到法庭接受审判，更不用为自己辩护。就算已经到了现在这一步，我们这些人要是不那么无能，也不至眼睁睁地看你受死。你要是还有一些良心和骨气也不会放弃自救的机会。

"苏格拉底，你给我听着，你现在如果仍然坚持留在这儿，不仅对自己没有好处，也会连累我们大家受到羞辱。快点做个决定跟我们走吧，你早就该想明白的，还拖了这么久。现在已经是能挽回的极限了，若今晚我们行动快一些，一切还都来得及，只要再耽搁一会儿就真的无力挽回了。苏格拉底，就当我们都在恳求你，也为了你自己，别再执迷不悟了！"

苏："亲爱的朋友，克里托，你的这一番热诚劝告真的让我很感激。但

---

1 色萨利：位于希腊中部偏北。

再热诚的劝说，如果有悖于事理，那么情感愈热切，愈容易成为负担。那么让我们现在想一想，应不应该接受你的意见吧。你也了解我一贯的原则，我向来不轻易接受任何一个友人的劝说，除非有理由证明他给的意见确实是不二之选。就算到了今天的地步，我也不会置我的原则于不顾，在我的理解里，今天和平时的某一天并没有什么差别，因此不能当作放弃原则的特例。你知道按照我固有的原则，即使人们用尽一切手段，放出囚禁、杀害、没收财产等这些妖魔来侵害我们孩童般幼小的心灵，我也不会接受你的意见的。除非此时此刻，你能给我一个更值得信奉的原则来代替我之前的原则。

"那么，要想明白我们当前的问题，究竟怎样做才是最理智的方法呢？就用你刚刚提的观点开个头吧，让我们从一个普通民众的角度来做假设，主张有的问题应该着重考虑，有的就不必在意，是吗？这是真理还是谬误呢？若在我被判处死刑之前，它可能还是有合理性的，但是现在，你我都很清楚这种做法其实是在逃避责任，十分荒唐。克里托，我希望你能和我一起探讨这个问题，这个道理真的会因为今天涉及我的性命而变得不同吗？我们可以睁一只眼闭一只眼吗？

"我认为长久以来，那些严谨的思想家们也肯定持有和我一致的观点，就是我刚才所陈述的：有些百姓的意见、观点应该被尊重并采纳，有些百姓的观点则不必放在心上。克里托，你觉得这个说法有问题吗？依照常理估测，你明天还会像今天一样好好活着，近在眼前的这个灾难也不会搅乱你的判断。你觉得一个人有选择性地接受一些人的意见，而不是把众人的意见全盘接受，这样做公平合理吗？"

克："是啊，它很公平合理。"

苏："换言之，一个人只需要采纳好的意见，而可以忽略坏的意见，对不对？”

克：“是的，没错！”

苏：“那么好的意见通常来源于智者，坏的意见则大多来自于愚昧无知者，你同意吗？”

克：“当然同意！”

苏：“那我们接着讨论，你赞同我惯用的例证吗？即一个认真的受训者，是应该广泛接受并思考来自各方的褒贬意见，还是说，只需要重视他真正有资历的导师的单方面意见？”

克：“我觉得只听来自导师的有价值的意见就够了。”

苏：“所以说，最能够牵动他喜怒的批评和赞誉应该来自于最有资格的人，而不是无关紧要的普通民众。”

克：“很明显是这样。”

苏：“所以他应该谨遵那位有资历的导师的意见，规范自己的生活和言行，而不是跟着社会舆论随波逐流。”

克：“是的，应该那样。”

苏：“你能这样想就太好了！如果那个人不顾导师的专业意见，而去纠结那些来自于无关人士的任意言论，并迷失了自己的方向，他一定会自食恶果的。”

克：“那是自然。”

苏：“那么这种恶果，将产生什么影响呢？我的意思是说，恶果应由人的哪个部分来承受？”

克：“显然是那个人的肉体来承受痛苦。”

苏：“好极了，克里托！我不想再举更多的例子来佐证了，你就说我们刚才的理论能不能当作一种处事的准则呢？当然，我更关心的是它能否帮我们解决眼下的问题。我们怎么判断行为选择是否正义荣耀？我们是应该听从在某方面有专业知识的人的意见指导，还是去听取普通人的意见？'我们敬畏这个有资历的专家，应该多于敬畏其他的普通人；并且我们一旦忽视他的正确指导，我们身上本来可以通过矫正来改善的部分，就会被损害，变得更糟糕。'你觉得这话是危言耸听吗？"

克："你没有说错，苏格拉底，那绝不是危言耸听。"

苏："那就接着听我说吧，看你还能不能接受我的观点。我们身上真的有某个部分会受到外界和自身行为的影响而变好或者变坏。如果我们接受了没有资历者的错误意见，而使它受到了损害甚至毁灭，那我们还有再继续活下去的理由吗？我所指的部分是我们的肉体。"

克："我可以接受。"

苏："好的。那么当体力消耗殆尽，健康岌岌可危的时候，还值得我们付出努力让生命继续苟延残喘吗？"

克："当然不值得。"

苏："那么，我们身上会受到外界和自身行为的影响的那部分该怎么办呢？连肉体被摧残了之后都不一定值得为它的存留而挣扎，那么这一部分会比肉体次要吗？当它被破坏了之后，生命的维持还有没有意义？"

克："当然不是那样，它比肉体重要多了。"

苏："真的是这样吗？"

克："没错，它更加宝贵！"

苏："我亲爱的朋友，既然你也这么认为就没有问题了。刚才你让我根据大众舆论来判断我的对错、荣辱及好坏的时候，就犯了这个错误。我们应该顾及的是那位代表真理的权威专家的意见看法，而不是普通人对我们的是非议论。也许有些人会不同意这个观点，说：'不管怎样，那些被忽略的普通人有权把我们处死。'"

克："苏格拉底，事实就是如此，毫无疑问！那是一个常见的处于对立面的观点。"

苏："可是我要你明白，亲爱的朋友，我们刚才的论点要表达的就是不要受大众舆论的影响。还有一个问题不知道你是否赞同我，那就是，让生命延续下去并不是最重要的事情，更为重要的是我们是否能活得精彩？"

克："说得很有道理。"

苏："怎样才算活得精彩呢？光明正大或者获得荣誉？"

克："差不多就是那样吧。"

苏："顺着这个思路理下去，你说我在没有得到官方许可的情况下，擅自逃离监狱，躲避刑罚，这是一件光明正大的事情吗？如果它完全正当合理，那我们就必须去做，可如果这是需要遮遮掩掩的行径，那就不能去尝试。克里扎，你刚才提到的金钱、名誉、孩子的抚养等问题，我觉得这也是普通人常会提及的。那些人会随心而为想要处死某个人，然后某一天又感到后悔，想要将那人复活，这基本没有理智可言。其实在这里，对我们而言最重要的是想明白一个问题，那就是我们接受了那些人的帮助，逃离了这里，并且用金钱来回馈帮助我们的人，这种逃跑行为是否正当可取？如果我们本身就对这件事的非正义性心知肚明，那么紧接着我们必然会思考下面的问题。就是如果我们除了静观其变外，不采取任何措施，这样所要承担的后果真的大于冒险地脱逃吗？"

克："苏格拉底，话虽那么说，我也不反对，但我还是希望你能再考虑一下我的提议。"

苏："那就请和我接着探讨吧，我亲爱的朋友。你若能对我所说的观点提出更合理的意见，让我心服口服，我自然会按照你说的去做。可是如果你没有办法用论点驳倒我，那么就请做一个好朋友该做的事情，不要再一再三地劝说我放弃原则，在没有得到官方许可的情况下逃走。我的朋友，我也不想做有悖于你心意的事情，但我也希望你能真心地站在我这一边，支持我接下来要做的事。好的，请你调动你所有的注意力，仔细听完我下面的观点，并且用你最敏锐的判断力来回答我的问题，我希望我的问题不会让你感到乏味。"

克："好的，我会尽力而为。"

苏："我们是主张'人一定不可以有意做非正义的事情'呢，还是说'人们对自己行为的约束要视情况而定'呢？还有一个我们都知道并认同的观点：任何情况下非正义的事情，其本质是不会改变的，不会变得值得称道。难道我们要在这短短的最后几天里，放弃自己苦苦坚持多年的信念吗？我们常常自信满满地讨论问题，却不知道自己并没有比一个孩童的智力高出多少。我们所坚持的肯定是真理，我们做出正确选择的时候，不用在意别人的眼光，也不需要去想如果选了另一条路会不会比现在的结局更好。因为我们知道，无论怎么说非正义的事情都是不光彩的、不应该被选择的。你同意这个立场吗？"

克："没错，这确实是我们的立场。"

苏："那么，不论情况多么特殊，它都不应该成为人们做坏事的理由。"

克："是不应该。"

苏："也就是说，即使一个人被他人坑害，也不应该像大多数人那样，去选择同样不堪的方式进行报复。"

克："当然不应该。"

苏："克里托，那你觉得一个人应不应该做伤害他人的事情？"

克："那是绝对不可以的。"

苏："而大多数人觉得出于报复的缘由去伤害别人是情理之中的事情，你觉得这样的说法对吗？"

克："这是完全站不住脚的理由。"

苏："我也这么认为，因为报复别人和故意作恶是没有本质区别的。"

克："正是这样。"

苏："所以，不管出于什么理由挑起事端，报复和伤害他人，都是十分恶劣的行为。但是，我的朋友，你别只是在讨论时赞同我的观点，最后却顺从与真正信念相违背的做法。我知道现在能够理解并支持我们这种信念的人少之又少，将来也不会变得更多。像这样立场相对立的双方，在原则上很难得到调和，以至最后对对方的行为及做出的决定都会不屑一顾。作为真挚的朋友，即使是对你，我也要思索再三，你真的打心底里接受和支持我的观点吗？如果你也和我站在同样的立场上，认同'用非正义的手段去报复伤害自己的人，以此来捍卫自己的权益不受侵害，是一件极其错误的事情'这个我坚持已久的观点，那么就请继续听我说下面的观点。如果你并不赞同我的论述，要站到我的对立面去，那就请说说你的看法，让我知道什么样的理由可以推翻那个观点。"

克："好吧，我是同意你的观点的，我愿意听你说下去。"

苏："好的，下一个要讨论的问题就是：如果一个人许下了合理的诺言，那么他是不是应该言出必行，严格遵守诺言呢？"

克："他理应遵守诺言。"

苏："那就先让我们来考虑一下逻辑后果吧。由于没有办法让国家按照官方程序释放我，我就擅自逃离了，这不就等于放弃了自己的诺言吗？并且在一个最不应该出现问题的地方冒了风险，造成伤害。"

克："苏格拉底，这个我真的不太清楚，请原谅我无法回答你。"

苏："那就从我要说的这个角度来想吧。比如说，当我们想要私下逃离这里的时候（或者用其他更恰当文雅的字眼儿来解释我们所做的事情），雅典的宪法和法律突然拦住了我们的去路，质问道：'嘿！苏格拉底，你想干什么？你要凭着一己私力，蓄意违反和毁坏我们法律，乃至整个国家吗？当一部被公开颁布的法律被一个没有公职权力的平头百姓所任意践踏，以至失去了其本来的效力的时候，这个国家还能稳定地维持下去吗？'克里托，我们要怎么解决这个问题，或者其他相近的问题呢？当然，有一些人，以职业辩护律师为首，他们可以轻易地列举出数条理由来为自己的行为辩解，甚至想要推翻'法庭裁决一旦公布便须遵守'的道理。若真要我们来解释，是不是该说：'没错，我确实不想遵守法律，因为这个国家在审判我的时候，十分不公，我受到了巨大的伤害。'"

克："苏格拉底，你刚才说的话我很同意。"

苏："假设法律又做出如下表述：'苏格拉底，在我们双方签订的同意书中，是否有对这一点做出约束的条款？你是否曾经宣誓你将服从国家公开宣告的一切判决？'我们又要如何回应？假如我们对此般法律条款表示诧异，我几乎可以肯定他们会说：'苏格拉底，不要纠结于我们的法律条款，但是，你一定要对我们的提问做出回答，因为你对一问一答的谈话模式早已习以为常了。哎，你究竟为什么对法律与国家感到不满，以至你希望将之摧毁？难道你的生命不是我们赋予的吗？假如没有法律，你的父亲要如何迎娶你的母亲？回答我们，对于我们的婚姻法，你是否有什么不满？''对此我非常满意。'我承认。'对于有关儿童成长与教育方面的法律，就是你曾亲身经历过的那些，你是否心存抱怨？对于我们以此为目标而设置的法律，比如命令你的父亲使你接受文体方面的教育，你难道没有丝毫感激吗？''有。'我也承认。'非常好！那么，因为你是土生土长的本地人，对于你与你的先辈们都是我的孩子及仆人这一点，你能不承认吗？假如这些都所言非虚，你觉得，我们认为合法的事情，你也持相同观点，我们尝试将要对你做出的事，你有合理的情由来批驳吗？你有没有与你的父亲或者老板（假设你曾被某人雇用）相同的权利来做出回击（在你被中伤时，你不能够回嘴，被惩罚时不能够还击，或有与之相类似的行为）？假如我们尝试对你判处死刑，而且觉得这样是合理的，你难不成有特权可与你的国家及法律公然对抗，并且竭尽全力来破坏你的国家及法律吗？以真正追求善的信徒自居的你，能宣称这么做是合理的吗？你还没有自作聪明到忘却了相对于你的父母及先辈们，你的国家是更可贵、可敬、神圣吧？与此同时，在神和一切明事理的人心中，难道你比他们更有荣光？你怎么会不明白，相对于使你气愤的父亲得到安抚，使国家的怒火消散平复要重要得多？你怎么会不明白，假如你不能劝服你的国家，你就一定要对她唯命是从，并且心甘情愿地接受她对你的任何处罚，无论是鞭笞还是下狱？假如你的国家将你派往战场，即使你会负伤或者阵亡，你也一定要服从，因为这样的行为是正确的；你一定不能当叛徒、做逃兵，抑或是擅离职守。在战场上也罢，在法庭上也罢，在别的一切场合也罢，你一定要履行服从你的城邦和你的国家的任何命令的天职，否则你就要遵照普世的正义原则去说服城邦。但是，对父母拳脚相向是犯罪，那么对国家诉诸暴力就更是罪孽深重了。'——克里托，我们要如何应对上述这些观点？法律条款是真是假？"

克："我认为是真的。"

苏："'下面，苏格拉底，请认真思考，'也许法律还有话要说，'要是我们认为，你正想尝试的事情是不合理的，你会同意我们的看法吗？就算是我们赋予你来到这个世上的权利，抚养了你，让你接受教育，使你和你全部的同胞享受到了我们有权给予的一切恩惠，但是，通过对这个既成事实的"认同"，我们依旧开诚布公地给出了一个这样的原则：所有雅典人，只要成年，而且对国家的政体和法律耳濡目染，假如他对我们有看法，我们批准他携带自己的身家迁移到一切他希望去的地方。假如你们当中有哪一个由于对我们跟国家有看法，而决定迁到我们的殖民地或者向别的任何国家移民，我们的一切法律都不会阻拦或不准他上路，更不会让他的身家有任何损失。换个角度说，假如有人曾见证我们执行正义的手段，并且对我们别的公共部门有所了解，而选择留下，我们觉得他之所以会这样做，实际上早就默认了我们对他的掌控。我们认为，所有不遵守的犯人都是因为以下三种原因而犯下了罪行：第一，是由于我们身为他的父母；第二，他受到我们的保护；第三，由于他在许诺遵守以后，却既不遵守，也不在假设我们犯错的先决条件下，去劝诫我们改变我们的决策。我们的一切命令都是以建议的形式提出的，并不是简单粗暴地以指令的形式发布，并且我们给了他一次选择的机会劝服我们，不然就按照我们的要求去执行。事实上，他什么都没有做。苏格拉底，假如你将你现在的想法付诸行动，我们就会对你提出如刚刚所说的指控；并且你不会是一个犯了轻罪的雅典人，你一定是个犯了重罪的雅典人。'假如我向他们提出疑问：'你们有什么理由认定我是一个犯重罪的人？'他们一定会义正词严地指责我，并且告诉我，很少有雅典人会以和我一样的鲜明态度与法律签订合约。他们会说：'苏格拉底，我们掌握了大量可以证实你对我们及国家非常满意的证据。要不是你对你的国家恋恋不舍，你就不会如此地不情愿远走他乡。除了随军出征以外，你从来不会为了参加庆典或所有别的企图走出过雅典。与他人不同，你从未出国旅行过，你也总是认为了解另外一个国家或者法律是没有必要的；你对我们和我们的城市没有丝毫不满。你毫不犹豫地将我们作为你的选择，同时承诺作为一个公民你的一切行为都会服从我们。这其中能证明你对这个城市并无不满的最确凿的证据就是，你的孩子已经在此地降生。并且，哪怕是在审判当中，只要你愿意，你大可以向法庭提出将你驱逐的刑罚：或者说，只要你当时提出被驱逐的请求，国家肯定会接受，但是你如今将要做的事情，国家是不会允许的。而且，彼时你在法庭上展现出了趾高气扬、视死如归的一面。实际上，你曾表态，就算要死你也不希望被驱逐，但如今，你似乎对你先前所说的话没有半点尊重，对我们及法律也不屑一顾，更妄想将我们毁灭。你的所作所为就像一个低贱的奴隶——置自己立志融入这个国家的承诺于不顾，竟想要逃走。你若执意如此也可以，但请你首先对如下问题进行解答：在我们指出，"你曾经承诺（就算不是语言上的承诺，你也已经用行为进行了承诺）要过好一个公民的生活并且遵守我们的制度"，我们是否所言非虚？' 克里托，对于这个问题我们要如何回答？我们是否无法否认这一观点？"

克："苏格拉底，我们无法否认。"

苏："他们会叫嚣：因此，实际上你破坏了你与我们签订的合约及许下的诺言，而且你不是在被强迫和被误会，或者无奈在只有短暂时间可以进行决断的情况下签订合约和许下承诺的。要是你对我们感到不满，抑或是认为那是些不平等的条约，在你生活的七十年里，你随时都可以离开。你没有去往你最赞赏的两个理想化的政府所在地——斯巴达和克里特，你也没有去往其他任何一个希腊城邦或是远赴海外；就算你曾经是瘸子、是盲人或是有别的什么身体顽疾，你已然有无数次机会可以离开这座城市。很显然，你对雅典及雅典城邦的法律的热爱远甚于其他雅典人。没有人会热爱一座无法无天的城市。说到底，你是否要遵守你签订的合约？苏格拉底，假如你能听取我们的告诫，你就一定要遵守。若如此，你起码不会因为要离开雅典而遭受众人的耻笑。

"我们问你，换作是你，如果做了背信弃义和良心受谴的事情，会对你的朋友产生什么样的影响呢？不用我们说你也知道，被放逐、失去公民权，或者财产被充公等处分是在所难免的。再说你自己，若是逃往邻国，就拿法制健全的底比斯和麦加拉（Megara）来说，你的进入会引起当地所有爱国人士们的侧目，因为在他们眼里你是一个破坏法律秩序的人，你的到来会对他们的国家造成隐患。而你的非法逃亡行为，又恰恰能给审判你的陪审团成员们留下口实，让他们更加坚定自己的判断是正确的。因为一个连法律都不放在眼里的人，定然会对易缺乏判断力和自制力的年轻人产生不良的影响。而你逃到另一个法律严明的国家之后，要怎样来面对一切呢？和那里的人们套近乎、宣扬自己的理论的时候都会觉得心虚，特别是说到'善和正直、社会事业机构和法律是人类最宝贵的财产'这个你常常提到的论点时，更会为自己的言行不一而感到羞耻。你想象一下，从此之后，你及与你有关的一切，都会被贴上不光彩的标签。弄到那样的地步，也许你会说还有一条退路，那就是到色萨利那样一个自由松懈、法制欠缺的地方去。在那里将会有大批听众，期待你给他们戏剧性地描述此次如何乔装打扮得以成功越狱的故事。可听完了故事后难免有不和气的人会问'像你这么一把年纪的人，也不会有太久的活头了，怎么还贪生怕死到冒着违法的风险去越狱呢'之类的问题。所以你将会像那些谄媚者和奴隶一样，冠冕堂皇地叫嚣着在色萨利如何如何，仿佛去那里是参加宴席似的。到了那样的境况下，会多么的难堪，还怎么再讨论善和正直这类的命题呢？

"当然，为了把你的孩子们抚养教育成人，你还是会坚持活下去的。如果你选择带他们一起去色萨利，变成另一个国家的人，那样孩子们的生活会变得更好吗？或者说你不打算带他们走，那么你的朋友们自然也会帮你照顾他们，给他们提供教育。既然这样，同样是你不在孩子们身边，无法亲自照料，如果你死去了，去了下面的世界，朋友们难道会弃你的孩子们而不顾吗？我相信只要能算得上真朋友的人，都会照顾你的孩子们的。

"苏格拉底，我们才是你真正的保护人，请你听我们的劝告，别被你的孩子、你的生命，或者其他东西所羁绊，你现在只需要想清楚，什么才是正确的事、正确的选择？只有这样，你进入另一个世界之后，面对权威的质询时，你才能用这些你以死守护的真理为自己辩护。若是你此刻逃跑了，你和你的朋友们都不会有太好的下场，他们不仅不会变得更加正直坦荡，反而会受牵连，而你也只能怀着一颗被泯灭了良知的心在世间苟且偷生。在将来你死去时，到了下面的世界也不会有任何益处。你若在现在的情况下死去了，一切错误将归咎于我们法律，与你的朋友们无关。但你若以不荣耀的方式离开，你就是在用恶行来报复我们的过失，这不仅违背了你对我们的承诺，也伤害了你最不应该伤害的朋友、国家、法律，还有你自己。在你的有生之年你就必须对我们心存愧疚，等到你去了下面的世界，那里的法律也会不亲切和睦地对待你，因为你活着的时候就没有遵守世间的法律。所以，不要听从克里托给你的误导，要听从我们的劝告。"

苏："我亲爱的朋友，克里托，请你相信我刚才说的话，我发誓那就是我脑海中所不断回响的声音，就像神秘主义[1]者听到的音乐一样，他们激烈的辩论让我无法听进另一方的话语。我最后和你重申一次，我现在的立场

1　神秘主义："神秘主义"一词是从拉丁文 occultism（意为"隐藏或隐蔽"）中派生而来的，其基本含义是指能够使人们获得更高的精神或心灵之力的各种教义和宗教仪式。神秘主义包括诸多理论和实践，例如玄想、唯灵论、"魔杖"探寻、数灵论、瑜伽、自然魔术、自由手工匠、共济会纲领、巫术、星占学和炼金术等。这许许多多的神秘主义对西方文明已经产生影响，而且还在继续产生影响。神秘主义的基本信条就是世上存在着秘密的或隐藏的自然力。能够理解并操作神秘的自然力的人，必须接受过神秘知识的教育。

是坚定而无法撼动的，你怎么和我说都是没有用的。但是，如果你觉得说出来能有什么用，那就请随你的心意继续说吧。"

克："好吧，我没什么可说的了，苏格拉底。"

苏："那很好，我的朋友，就此放弃无谓的劝说，让我们向着主神指明的方向坚定地前进吧！"

苏格拉底的最后一次谈话

爱立斯的斐多见证了苏格拉底最后一天在监狱里的情况，并且作为一个见证者，他将这个故事转述给了一群对苏格拉底心存同情的哲学家们；但是，仅有厄刻克拉底[1]这一个名字出现在他的叙述中，并且与斐多展开了交谈。他们交谈的地点是坐落于伯罗奔尼撒[2]城东北方的一个名叫佛利（Phlius）的小镇。

厄刻克拉底（以下简称厄）：斐多，你是否一直陪伴着苏格拉底直到他死亡的那一刻？还是说，对于他被处决之时的相关事宜，你只是道听途说？

斐多（以下简称斐）：厄刻克拉底，对此我并非道听途说，我的的确确是当时的见证者。

厄：既然这样，我十分想知道老师在赴死前究竟说了什么，他是怎样看待死亡的？近一段时间内，几乎没有去往雅典的佛利城居民，而很长一段时间以来，我们也不曾遇到一个到访此地的雅典人，除了苏格拉底服毒而死的传闻外，我们没有任何准确的信息，也无人告知我们事情的进展。

斐：那么，你是否对他的审判的经过有所耳闻？

1　厄刻克拉底（Echecrates）：古希腊哲学家。

2　伯罗奔尼撒：位于希腊南部，古称"摩里亚半岛"。半岛上不仅有丰富的历史典故和古迹，如最早的奥林匹克体育馆、阿伽门农的迈锡尼等，还有细腻优质的海滩、碧绿的海湾，以及原始质朴的马伊纳山区。

厄：嗯，我们听人说过他的审判的经过。我们对此感到诧异，这是因为从完成审判到处决完成，这期间间隔的时间很长。斐多，这是由于什么原因？

斐：厄刻克拉底，是因为机缘巧合。雅典人恰好把花环布置在即将驶向德洛斯的大船的尾部上，而时间正是审判的前一天。

厄：是一艘怎样的船？

斐：据雅典人说，就是那艘当年由忒修斯驾驶，载有童男童女各七名的驶向克里特岛的船，这条船使忒修斯和那些童男童女的性命得以保全。根据该故事的说法，雅典人向阿波罗[1]立下誓言：假如这些童男童女的性命得以保全，他们每年都会将一个盛大的朝圣团派往提洛。并且自此之后一直到如今，他们的确遵守着他们向主神立下的誓言。他们甚至创立了一条法律：自朝拜活动开始的那一天起，雅典城务必维持洁净，不可以进行公开的处决，要一直等到那艘船抵达并顺利返航；要是没能碰上顺风，航行可能会耗时很久。当阿波罗的祭司把花环放置船尾上时即表示朝拜开始，这一点是约定俗成的。而就如我刚刚所言，这件事在审判的前一天就已经完成。这就是苏格拉底在审判结束、接受处决之前在监狱里待了很长一段时间的缘由。

厄：但是，斐多，老师离世时的真实场景是怎样的？当时他说了哪些话？做了哪些事？哪些人陪他度过了最后的时刻？狱卒是否禁止他们探

1　阿波罗（拉丁语：Apollo）：希腊神话中继赫利俄斯之后的新任太阳神，为奥林匹斯十二主神之一，是众神之王宙斯与暗夜女神勒托的儿子，阿尔忒弥斯的孪生弟弟，全名为福玻斯·阿波罗（Phoebus Apollo），意思是"光明"或"光辉灿烂"。他主管光明、青春、医药、畜牧、音乐等，是人类的保护神、光明之神、预言之神、迁徙和航海者的保护神、医神及消灾弥难之神。阿波罗是所有男神之中最英俊的一个，他快乐、聪明、拥有着阳光般的气质，在许多的诗与艺术中被视为光明、青春和音乐之神。

视，从而导致老师是孤身一人离世的？

斐：狱卒没有进行阻挠，实际情况是有好几个同伴在那里陪伴着老师。

厄：如果你不是急着要走，我期待你能耐心地将这个故事的每一个细节都告诉我。

斐：当然，我并不着急离开，我会尝试对你们讲述。不管是由我自己来说，还是倾听别人的讲述，追忆与苏格拉底相关的往事，都是这个世界上最令人快慰的事情了。

厄：噢，斐多，你会发觉在这件事上听众有着和你相同的感觉。那么请尽量地、谨慎地尝试将所有细节都向我们展示吧。

斐：当时我的感觉是很奇异的，不同于你们印象中我在一位挚友离世前应有的感受，我没有对苏格拉底的离世感到丝毫的悲伤。厄刻克拉底，不管是他的神态，或是他的言谈，老师都表现得十分愉悦，在死亡面前，他是如此的无所畏惧、如此的崇高伟大。我忍不住想，哪怕是他走向那个世界的时候，主神都会给予他荫庇，而在他置身那个世界之时，所有事情都会安然无恙。假如有什么人身上曾有过这种安然无恙的情形，那必定是在老师身上。因此，与你们印象中在平时这样庄重情形下的感触不一样，我没有感到丝毫的悲痛，并且我同样没有因为沉浸在我们司空见惯的哲学思辨（那是我们交谈时的一种方法）中而觉得快乐，我有一种难以言喻的感触，一种同时包含愉悦和哀伤的离奇感受。这是由于理智对我说，不久之后，你的挚友将会离开人世。陪伴在老师身边的所有人都感同身受，既想发声大笑，又想失声痛哭。阿波罗多洛——你应该认得他，他是我们当中这种感受最为强烈的人。

厄：是的，我认得他。

斐：最后他几近失控，我和在场的其他人也激动万分。

厄：斐多，当时在场的究竟有哪些人？

斐：当地人有阿波罗多洛、克里托布卢和他的父亲，还有赫谟根尼（Hermogenes）、厄庇革涅、埃斯基涅和安提斯泰尼（Antisthenes）、培阿尼亚（Paeania）的克特西普（Ctesippus）、美尼克西奴斯（Menexenus），还有一些别的本地人。柏拉图并没有来，我想他可能是生病了。

厄：当天有从外地赶来的伙伴吗？

斐：当然有！有来自底比斯的西米亚斯和克贝及斐冬得斯（Phaedondas），还有来自麦加拉的欧几里得[1]和忒尔西翁（Terpsion）。

厄：阿里斯提波[2]和克莱俄布洛图（Cleombrotus）来了没有？

斐：没来，他们应该是在伊齐那（Aegina）岛上。

厄：就这么多人了吗？

斐：我印象里就是这些了。

厄：那么你们是以何种方式进行讨论的？

斐：我将尝试尽可能完整地向你复述我们的讨论。在那期间，乃至于在那之前，我们所有人都坚持每天去看望苏格拉底。我们一般在天刚蒙蒙亮的时候就在苏格拉底接受审判的法庭外集合，因为它与监狱之间的距离非常近。通常我们在等待监狱开放（绝不会太早）之时，会闲聊一会儿；在监狱开门之后，我们便鱼贯而入探望苏格拉底，一般一陪就是一整天。在他被处决的那天，我们比平时更早地集结在了一起，由于在昨晚离开监狱之时收到消息说，那艘朝拜之船已经从提洛顺利返航并到达雅典了，因此我们彼此敦促第二天清晨要在法庭外尽可能地提前碰面。在我们赶到的

1　欧几里得（Euclides）：古希腊数学家，被称为"几何之父"。

2　阿里斯提波（Aristippus）：古希腊居勒尼学派的创始人和主要代表。

时候，狱卒并没有如往常那样允许我们进入监狱，却让我们在外等他传话。他说："大人们正在为苏格拉底解开枷锁，并且告诫他，当天他将会遭到处决。"不一会儿，狱卒返回并通知我们可以进去了。

我们踏入牢房之时，他们刚刚解开苏格拉底身上的枷锁，而克姗西帕——你一定认得她——正坐在苏格拉底的身旁，她的一个孩子坐在她的膝盖上。在我们目光相交的时刻，她突然说出一串你们能够想到在那种情况下妇女通常会说的话："啊，苏格拉底，这是你和你的伙伴们最后一次一起交谈了！"苏格拉底把目光投向克里托。"克里托，"他说，"你们最好派个人把她送回家去。"于是克里托差用人把她送走了，走时她失声痛哭。

苏格拉底从床上坐了起来，把腿抽出来，一边按摩一边说："各位，所谓的快乐真是很奇怪！它与人们习以为常的感受、痛苦结合得如此紧密，这的确值得思考。它们绝不会在同一时间降临到一个人身上；但是，假如你追逐它们中的一个，并且得到了它，这样，你一定会被强迫获得剩下的那个——它们就像是生命共同体。我确信，假如伊索[1]曾经思考过这个问题，他极有可能为它们创作如下一则寓言——主神想要结束它们之间长期以来的喋喋不休，在他发现那绝无可能的时候，他将它们的脑袋连在了一起。因此，只要它们中的一个到来，剩下的那个也一定会随之而来。这好像就是正在我面前发生的事情。早先我的腿因为被戴上了枷锁而十分疼痛，可是我现在感受到了伴随那疼痛而来的快乐。"

此时，克贝插话道："对了，苏格拉底，对于你的提醒我感到很愉快。与许多别的人的所作所为相同，几天前，厄文努斯也对你最近正在改编伊

1　伊索：公元前6世纪的古希腊寓言家，生活在小亚细亚，弗里吉亚人。

索寓言和创作的进献给阿波罗神的前奏曲的诗句提出了疑问。他十分想弄清楚，为何在你被捕入狱之后，想要进行这些创作，因为你从前根本没有做过与之相似的事情。我相信厄文努斯一定还会问我这个问题，如果你希望我有能力回答他的疑问，请告知我，我应该怎样回答他。”

苏格拉底说：“你就对他实话实说，我不是想要在诗歌创作上和他一争高下——我明白这几乎不可能才进行那些创作的。我创作那些诗句是为了揭开一些梦境的内涵和对我的心灵进行净化——创作诗句是由于我被要求锻炼乐艺。请你听我讲，是这样一个故事：一生中，我经常会做同一个梦，即使梦的外在并不完全一致，并且也不是在相同的时间做的，但是我被告知的信息却总是相同的：‘苏格拉底，你要训练和养成乐艺。’从前，我总是认为那个梦是在指导和鼓励我做现实中我一直在做的事情。我指的是，那个梦就好比是体育场里的正在比赛的选手得到观众的支持一样，在督促我做自己正在进行的事情，即，训练乐艺。理由是哲学是最高等级的乐艺，并且我尚处于训练之中。但是，自打我受到审判之后，当我被处决的日期由于对太阳神的朝拜而推迟之后，我认为梦试图要我训练的，可能是这种普世的乐艺。我认为这一切是真的，因此我不能够违抗，而应加以训练。我觉得在我去世之前，应当通过创作诗句而净化自己的心灵，并顺从梦的指引，这样一来会相对妥当。起初，我创作的是赞颂那位节日的主神的诗句。在我谱写完我颂扬的诗篇之后，我进行反思，认为要想成为一名当之无愧的诗人，应当在创造性而不是叙述性的主题上多钻研。可我并不是一个善于创作故事的人，因此我就顺手把近在咫尺、滚瓜烂熟的一部分伊索寓言借来，并且把我最欣赏的一篇附上诗歌的韵律。克贝，你可以如此跟厄文努斯说，并代我与他作别，同时告诉他，假如他足够睿智，他应当尽早追随我的脚步。我今日差不多是要走了，这一切都是我的国家对我的指令。"

西米亚斯说："苏格拉底，你对厄文努斯的告诫可真有意思，我一直跟他来往甚密，据我所知，他绝不会接受你的告诫。"

"这是为何？"他问道，"厄文努斯难道不是一个哲人吗？"

"我认为他是一个哲人。"西米亚斯回答道。

"若如此，会和所有哲人一样，他一定很乐意接受我的告诫。但是，他肯定不会选择自杀，因为在众人眼里这是非法的。"说着说着，苏格拉底将他的两只脚从床上移到了地上。在接下来的讨论中，他都保持着这样的坐姿。

克贝又问他："苏格拉底，在你看来，一位哲人将乐于追随他将要离世的朋友的脚步，但一个人选择自杀却又是非法的，对此你做何解释？"

"哎，克贝，你究竟怎么了？你跟西米亚斯还有费罗劳斯[1]在一起的时候，难道从未听过这种事情吗？"

"我们从未听到过确凿的说法，苏格拉底。"

"好的，我所拥有的认知也是听说来的，但是，我很乐意将我听说的事情告知你们。在我看来，讨论对于来生的看法，并试图去揣测它的真实面目，是最适合一个即将死去的人做的事情了。在天黑之前，一个人还能有何作为呢？"

"既然这样的话，那么，苏格拉底，是什么原因导致了自杀是非法的？不出你所料，之前，当我和费罗劳斯在一起的时候，我曾听他讲过，自杀是不对的，我也曾听别人说过，但是我从未听到过任何有关自杀的确凿的阐释。"

1　费罗劳斯（Philolaus）：希腊哲学家。约公元前 480 年生于塔伦托姆或克罗托内（在意大利南部），卒年不详。

"好的，你千万不要懊丧，"他说，"可能某天你会得到一个明确的阐释。但是，你一定会感到惊奇，这个问题居然拥有一个绝对的答案——我指的是，在有些时刻（除了生死关头的别的所有情况），在有些人看来，死去要比苟活着好。你们也许会感到诧异，人们竟然认为那些持有死亡对他们自身来说是极好的观点的人不应当自裁，而是要等待他人来为之代劳。"

克贝流露出淡淡的笑容，并以他常用的方言说："的确，这很怪异。"

"的确很怪异，"苏格拉底继续说，"在我们有那种言论的时候，它一定会显得不甚合理，即使那样的行为也许有其合理的原因。我们从神秘主义者那里得到这样的预言——人类好比是守卫者，既不能自我开释，也不能逃离——在我看来，这似乎是一个高深莫测而又值得敬佩的原则。克贝，我依旧坚信下面这段话是确凿无误的，即，主神为我提供保护，而人类则是他们的附庸。你不觉得正是这样吗？"

"嗯，我也认为是这样的。"克贝答道。

"既然这样，就以你为例。假如你没有给出让属于你的一个物件去死的指令，但它却自我毁灭了，要是你能够对它撒气并惩戒的话，你一定会那么做的吧？"

"嗯，这是肯定的。"

"因此，要是你以此为出发点看待问题，就会发现，如果主神不向我们发出强制的命令，我们不应当自杀这个观点也并非毫无道理。"

克贝说："我不否认，这样的观点也许是有道理的。但是，假设我们方才提及的'主神给予我们保护，并且我们是其附庸'这种说法是对的，这样的话，苏格拉底，你稍早之前所做的'哲人会毫不犹豫地接受死亡'的论断似乎就不尽合理了。假如是众神主宰着这种保护，并且众神又是如此优秀的主人，因此，有一种情况就变得没有办法说得通，那就是当这个世上最聪明的人摒弃这些保护时，人们竟感觉不到哀伤。因为，他显然没有办法在其自由的情况下进行更好的自我保护。从另外一个角度看，一个傻瓜也许会认为，从主人那里逃离对自己是一件大好事。他也许没有想到，人们不应当逃离一个优秀的主人，而应当依附在他的身旁，时间越长越好。因此，他或许是未经考虑就出逃了。拥有理智的人期待一直伴随着其主人。苏格拉底，要是你以此为出发点来对待这个问题，那么，我们方才所言的对立面发生的可能性极大。当一个聪明人去世的时候，大家顺理成章地感到悲痛；而当一个傻瓜去世时，大家会感到欣喜。"

西米亚斯说："是呀，苏格拉底，我认为克贝所言不无道理。为何一个如此聪明的人会逃离优于他自身的主人，并且是那样轻易地逃离？我认为克贝批评的矛头是直指你的，原因是你认为远离我们与远离众神是那么轻而易举，并且你也认同众神是优秀的主人。"

"你跟克贝所言是公平公正的，"苏格拉底说，"我认为你们是希望我务必对你们对我的'指控'进行正经的辩护。"

"你说得全对。"西米亚斯说。

"非常好，既然这样的话，请允许我尝试对你们进行一次比我在接受审判时更具可信度的辩护。假如我从未期盼要去和下面这些人（首先是机智贤德的众神；其次是那些已经过世但比如今仍在世的人更优秀的人）为伴，那么，我在离开时没有哀伤的感觉的确是不对的。而实际上，你们能够确定，我渴望去与优秀的人为伴。不过，也许在这一方面我并没有格外看重，但是在另外一点上，我对你们发誓，我会坚持到底——在那里我会与尽善尽美的崇高主人们相遇。而这就是为什么此时我并没有像我也许会呈现出的那么痛苦。因为我笃信，对于逝者而言，总有那么一些东西在等待他们，并且（就如同多年来我被告知的那样），等候好人的东西要比等候坏人的东西好得多。"

"这么说的话，苏格拉底，你有些什么建议呢？"西米亚斯问道，"如今，你即将离我们而去，你是希望自己留存这些知识，还是想要将它们传授给我们？我认为我们应当共享这一份快乐。此外，假如你所言让我们感到信服，那么，我们的信服也会证明你成功的辩护。"

"非常好，我会进行尝试的。"他回答道，"但是，在我进行辩护之前，我想先听听克里托的看法。他好像有什么话要说，并且已经等待了好一会儿了。"

克里托说："苏格拉底，我只想说一点，那个要喂你喝下毒药的人，已经提醒了我好多次，让我告知你，你还是少说两句为妙，越少越好。他指出，说话会让你的身体产生热量，而你最好不要有任何会影响毒药药性的行为。否则，受刑者有再喝下一杯毒药的必要，更有甚者需要喝下第三杯毒药。"

"这不关我的事，"苏格拉底说道，"如果需要准备第二杯甚至第三杯，那就让他为此而劳碌去吧。"

"我早猜到你会这么说，"克里托说，"可是我已经对他不胜其烦了。"

"忽略他，"苏格拉底答道，"此刻，陪审员们，该对你们说了。我将向你们说明，为何对于一个诚心将自己的一生奉献给哲学的人来讲，毫无怨言地看待死亡会是那么顺理成章，并且，在他离开人世之时，他会坚信在另外一个世界里能够寻得极大的祝愿。西米亚斯、克贝，我将尝试向你们两位解释这件事情的成因。"

"普通人好像不能理解，那种确实遵循准确方法投身于哲学的人们，从来都是干脆地、自愿地为自身的濒死和死去做着准备。假如这是确凿无疑的，也就是事实上终其一生他们都在期盼着死亡。如此说来，当他们长久以来准备着和期盼着的情况降临时，要是他们因此而感到忐忑，那当然是很荒谬的。"

西米亚斯笑着说："苏格拉底，不要误会，即使我没有任何想笑的心思，你还是使我忍俊不禁。我认为绝大部分人听闻你方才所言之后都会思考——并且我们的同乡们会举双手赞成——将哲人们比喻成半死的人是对他们的一个妙不可言的嘲讽，而那些普通人则充分认识到死亡会让哲人们遭受应有的惩戒。"

"他的看法很对，西米亚斯。但是他们自以为'充分认识到'的说法却不尽然。他们根本没能理解'真正的哲人们是半死的人'这句话的含义，或是在何种层面上哲人们应当去死，抑或是他们应该选择怎样离开人世。我们姑且不去管他们，就在我们这个范围里探讨吧。对于死亡的存在我们是否深信不疑？"

"那是当然。"西米亚斯说。

"死亡是不是只是灵与肉的分离？死亡是否只是和下面所描述的一样——肉体与灵魂分离之后，兀自处于一种相对孤立的状态，或是灵魂从肉体上游走之后，也兀自处于一种对孤立的状态？在这之外，死亡还有什么别的含义吗？

"就只是那样而已了吧。"

"那么，孩子们，让我们来对比一下，你们是否跟我持有相同的观点，我觉得这对于我们求得问题的解答有很大的帮助。在你们看来，一个哲人仅仅热衷于不值一提的与口腹之欲相关的乐趣是对的吗？"

"不对。"

"那么与男欢女爱相关的乐趣呢？"

"不，根本没有必要。"

"那么别的我们在意的和我们自身相关的事情应当怎样呢？你认为一个哲人会看重这些事情吗？我指的是好比给自己购买华美的衣裳和鞋履或是身体别处的点缀物。在你们看来，当他对这些事物的需求并不急迫时，他会看重还是忽略这些事物？"

"在我看来，一个真正的哲人会对这些事情嗤之以鼻。"西米亚斯答道。

"如此看来，你们普遍的看法是，这种人不会过多地关注自己的身体，他们不愿意将专注力浪费在身体上，而是一心一意地专注于灵魂。"

"嗯，的确如此。"

"因此，事情显得一目了然了。首先，仅就身体上的愉悦而言，与普通人相比，哲人们更愿意将灵魂尽可能地从与身体的联系中抽离开来。是否如此？"

"应该是这样的。"

"西米亚斯，人们是否普遍觉得，一个无法从这些事情上获得愉悦，并且不参加这些事情的人没有理由继续活下去，同时，只要一个人对身体上的享乐都满不在乎了，实际上他已然是半死的人了？"

"你说得全对。"

"此刻我们来探讨获得知识这件事。假如某人在进行探察时，身体是否会成为他的绊脚石？我指的是，我们亲眼所见与亲耳听到的事情就毋庸置疑了吗？或者说，就如同诗人们总是在我们耳畔滔滔不绝地聒噪一般，我们既不能完全信赖我们的听觉，也不能完全信赖我们的视觉。但是，如果这两种感官模糊而又错误百出，那么别的感官就更不值一提了，因为它们远不如视觉和听觉灵敏。你赞同吗？"

"赞同。"

"这样的话，灵魂是在何时探明真相的呢？而且，在它凭借身体的协助尝试探察什么事情之时，它很明显已经误入歧途了。"

"确实是这样的。"

"假如可以的话，灵魂是否在冥思苦想的过程里取得了对所有事实明确的认识？"

"是的。"

"毋庸置疑，在灵魂探求真理的过程中，它应该摆脱各种干扰，比如听觉、视觉，或任何一种痛苦与欢乐。换言之，假如它可以对身体置之不理，并尽量变得独立，尽量减少相关的身体接触与联系，才可以更深入地进行思考。"

"的确是这样的。"

"还有这样一方面——在这些忽视和逃避身体，使自己变得更加独立的地方——哲人的灵魂会将普通人的远远甩在后面。"

"似乎是这样的。"

"西米亚斯，这儿还有一些别的疑问。你们是否认同存在绝对的正直？"

"是的，我们认同。"

"你们是否也认同存在绝对的美和绝对的善？"

"是的。"

"你们是否目睹过刚刚所说的这些事物？"

"从来没见过。"他说。

"那么，你是不是曾试图使用任何别的身体感官来感知过它们？这里所说的'它们'，绝不只是绝对的高大、健康或者壮硕，而是任何一样事物的本质—— 一样事物实质上的属性。你是否是凭借身体获取对事物的最真切的感受？无论是何种探究，你能够得到的相对正确的探究对象的知识的可能性，与你为了了解事物本质而所做的准备工作的细致和精确性成正相关的。"

"当然。"

"你是否觉得，最有可能在这种探究中取得完美成功的人，一定是那种在靠近所有对象时，尽量凭借独立理性的人？当他进行思考时，他不会把视觉或是其他任何一种感官作为判断的依据——他在追寻真理的过程中，将纯粹而真实的思考施加在纯粹而又真实的对象上，竭尽所能地阻断他的眼睛、耳朵和他身上几乎所有其他部位的参与。他将身体的显现视为妨碍其灵魂获取真理和缜密思考的绊脚石。西米亚斯，假如有任何可以达成获取事物本来真相的目标，那一定就是这种人。"

"你所言极是，苏格拉底。"西米亚斯说。

"一切有关想法，"苏格拉底说，"一定会敦促严谨的哲人们运用如下方法来检验立场。'它看上去好像是一条通向正确目标的小径，如果我们不能突破身体的局限，并且我们的灵魂遭到这种不完美性的玷污，那么我们一定不会得到满意的结果——真理。第一，当我们追逐各式生活必需品的时候，身体给我们制造了数不清的使我们无法专注的可能，并且任何袭击我们的病症，都会成为我们探寻真理路上的绊脚石。第二，我们的身体中充斥着爱、欲望、恐惧及各种各样的幻想和许许多多一文不值的事物，导致我们一直没有机会进行思考。身体和它所拥有的欲望导致了战争、革命和搏斗的发生，一切战争都是因争夺财富而爆发的。完全是因为身体，我们才会想要夺取财富，因为我们是被身体所驱使的奴隶。也正是由于方才提及的这些原因，导致我们探讨哲学的时间少之又少。更不幸的是，假如我们在满足身体的种种需要之外还有任何空闲，并利用这些空闲进行一些探索，我们的身体会再次介入我们的探索，中断我们、干扰我们，降低我们的专注度，阻挠我们求得真理。事实上我坚信，我们一定要脱离身体，假如我们还想获取任何真理的话，就只能用灵魂来对事物本身进行细致地思考。如此说来，我认为，我们只有在死后，而不是在活着的时候，才能获取我们所期盼并一心想要得到的智慧。如果人在有身体相伴时无法获取真理，那么，只有以下两种结论：一是人根本无法获取知识；二是人只有在去世之后才能获取知识，因为只有在死后，人的灵魂才能与身体分离并相对独立。我认为，若是我们还没死，但我们能竭尽全力地（除非它们不可或缺）减少与身体的一切接触和联系，我们仍会无限地接近真理；我们需要自我净化，使我们免于被身体的特性所沾染，一直到主神本尊向我们伸出援手。如果能保持自我不被身体的种种昏庸所沾染，我们就极有可能与意气相投的人做伴，并且获得一切纯粹无瑕的事物（据分析，就是真理）的直接智慧。假如让一个自身不纯净的人踏入纯净的领域，这显然是对普世正义的伤害。'总而言之，西米亚斯，上面的观点就是我眼中真正好学的人一定要自己多加思考并且一定要互相告知的。你是否赞成我的观点？"

"苏格拉底，我举双手赞成。"

"如果这样，那是非常好的。"苏格拉底说，"假如这种看法是对的，那么所有走完这一旅途的人，都有充分的理由渴求在那里获取我们之前的人生中奋力追赶的目标。因此，这是早已为我安排好的行程，同时也可以给一切坚信自身灵魂已然得到净化和准备充分的人带来一个愉快的未来。"

"确实是这样的。"西米亚斯说。

"就像我们在早前的讨论中提及的那样，净化包含竭尽所能地将灵魂与身体分离，使灵魂对不与身体产生任何交集习以为常，并且凭借自身力量全神贯注；无论是现在还是未来，尽量使灵魂得到独立，挣脱身体的枷锁。这种推论可以成立吗？"

"是的，可以成立。"西米亚斯说。

"我们所谓的死亡，不恰好就是灵魂逃离肉体，获取自由吗？"

"很显然，是的。"西米亚斯说。

"这种想要使灵魂获得自由的期盼，几乎只能在真正的哲人身上产生。实际上，哲人的使命正是使灵魂逃离身体的束缚从而获取自由。应该就是这样吧？"

"很显然是的。"

"这么说来，如同我在一开始的时候说的，假如一个人终其一生都致力于练习自己生活在一种无限接近死亡的情形下，但当死亡降临到他头上的时候，竟然烦恼不已，这不是相当荒谬的吗？"

"确实是。"

"因此，西米亚斯，实际上，真正的哲人以死亡为其本业，并且哲人是所有人中最不惧怕死亡的。我们姑且从以下这个视角来分析问题。假如哲人们对身体没有哪怕一丝一毫的好感，并且期盼他们的灵魂凌驾于身体之上，那么，在该期盼实现之时，如果他们竟显得惊恐与烦恼，那就显得非常奇怪了。他们竟不会对自身'就要启程去往一个能够获取他们的毕生追求（即智慧），而且可以逃离人们厌恶的联系的地方'而欣喜不已。一定会有许多人遵照自身的自由意志选择在另外一个世界里追随他们已然去世的爱人、妻儿，期盼可以在另外一个世界找到真爱。假如情况果真如此，一个顽强地领悟这种信念的真正爱好智慧的人——相信除了另外一个世界，他绝不会在别的任何地方求得可以称作智慧的智慧——会在离世的时候感到哀伤吗？他难道不会因为踏上了那段旅程而感到愉快吗？我亲爱的孩子，我们一定要做'假如他是一个真正的哲人'的假设，因为如此一来他们会坚信，他们永远都不会在别的任何地方求得纯粹的智慧。假如事实果真如此，那么（正如我方才所言）这样一个人对死亡惊恐不已，不是很莫名其妙吗？"

"的确非常莫名其妙。"

"因此，只要你看到一个人因为即将面临死亡而惶惶不可终日，"苏格拉底说道，"这足以作为那个人只对身体感兴趣，而并非对智慧感兴趣的佐证。实际上，我敢打赌，他同时热衷于名和利，或两者取其一，或兼爱之。"

"是的，你说得没错。"

"西米亚斯，"他接着说，"如此推导下去，我们所谓的勇气不是有哲学气质的人才能拥有的美德吗？"

"是的，勇气主要为那些有哲学气质的人所拥有，这一点毋庸置疑。"

"普通人所理解的自我克制——不被欲念掌控，并能对欲念展现出恰到好处的冷淡——难道不正是那些用无比冷淡的态度对待身体，而且将自己的生命奉献给哲学的人的最好写照吗？"

"当然是。"他说。

"假如你将别的群体的所作所为也称作勇敢和自我克制的话，"苏格拉底说，"你会发现这样的叫法毫无逻辑可言。"

"苏格拉底，这是为何呢？"

"你是否知道，除了哲人，所有人都将死亡视作极大的不幸？"

"嗯，确实是这样的。"

"因此，除了哲人，对于别的所有人而言，是惶恐和忧愁激发了勇气，虽然惶恐和忧愁可以使人变得勇敢毫无逻辑可言。"

"确实是这样的。"

"有自制力的人会是怎样的一种情形呢？是否和刚刚提及的一样，因为自我沉溺的存在，才使他们产生自制力？我们可能会讲，这绝无可能。但是，对于这种简便的自我控制的方法习以为常的人所处的环境，与我方才说过的情形基本上是一样的。他们惧怕不再拥有其他所需要的快乐，因此他们抑制着其中的一种，原因是他们对另一种毫无抵抗力。虽然在他们看来自我沉溺属于被快乐操纵着的状态，但事实上这是由于他们无法对别的某些快乐说不，才顺利地抵制了另一些快乐。这正如我刚刚所说的那样——从某种角度看，他们通过自我沉溺来进行自我控制。"

"是的，这种说法好像是对的。"

"西米亚斯，恭喜你拥有这样的理解力。但是，以道德为出发点，我认为将不同层次的愉悦、哀伤或惊恐进行如同兑换硬币那样的互换是错误的方法。在我们使用的所有代价券中，我们应当设定一个一般等价物，即智慧。实际上，拥有智慧、勇敢、自制力与正直，总的来说，即真正的善，才有可能，而愉悦、惊恐和别的类似的感受是否存在并不重要。一个以相对的情感价值为基础的道德体系，仅仅是一个幻想，一个完完全全媚俗的、毫不合理的观念。货真价实的道德梦想，不管是自我控制、正直，还是勇敢，事实上是这一切感情的升华，而智慧自身是一个萃取的过程。可能那些宗教入教仪式的指导者对此深有体会，并且古往今来，在他们的刻板之下藏着一个预言式的道理—— 一个从未体验过入教仪式和引导的人，在他去往另外一个世界之时，会身陷囹圄，而体验过入教仪式和引导的人，在去往另外一个世界的时候会与诸神做伴。你了解有些入教仪式的主持者会说些什么吗？他们说：'许多人拥有印记，但是，真心诚意的皈依者却少之又少。'在我看来，这很容易解释，那些皈依的人就是遵照对的方式过哲人生活的人。终其一生，我始终努力尝试与他们为伍。为了实现这一目标，我竭尽所能。这个志向是不是对的，我们是不是达成了什么（假如主神同意的话），在我到达另外一个世界之时，我们应当可以确切地了解。我猜测，这件事情在不久的将来就会发生。

"西米亚斯、克贝，以上就是我针对你们的'指控'所进行的辩护，我主要是想告诉你们，当我离你们及我在人间的领导者而去时，我不带有一丝一毫哀伤和怨恨的情绪，这是当然的，理由是我坚信在另外一个世界，我可以遇到同样优秀的好伙伴与领导者，并且碰到的概率绝不会比这个世界小。假如你们认为我的辩护是可信的，并且比我向雅典陪审团员们做出的辩护的可信度更高，那么我会相当心满意足的。"

苏格拉底语毕，克贝说："苏格拉底，对于你全部的叙述，只有一点我不敢苟同，即你所说的关于灵魂与一个困惑不已的平凡人分离这件事。当那个灵魂与身体分开之后，也许它将不复存在，这会有很多种可能，比如在一个人去世的当天，灵魂由于不再受到身体的束缚，便散架、损毁了；也有可能在它与身体分离之后，它就如同气息与烟云一般，随风消逝，忽然就再也无处找寻它的痕迹了。但是，假如灵魂是从你方才所谓的罪孽里脱胎而来，并且能够作为一个独立个体存在下去的话，那么，苏格拉底，你的观点，仍有一个坚定的、美好的愿望可以达成。但是，我隐隐感到，我们不仅要有强大的信念和坚实的证据，还要具备主观能动性与智慧，才能相信在死亡之后，灵魂还可以独立存在。"

"克贝，确实是这样的。"苏格拉底说，"但是，我们应该怎样做呢？你是否认为我们应当对这个命题进行更为深刻的探究，以期证明这个观点能否成立？"

"对我而言，"克贝说道，"我将乐于聆听你对这个命题的看法。"

"无论如何，"苏格拉底说，"我坚信所有听闻我们此刻的谈话的人，哪怕是一个喜剧诗人，也不会说我是在挥霍时间，探讨一个跟我不相干的命题。因此，假如你有这样的想法，我们接着探讨下去是再好不过了。下面我们用如下观点来探究这个问题：逝者的灵魂是否存在于另外一个世界之中？

"我们都知道这样一个极其久远的传说，当灵魂离开这个世界之后，的确会去往另一个世界，并且，它们在历经轮回之后会返回这个世界并投胎。假如这是真实的——生者是由死者的灵魂投胎而来的——那么，我们的灵魂在另一个世界里依然存在的观点不就变得确凿无疑了吗？假如它们并不存在，它们就无法再投胎；假如'生者源于死者灵魂的重新投胎，而不是来源于一切别的地方'的观点的确显得如此可靠，那么我的论点就有了十分可靠的证据。但是，假如实情并非如此，我们就必须另辟蹊径了。"

"确实是这样的。"克贝说。

"假如你们试图更便捷地搞清该问题，"苏格拉底说，"那么，不只是人，一切的动植物也要被纳入我们的考虑范围。我们来探讨一下吧。通常而言，是否所有新生事物都是通过这一途径诞生，而不是通过别的途径诞生的——只要存在相对立的事物，就会诞生出相对立的新生事物。就好比，美貌与丑陋、正确与错误都是相对立的，这样的例子还非常多。下面我们来讨论，'一切事物，只要有与之相对立的事物存在，它就一定产生于那个与之相对立的事物，而不是产生于别的什么地方'，是否是一条适用的准则。就好比，一个变长的事物肯定是由短变长的。"

"是这样的。"

"以此类推，假如它变短，也一定是由长变短的。"

"正如你所言。"克贝说。

"那么小是自大变来的，快是自慢变来的。"

"这是自然。"

"来看看下面这个例子：假如一个事物变坏了，它是否由好转变而来？又比如一件公正的事情，是否由本来有失偏颇的事情转变而来的？"

"一定是这样。"

"这样看来，"苏格拉底说，"我们是否能够确信'任何事物都源自于与之相反的事物'？"

"一定是这样的！"

"还有这样一个疑问。刚刚所举的这些例子是否还表现出了另外一个特征，即，每一对相对立的事物之间，都有两种转变途径，第一是由正到反，第二是由反到正？在一组长的物体和短的物体之间，是否有正向和反向两个变化历程？是否就是我们所谓的增和减？"

"就是这样的。"克贝说。

"明和暗、善与恶和一切别的事物，是否都相同？哪怕我们并不经常使用这些词汇。实际上，'相互对立的两个事物来源于彼此，并且可以相互转化'一定是一条公理，对不对？"

"肯定是对的。"克贝说。

"那么，"苏格拉底说，"如同睡着是清醒的对立面一样，生是否也有一个对立面？"

"肯定有。"

"那会是什么呢？"

"死。"

"因此，假如它们是对立的，那么它们就可以相互转化，在其之间，是否有两个变化的途径？"

"是的。"

"太好了，"苏格拉底说，"我来完善一下刚才陈述中的一对相反事物吧。就从它们本身及它们之间的关系转换过程来阐述，你们就以同样的方法来陈述另外一对相反事物。就拿睡与醒这一对来说吧，醒是从睡中醒来，睡则是由醒到睡去，这是渐进的转变过程。你们同意这个说法吗？"

"同意，说得非常完美。"

"那就轮到你们用同样的方式来跟我表述一下生与死的关系了。"苏格拉底继续说道，"首先你们认可死亡和拥有生命是对立的两方面吗？"

"那当然！"

"那它们是由相对的那一方转换而来的吗？"

"是的，没错！"

"好的，由生可以转向什么？"

"转向死。"

"那么由死可以转向什么？"苏格拉底接着问道。

"不得不这么说，从死亡状态可以过渡到获得生命。"克贝说。

"克贝，那么你的意思是说，生命体是由死亡状态下的个体转变来的，是吗？"

"就是那样。"

"那也就等于说，我们的灵魂会在下一个世界里继续存留？"

"嗯，只能这么解释了。"

"那么，在这一对相对物里，死亡其实是十分确切的状态，对吗？"

"对的，没错。"克贝答道。

"那你是不是也认为，必须给死亡这个过程设立一个相反的概念？还是说，就在这里留下一个缺憾，不必深究？"

"我们不能马虎，必须把这个概念补充完整。"克贝说。

"在你看来，死亡这个过程的对立面是什么呢？"

"那是生命回归，重获新生的过程，就叫重生吧。"

"你这里说的'重生'，是由死到生的转变过程吗？"苏格拉底问。

"就是那个意思。"

"看来我们可以在这方面达成共识了，那就是'生由死而来，死也来自于生，两者相互转换'。如果事实就如我们所想的这样，那这个论点将成为一个重要的证据，用来证明人的肉体死亡后，灵魂仍然存在于某处，并且在那里获得重生。"

"苏格拉底，这就是从我们刚才达成的共识中推出来的。"克贝说。

"克贝，想要证明我们的推论是无懈可击的，还有另一种方法。那就是在两组相反事物相互转换的过程中，如果没有像沿着环形路线转动那样时刻保持对应，而是一条笔直的路径通往对立一方，不回到原点也不改变路线。你能想象吗，那样的话，最后每一样东西都会有同样的性质，并且进入同样的状态，不再发生任何变化了。"苏格拉底说。

"你说的我不太明白。"

"其实这个道理不难懂，我给你举一个例子来解释吧。"苏格拉底回答说，"如果一个在睡梦中的人，不曾被叫醒，一直维持睡眠状态，就会形成一种平衡。你也肯定能想到，最后每一样东西都会让恩底弥翁[1]变得很愚

1　恩底弥翁（Endymion）：一个受月亮女神塞勒涅爱慕的美少年，被众神赐予了永恒的青春，但代价是在卡里亚的拉特穆斯山的山洞里永远长眠。

蠢。因为整个世界的人们都在睡眠状态中，他将无处可去。如果所有的事物都结合成一个静止的整体，那么我们很快会陷入'一片混沌'，就像阿那克萨戈拉所说的那种状况。用同样的道理来说，亲爱的朋友，如果所有的生命体都死亡了，并且维持死亡的状态，不再重生，那样的结果是不是所有存在的生命体不断地消耗殆尽，直到全部死亡呢？"

"苏格拉底，我想不出任何能反驳你的话，"克贝说，"因为你说的几乎毫无漏洞。"

"是的，亲爱的克贝，"苏格拉底说，"因为我所说的都是事实。如果事物都是真实存在的，那么我的论述也就有了真实的基础。对于'重生'、'生由死而来'，以及'死后灵魂仍然存在'这几个观点，我们能够一致赞同也是很明智的。"

克贝说："苏格拉底，除了刚才论述的问题外，还有一个理论是你常常宣扬的，那就是你说学习的过程即回忆的过程。如果你说的是真的，那么我们现在所回忆的知识一定是曾经知晓的，那就等于说'灵魂是永生的'。因为灵魂若没有在进入人体之前就存在过，是不可能先获得那些知识的。"

西米亚斯插话道："克贝，这个理论我好像记不清了，你得提示我一下那个理论是怎么得到的。"

"有一个精妙的论点，"克贝说，"就是当一个人给出的问题恰到好处时，那么人们会更容易得出一个好的答案，可是这样直击要害的提问十分有难度，除非提问者有丰富的知识作为基础。同时，你把事实依据明了地摆出来时，人们可以快速精准地意识到那个理论是多么地正确。"

苏格拉底说："亲爱的西米亚斯，如果刚才的回答还不够令你满意，那就再请仔细听我下面的解释。可想而知，你很难接受'学习的过程即回忆的过程'这个观点。是吗？"

"不是你说的那样，"西米亚斯说，"我只是希望你能在我们讨论'回忆'这个问题的时候给一些辅助。事实上，克贝对这个主题的研究和见解已经能够满足我们的需求了，可是我们还愿意听听你的意见。"

"关于这个主题，我是这么看的，"苏格拉底说，"我们的提醒可以使一个人回忆起某件事情，但需要一个前提，那就是那个人必须事先知道那个事情。"

"确实如此。"

"我们是不是也赞同，记忆唤醒的意思就是指一些信息以某种形式出现在脑海里？让我说得更清楚一些吧。比如，一件事物以某一种形式进入了一个人的注意范围后，那个人的意识里不仅仅出现那一件事物，也会随之联想到其他相关的不同种类的事物。我们是不是能把这种情况称为他对某个对象的记忆被唤醒了？"

"你说的我不太明白。"

"那让我举个具体例子来帮助你理解吧。你一定懂得，一个人和一件乐器是属于不同范畴的事物，或者说知识对象。"

"是的，当然。"

"那么，你一定也知道，当一个人看到某个属于他心爱之人的物品时，比如一件乐器、衣服等，可想而知，与物品主人相关的一切细节会如泉水般在他的心头涌现。那种情况就是我说的记忆唤醒。换个例子来说，就如人们看到西米亚斯[1]的形象时，自然而然会联想到克贝的形象一样。当然，这样的例子我还可以给你举很多，但我就不一一列举了。"

西米亚斯说："是的，我想我懂了。"

---

1 苏格拉底的学生。

"所以，那就是我们理解中的记忆唤醒的概念。在一种情况下这种感受尤为突出，那就是看到某些跟不上时间飞逝的脚步，而许久不曾出现在我们的视野中，近乎被遗忘的东西时。"

"确实是这样。"

"所以，你说当一个人看到一匹马或者一件乐器的影像时，会不会想起另一个人？或者说我们看到西米亚斯的画像时，会不会随之想到克贝？"

"没错，一定是这样的！"

"那你觉得当一个人看到西米亚斯的肖像画时，是不是也很可能想起西米亚斯他本人？"

"是的，我想是这样。"

"那我们说了这么多例子，现在可以得出结论了，那就是记忆唤醒可以通过相似的事物引发，也可以通过不相似的事物引发。你同意吗？"

"是的，我同意。"

"当你因为一个事物想起与它相近的事物时，你一定非常清楚它们到底是部分相似还是完全相似。"

"是的，这个一定会知道。"

"还可以进一步推理出如下结论，"苏格拉底说道，"那就是一个被称为'绝对相等'的概念，并不是意味着棒子等于棒子、石头等于石头这种意义上的相等，而是超越了这些，并且有着明显区别的概念。你认为这个概念存在吗？"

"确实，"西米亚斯说，"我也觉得有这种概念。"

"那你觉得我们知晓这个概念吗？"

"当然知道。"

"我们就是从刚才列举的那些事例中推理出这个知识结论的吧？我们看到相同的棒子、相同的石头之后，不是就获得了相等这个概念吗？虽然就这个概念本身而言，它的性质与具体的物品相差很大。或者换一个说法，在很多时候，石头或者棒子，还是原来的没有改变，可是在有的人眼里它们是一样的，而在另一些人眼里却是不一样的。你觉得呢？"

"我同意。"

"那么好的，你可曾想过，'绝对相等'的东西是不相等的，或者说'相等'就是'不相等'？"

"苏格拉底，我从来没有这么想过。"

"所以说这些事物的相等概念跟'绝对相等'是两码事。"

"确实是两码事，苏格拉底，我同意你的说法。"

"也可以说，虽然'相等'和'绝对相等'是不同的两个概念，但通过这些相等概念的事物，我们得到了'绝对相等'这个概念。"

"你说得完全正确。"

"那么是不是甚至可以忽略这些知识概念是否和具体物体相近？"

"是的，当然。"

"两个事物是否相近其实不重要，"苏格拉底说，"一个事物可以作为记忆唤醒的钥匙，只因为它的形象能唤醒你有关另一个事物的记忆，而不是看这两个事物有多么相似。"

"的确是这样。"

"那么，你说我们举了那么多具体例子，到底能得到什么结论呢？"他说，"棒子和棒子间的相等可以说成是'绝对相等'吗？还是说它们只能说成是相似？"

"不可以说是'绝对相等'。"西米亚斯说，"它们不仅有差别，差别还很大。"

"那让我做个假设吧，比如你看见一样东西，发现它和你印象中的某样东西极其相似，可是眼前的东西只能算一个形似的仿品，远比不上记忆中的那个原物。任何一个对这种情况有同感的人，一定是事先就对印象中的原物已有了解，因此才会感觉到眼前的事物与它有相似之处。你觉得我这么说可以吗？"

"当然可以，就是你说的那样！"

"那么，我们可不可以姑且把这当成有关我们对'相等'和'绝对相等'的事物的观点的结论？"

"可以，我不反对。"

"也可以说，我们是先知道了什么叫'相等'，才会在看到相等的东西的时候反应过来，并且发现那些虽然看起来无限趋近'绝对相等'的事物，实际上还有不小的差距。"

"正是那样。"

"若是把视觉、触觉、听觉等都统称为感觉，我们不通过这些感觉作为媒介，是无法得到和懂得'相等'这个概念的。这也能算我们的共识吧？"

"苏格拉底，在我们讨论的时候，确实可以把它们归到感觉这个大范畴里。"

"那么，'所有我们感知范围内的相等事物，都是无限趋近于绝对相等，但却无法真的实现'这个概念，或者说结论，是我们通过感觉这个途径才获得的。你觉得这么说是否有偏颇之处？"

"没有，我很同意你的说法。"

"既然这样，我们一定是预先默认了'绝对相等'这个概念的存在，才会运用视、听等感官去感觉。也只有这样，才能有'绝对相等'这个概念给我们做准绳，让我们参照着看到了相等事物都在尽力地接近它，却只能成为一个赝品。"

"我觉得这个结论逻辑严密，苏格拉底。"

"可是，我们的听、看、触摸等感觉行为，难道不是与生俱来的吗？"

"当然是生来就有的。"

"但是，你忘了吗？我们刚才已经得到结论说获得对于'相等'的知识概念在先，甚至先于感觉的获得。"

"是的，没错。"

"按这个逻辑说下去，那我们必然是在出生之前就有了这个知识概念。"

"只能是这样了。"

"而且如果我们认为这个有关相等性的知识，是出生之前就已经获得的，那么其他的涉及绝对评判标准的知识概念，也应该是与生俱来的。也就是说，我们推论出的这个提法还可以在关于绝对的美、善、正直、神圣等标准上适用。所以说，我们也是在出生之前就已经在审美、是非评判等问题上有了最初的认识和见解。"

"是那样的。"

"通常，我们一出生就获得了某方面知识后，会在今后的时间里一直保持已获得的知识，除非我们把这些知识忘掉。我们都懂得两个概念：'知晓'，就是一个人获得了知识之后，一直保持不遗忘；而'遗忘'就是我们丧失了曾经掌握的知识。"

"苏格拉底，的确是你说的那样。"

"既然这样，你一定也对我下面的陈述毫不怀疑。就是'我们出生以前是获得了大部分知识的，只是我们出生的时候突然将它们遗忘了，然后在潜意识的推动下，我们运用感觉又把那些知识重新找了回来'。那么，'学习'的过程就是找回知识的过程，也可以说是'回忆'知识的过程。"

"完全正确。"

"没错，由于我们都知道，当我们通过任何一种感官，感知到一件事物的时候，常常会顺而联想到另一件事物，并且它们之间很可能是截然不同的个体。所以只有两种情况可以成立：第一个是我们全人类在出生的时候就已经具备了这些有关于评判标准的知识，同时在今后的生涯里继续保持它们；还有一个就是，我们每每谈及的学习行为，仅仅是在努力地回忆曾经习得的经验，使遗忘的知识经验得以恢复。换言之就是，学习即回忆。"

"是的，苏格拉底，你的表述很准确。"

"所以，西米亚斯，请你给我一个答案，你会选择哪一种情况呢？是'我们生来就具备知识'，还是'我们降生之后，通过学习来使原本习得的知识得到恢复'？"

"苏格拉底，我一时半会儿也无法做出选择，请多给我一些时间考虑。"

"好吧，那么先回答另一个简单一些的问题吧。如果一个人在某一个领域颇有建树，你觉得他是否有能力向别人解释他所通晓的事情？"

"这个当然可以。"

"你觉得我们刚才讨论的那些命题，是任何一个人都能给出相应的解释的吗？"

"如果真的可以这样，该有多好！"西米亚斯说，"实际上，在我看来，过了明天，世界上唯一能够解释得当的人也将不在了。"

"西米亚斯，你的意思是，并不是随便一个人都能对那些命题有深刻的见解吗？"

"是的，普通人还差得太远。"

"看来刚刚那个问题，你也能推出答案了。你的选择是人们后天的学习仅仅是在回忆出生前已经习得的知识，没错吧？"

"是的，那就是我的答案。"

"那我很想你告诉我，我们与生俱来的知识，是在什么时候被注入我们的灵魂的？难道是生命开始以后吗？"

"不，不可能是那时候。"

"那就一定是在生命开始之前了，不然没有别的可能。"

"是的，就是开始之前。"

"西米亚斯，通过你的答案，我自然而然可以联想到，在我们的肉体形成之前我们的灵魂就已经独立地存在了，并且灵魂里被赋予了各种知识和经验。"

"那要不然就是在我们出生的那一瞬间，仅在那个时间获得了对事物的基本知识，我想也是可能的，苏格拉底。"

"亲爱的西米亚斯，你说的确实有可能，但你有没有想过，刚才我们才推理论证出我们降生的时候是不具备这些知识的，难道你想说，我们在降生的那一瞬间，不仅获得了那些知识，并且同时又立刻将它们遗忘掉了？所以你再想想，给我一个更有说服力的答案吧。"

"不，当然不是那个意思，苏格拉底。我也不知道我刚才都说了些什么，使你产生了那样的误解。"

"好的，别急，西米亚斯，我来帮你理理思路吧。我们现在的立场你还记得吗？假如我们挂在嘴边的真、善、美，真的存在绝对的标准可以供我们参照，并且在我们运用身体的感官去感知周围事物的时候，把周围的某些事物看成是接近真、善、美的复制品，如果这些情况都真实存在，那么我们的灵魂一定在我们的肉体诞生前就存在了，不然所有这些推论都不具有成立的前提，我们的讨论也就没有了基础。是不是这样？也可以从逻辑的角度来说明，就是'我们的灵魂在我们降生之前就存在'跟'这些绝对的参照标准是真实存在的'两个命题，是必须同时成立的，只要有一个不成立，另一个也将无法成立。"

"亲爱的苏格拉底，"西米亚斯说，"你说的这个逻辑必然性对两者都适用的情况，我是能够理解的。你把'我们的灵魂在我们降生之前就存在'和'这些绝对的参照标准是真实存在的'两个命题放在一起讨论，建立起共生的关系，我十分欣赏。没什么表述得比这样更清楚了：真、善、美等这些绝对概念，毫无疑问是存在的。我想我的证词已经阐述得令人无比满意了。"

"克贝是什么观点？我们一定要打动克贝，使他信服。"

"我敢打赌，他会满意的。"西米亚斯回答道，"克贝确实很少接受别人的观点，甚至可能是这个世界上最顽固不化的人。可是我相信，对于'我们的灵魂在我们降生之前就存在'这个观点，他不会有任何异议。但是，苏格拉底，对于'我们肉身死后灵魂仍然不灭'这个观点，连我都无法相信。我依旧觉得克贝的反对意见很有道理。我们通常都认为人的灵魂在肉体死去的一瞬间，就随之陨灭了，那是灵魂存在的终点。假设灵魂是由某一种原始资料构成的，并且在我们的肉体降生之前，它就已经诞生了，后来进入我们的肉体一起共存，由此很容易使人相信它在我们生命结束的时候会离开我们的肉体，并且也走向自己的终点，如灯灭般不复明。"

"你说得太对了，西米亚斯！"克贝感叹道，"既然我们已经证明了'灵魂在我们降生之前就存在'这个命题，那就离我们的目标只差一半了，接着我们还要完善另外一半，那就是证明'肉体死亡之后灵魂也会和肉体降生之前一样存在'。"

"我亲爱的西米亚斯和克贝，其实你们已经证明出来了，只要把两个论点结合起来看即可。首先是我们刚才的那个论点，还有一个是我们之前证明出来，都无异议的论点，那就是'每一个有生命的事物都来自于死的事物'。让我来给你们深入解释一下吧。如果灵魂真的在我们肉体降生之前就已经存在了，并且会在肉体降生后依附于它，而且诞生了，那么灵魂的诞生，就一定有一个由无到有的过程，是从死亡的状态下转变来的。如果是这样，它就必须再诞生，也一定在死亡后存在着。所以我说你们其实已经证明出想要的观点了。但是抛开这一点不说，我想你们两个还想要把讨论再延伸一下，也许你们会像小孩子一样担心在灵魂从身体中分离出来的时候，风会把它吹散了。想象着一个人在狂风大作的日子里死去，他飘散出来的灵魂是多么的岌岌可危。"

克贝笑道："苏格拉底，那就接着说服我们吧，让我们告别那种小孩子的恐惧，劝说我们别再像害怕妖魔鬼怪一样恐惧死亡。如果你无法做到，就请别假定我们会害怕那种情况的出现。"

"我想你应该对它念着具有神奇魔力的咒语，每天都不停歇，一直到你能用咒语将心头的恐惧去除干净。"苏格拉底说道。

克贝说："可是，我亲爱的苏格拉底，你就要离开这个世界，到时候我们再到哪能找到像你这样懂得这种咒语的魔法师呢？"

"克贝，我的朋友，"苏格拉底回答道，"再找到一个能做这种事的人确实如大海捞针，但是在希腊这样一个泱泱大国里，除了本地的人还有很多外籍人士，里面一定能找到有善心的人。只是你们必须耗费大量的时间和金钱去费力找寻，还得同心协力地去做。但是千万不要心疼钱，因为可能没有比这更值得你为之花费的事情了。"

"你说的我会考虑的，"克贝说，"我想我们可以再回到原先的话题上去，你不反对吧？"

"我当然不会反对的。"

"好的，谢谢。"克贝说。

苏格拉底说："依我看呢，我们可以先思考另一个问题：什么样的事物会容易被风吹散？我们来分个类，想清楚哪一类会有被吹散的可能，而哪一类又是固若磐石的，我们完全不必为它们操心。这个问题有了结论之后我们再思考灵魂属于哪一类，这样我们就可以知道为灵魂担忧有没有必要了。你们觉得我的提议如何？"

"你说得很在理。"

"我想你们也会担心一个由几样人工或者自然物质合成的东西，在合成接缝的地方会有分裂的风险。而在所有的事物中，能完全不必担心会有分裂风险的，才是一个真正的非合成品，你们同意吗？"

"就是你说的那样。"克贝说。

"相比较而言，一个非合成品性质会更加地稳定恒久，不易被改变，而一个合成品则会有分崩离析的风险。"

"在我的理解中，是这个情况。"克贝说。

"好了，我们可以回到我们刚才说的问题上去了。刚才我们讨论的'绝对真实'那个概念也会稳定而恒久不变吗？还有类似的'绝对相等'、'绝对的美'等可以作为评判标准的概念，也会作为一个纯粹的独立个体而保持不变吗？还是说它们会随着时间和空间的推移，而在某种意义上性质会产生变化？"

"苏格拉底，它们一定是亘古不变的！"克贝坚定地说道。

"好的，我想说，关于那些概念的代表性实例又是怎样的呢？比如对于'绝对的美'，我们会想到骏马、华服、美人等实例，而对于'绝对真实'之类的概念我们又会想起其他实例。那些实例也是恒久不变的吗？还是说，它们一直在变化，没有静止的时候？"

"苏格拉底，我想对于那些实例，它们的变化是不曾停歇的，与绝对概念本身的恒久不变截然不同。"

"那些具体的事物是可以通过我们的各种感官而感觉到的，但是那些恒久不变的概念，看不到、摸不着，你除了用思维外，很难通过其他途径去触及、去了解。"

"所言极是！"克贝说。

"那你们觉得我们是不是要把事物分为看得见的和看不见的两类来评判呢？"

"是的，这样分应该不会错。"

"也就是说，看不见的是不易改变的；相反，看得见的会容易产生变化？"

"没错，我们是应该这样设想的。"

"好的，那我们人是不是可以分为这样的两部分呢？一部分是肉体，一部分是灵魂？"苏格拉底继续说。

"是的，当然。"

"那么，你们说肉体更应该属于哪个类别呢，或者说与哪个类别更接近？"

"很显然，它是属于看得见的那一类。"

"那么灵魂呢？是看得见的还是看不见的？"

"亲爱的苏格拉底，我想至少对于人的眼睛来说，灵魂是无法看见的。"

"对于我们当前的问题而言，必然是要以人的眼睛来讨论的，难道我们还可以有除了人性之外的本性吗？"

"我们当然只有人性而已，没有其他。"

"那么'灵魂'该怎么归类呢？到底是属于看得见的，还是看不见的？"

"我们看不见。"

"所以你们的结论是，灵魂属于看不见的那一类，而肉体是可以看见的那一类？"

"就是这样，苏格拉底。"

"我记得我说过，当我们看不见的灵魂，通过视觉、听觉等某种感官来接触和探究事物的时候，它就会被看得见的肉体影响，失去原来极其稳定的特性，变得仿佛喝醉酒似的，迷失了方向，跌入变化无常的境地而难以自拔。"

"你是这么说过。"

"但是，当灵魂不借助任何媒介，单独探究事物的时候，就会维持其纯粹而稳定、亘古不变的性质。因为灵魂本就属于这个恒定不变的领域，所以它可以在这个领域内如鱼得水、不会迷失，只要单纯地和同类型的事物接触，就可以把这种绝对静止、恒久不变的性质保存下来，一直停留在这个领域。当灵魂维持这种状态时，我们就把这称为智慧。"

"苏格拉底，你的表述实在是精妙啊，有理有据使人信服。"

"你们如此认可我，我太开心了。以前和现在听我说了这么多，你们想一下灵魂到底应该属于哪一个类别呢，或者说和哪一个类别最相近？"

"苏格拉底，你的问题太简单了，即使一个再愚昧无知的人，也能想到灵魂更接近性质稳定、恒久不变的那一类事物。"克贝说。

"那我们的肉体属于什么？"

"当然是相对的，性质不稳定、易变的一类了。"

"那就让我们用下面这个角度来考量这个问题吧。当灵魂需要与肉体共处的时候，必然会有一方处于主要地位，作为支配者；另一方会处于从属地位，作为被支配者。你觉得这神性的角色和有生灭的角色该如何分配呢？你们是不是也觉得神性的本质应该处于支配者的角色，而会生灭的本质应该处于被支配者的角色？"

"我和你想的一样。"

"那你说灵魂更接近哪一类？"

"这是显而易见的，苏格拉底，灵魂更接近神性，而肉体是会生灭的。"

"好的，克贝，那让我来给你们的观点做个复述和总结吧。"苏格拉底说，"灵魂是由纯粹的单独物质构成的，可以永久地维持稳定状态，不容易分裂和改变，具有智慧和神性；而我们的肉体与之相反，善变且会生有灭，智慧贫乏又难以自我协调。你们若是有任何不同的想法，请尽管提出来推翻我的论证。"

"不，我们没什么想反驳的。"

"既然你们都同意这个结论，那一定也接受'肉体殒灭后会分解消失，而灵魂是永恒不灭的'这个观点。"

"是的，事实就是如此。"

"就像你们知道的那样，当一个人的生命走到了尽头，他存留于世间的肉体变成了尸体，也就是我们的人眼可以看见的那个部分，会随着时间的推移逐渐分解消散、腐烂入土，这是自然的规律。但从某种意义上说肉体也能够永存，一种情况是那个死者的身体健硕，并且因为天时、地利的自然因素，或者人为因素，使得尸体能够长时间地保存下来。就比如埃及制作的木乃伊，经历时间的洗礼仍奇迹般地完好如初。还有一种情况是任尸体腐烂，但是总有骨骼之类的某个部分不会腐烂，几乎就是永存的。这样的说法你们怎么看？"

"说得很对！"

"但是，看不见的那部分，也就是我们说的灵魂，它倘若真的像我们想象中的那样，那么会在我们死后从肉体中飘离出来，奔赴属于它的纯粹而具有神性的冥界¹，去见我们闪耀着慈祥与智慧光芒的主神（如果我有幸得到主神的接纳，我的灵魂在我死后也会去那里），虽然我们无法看见这一切。在灵魂升入空中的时候，真的会像人们担心的那样，会有被风吹散的风险吗？我亲爱的朋友们，在我看来事实不可能如此。它应该是这样的：灵魂是纯粹而神圣的，它不愿受到肉体的羁绊和玷污，如果能逃离肉体它会更加自在。换言之，灵魂义无反顾地追随哲学的脚步，获得了面对死亡时的那份从容不迫，即'练习死亡'。你们说是不是这样？"

"非常确切！"

"好的，事实若当真如此，那么灵魂所要奔赴的地方，是和它本身一样神圣的，那是一个无法看见，又不生不灭的智慧策源地。当灵魂如愿地抵达时，就可以叩开幸福的大门，从此和愚昧、恐惧、善变、欲念等罪恶的根源划清界限，从此得到解脱。就像入教仪式中所说的，灵魂将在那里真正地享受和主神共处的时光。亲爱的克贝，你有没有别的看法，还是说你更愿意接受我刚才表述的看法？"

1　冥界（Hades）：Hades 即哈迪斯，希腊神话中的人物，是古希腊神话中的地狱之神（又称冥神或阎王），是众神之王宙斯和海王波赛冬的兄长，他是第二代神王克洛诺斯和神后瑞亚的儿子。在和兄弟们战胜父亲克洛诺斯后，他和弟弟们进行了分配世界的抽签，他抽到了冥界，因而成为冥界的统治者，即冥王。他是地狱和死人的统治者，审判死人并给予奖惩，拥有着强大神秘的力量。

"我想我同意你的说法。"克贝点头道。

"但是，灵魂和肉体一直融合在一起，给予肉体关爱和照顾，所以难免会被肉体的欢愉和欲望所诱惑、腐蚀，以至除了肉体所包含的看得见、摸得着的部分，或者沉迷于享受的部分，就再无其他了。同样的，灵魂长时间与憎恨和恐惧为伍，难免想要远离不被我们的人眼所见，只有通过哲学才可以了解。当灵魂真的沦落到那样的境地，在它与肉体分离的那个瞬间，还能像当初那样纯粹神圣、稳定而独立、不用担心被吹散吗？"

"那是绝对不可能的事情。"克贝坚定地说。

"恰恰相反，我怀疑，灵魂存在于肉体那么长时间，一直被肉体的性质潜移默化地浸染着，在实践中不断磨合，很可能已经沾满肉体的习气，使原本神圣的本性愈来愈模糊。"

"很可能是这样。"

苏格拉底接着说："我亲爱的朋友们，某些时候灵魂也会被我们不经意地看见，它们是如影般徘徊于世间的幽灵。它们游荡在墓地里，因为生前沾染了太多肉体的气息，以至被自身的沉重拖住而无法升天得以安息，并且像它们说的那样畏惧着看不见的冥界。这就是被沉重而世俗的肉体所玷污的灵魂，压抑而不自由，失去了本性，变成了人们传说中的鬼魂。只有这些被肉体玷污了的灵魂，因无法洗去肉体的气息，才会被人们看见。"

"你的这个说法很有可能，亲爱的苏格拉底。"

"你说得很对，我的朋友克贝。这些灵魂原来的宿主一定不是秉性正直和善的人，而是些充满罪恶的家伙，他们的灵魂在世间徘徊得不到安息，是在惩罚他们生前所犯下的罪行。它们带着对肉体的渴求继续游荡，不断被一个又一个身体吸引而驻足牵绊。很明显，能吸引它们想去依附的肉体，一定和它原先的宿主或多或少有着类似的本性。"

"苏格拉底，你想说的是什么类型的灵魂？"

"那还用说，肯定是自私自利、放任恶习、沉迷于口舌之欲，或者是嗜酒如命的灵魂。那些灵魂很可能会依附于驴子之类的丑恶动物的身体。你们觉得呢？"

"没有错，我们和你想的一样。"

"那些缺乏责任又放荡不羁、随意践踏法律的暴徒们，我们暂时想不到比狼和鹰之类的更适合他们灵魂的邪恶物种了。"

"不用想其他的，光这些就已经够了。"

"所以，我们很容易就能想到在有生之年里，有着怎样的生活轨迹，在死后，灵魂就会变成与之相符的动物形象。"

"当然，就是那样的。"

"在我看来，那些真正领会生活真谛，体味到最多人生乐趣的，不会是那些对哲学有着深厚功底、行事风格坚守理智的人，而是那些在生活实践中，平凡而诚实的生活家，他们懂得自我节制，能培养出公民应有的美德。"

"为什么说那些人才是最快乐的？"

"因为那些人最有可能再次变回人类生活在世间，成为最纯良正派的公民。如果不能，他们也会变成蜜蜂、黄蜂、蚂蚁之类的，纪律严明又团结合群的物种。"

"确实很有可能。"

"但是有一点，想要获得神性，仅仅做到那些是远远不够的。只有作为哲学的坚定实践者，一个真正的智者，并且直到死亡时灵魂已然能以最纯粹的状态脱离出来的人，才可能获得。这也就是具有真正智慧懂得哲学的人会不遗余力地抵挡欲念侵袭，绝不向它们低下高贵头颅的原因。这就完全不同于贪财者因为害怕贫穷而把金钱视作生命，也不同于虚荣的野心家们，为了虚无的名声和脸面放弃本应坚守的原则。"

"我的朋友苏格拉底，那些动机都是不值得、不可取的。"克贝说。

"那些动机确实很为人所不齿。"苏格拉底点头说着，"相反，那些更为重视自身灵魂胜过肉体的人，为了维持灵魂的纯粹和圣洁，会坚定地和那些丑恶的人划清界限，不盲目跟随他们在碌碌无为的人生旅途中懈怠、放纵。他们会鄙视那些忽视且曲解哲学的人，重新定位自己的前进方向，虔诚地跟随哲学的指引前行。"

"苏格拉底，你可以说得更明白一些吗？"

苏格拉底说："好的，请你们继续听我说吧。所有对智慧抱有崇敬之心的人都会发现，在他的灵魂接受哲学的指引之前，是被枷锁囚禁在身体的躯壳之中的，无法自由独立地直观感受这个现实世界，只能通过囚笼的缝隙，也就是人体的各种感官去片面地了解。被禁锢的灵魂在无知中盲目挣扎。而哲学看穿了它痛苦的来源，它其实只是作茧自缚，被自己的欲念编织的网缠绕了，所以它成了自己的帮凶。这时候，哲学站出来想要让灵魂得到解脱，于是在温柔亲切的规劝下接管了无助的灵魂。哲学真切地告诉灵魂，不要去相信所有用身体感官所了解的世界，那些都是虚假的表象，应该放弃眼睛、耳朵这些肉体上的感官途径，完全独立地去观察研究想要了解的客体，并在排除一切善变的、看得见摸得着的东西的干扰之后，给出自己的独立判断。那些通过感官间接了解到的客体，只能是看得见摸得着的那一部分，相反，只有单纯地运用智慧的力量，才能触及看不到的领域。那些真正热爱并懂得哲学的灵魂，一定会抓住这样可以重获自由的机会，开始极力远离肉体上的情感和欲念的诱惑束缚。因为它们清楚地知道，沉迷于欲望、恐惧和享乐的后果，不仅是荒废时间、挥霍金钱和透支身体这样的小损失，而是会遭遇最可怕、最具毁灭性的后果，但是大部分受难的人们却意识不到这一点。"

"苏格拉底，请告诉我们，那到底是怎样的？"克贝问。

"一个人的灵魂并不是一个可感知的实体，但能挑起它最强烈的情感波动的，比如快乐或者痛苦，却是那些真真切切的事物。因为只有那些看得见摸得着的东西，才能触发情绪。你说对不对？"

"你说得很对，就是那样。"

"也恰恰是因为这个，灵魂才会轻易地被肉体俘获，沦为肉体的奴仆，是不是这样？"

"这个道理你是如何知晓的呢？"

"是这样的，当灵魂依附在肉体上的时候，每一分痛苦或欢乐的感受，都会成为又一道禁锢灵魂的枷锁，一步步把灵魂拉向肉体，让它逐渐被同化，这样灵魂也会慢慢相信肉体所感知的事物，把它们当成世界的真相。很容易想象，当灵魂和肉体融合在一起共同享乐时，难免会逐步向肉体那一边靠拢，越来越远离它的本性，无法从肉体中抽离出来，奔赴那个看不见的神性世界。每每灵魂想要挣脱，但因为无法洗去肉体的影子，很快又会不由自主地被另一个肉体所吸引，从而融合依附上去。长此以往，这个被玷污的灵魂就与纯洁而神圣的世界隔绝了。"

"苏格拉底，没错，你的解释太确切了！"克贝说。

"所以，我的朋友克贝，你是愿意接受普通大众的观点，还是更愿意接受真正的哲学家是因为我说的那些原因，才能有勇气做到自我节制的观点？"

"我更愿意接受你的观点。"

"你能这么想很好。一个真正的哲人一定会像我说的那样，不可能在灵魂被哲学解救之后，又再次被人间的享乐与痛楚拖入泥淖。如果他这样反反复复，就像珀涅罗帕[1]不停地剪断她织的布一样，岂不是自己给自己设了圈套，陷入无限循环的死结吗？我想他一定不会那么愚蠢。他一定会让自己的灵魂与理性和智慧做伴，运用来自那个看不见的神圣世界的力量和灵感，抵御现实欲望的诱惑、腐化，不去妄测生活中的人和事。因为他十分坚信自己这么做才是正确的，只有在有生之年给灵魂以清净，死后灵魂在抽离身体时才能和当初一样，平安返回那个看不见的神圣世界，来到主神面前，脱离人间的苦海。西米亚斯和克贝，我亲爱的朋友们，只有真正认识并理解了这些，才不会在灵魂脱离身体的刹那感到恐惧，恐惧灵魂会被过往的风吹散，从而幻灭不见。"

　　随着苏格拉底最后一句话的声音落地，全场陷入了寂静，似乎包括苏格拉底在内，大家都还没有从刚才的论述里回过神来，仍然在思考。只有西米亚斯和克贝两人在窃窃私语。苏格拉底闻声看向他们，问道："你们对我刚才的陈述还有什么异议吗？或者说你们觉得我哪里讲得不够清楚，需要我再进一步解释？你们若想要深究，必定还是能发现一些缺憾的。还是说你们已经在讨论其他的问题了？要是还停留在刚才的话题上，就请务必说出你们的疑惑或意见，帮我完善观点或者纠正我的错误。若是还有任何问题需要我解答，我定会知无不言，言无不尽。"

　　"真的吗，苏格拉底？"克贝说，"你能这样耐心真是太好了。我和西米亚斯确实还有一些困扰需要你的意见，互相推着都不好意思再向你询问更多，怕此时此刻的你觉得不耐烦，我们会很过意不去。"

　　1　珀涅罗帕：古希腊神话中的女性人物之一，英雄奥德修斯之妻。其事迹反映于荷马的《奥德赛》中。奥德修斯参加特洛伊战争失踪后，她二十年未嫁，并施计摆脱各种威逼利诱，后又在奥德修斯归来后与其合力将图谋不轨者清除。

苏格拉底面带笑意，对着西米亚斯和克贝慢慢说道："你们真的觉得我现在的处境很值得悲哀吗？我自己其实并不这么认为，你们的顾虑让我很讶异。我若是都不能帮你们消解困惑，让你们信服，我又该如何去说服外面的世界？难道在你们眼里，我对世事的觉悟和对未来的洞察能力，还比不上一只天鹅吗？因为即使是这些鸟儿，在面对即将到来的死亡的时候，也不会有丝毫恐惧。作为主神最忠心的仆从，它们会带着能重新回到主神身边的欢喜，从容地唱出生命最后的赞歌，比以往的都更加响亮动人。所以世人常把自己对死亡的恐惧感强加到鸟儿身上，把它们那最后的叫声理解为赴死前无助的哀鸣，那是对它们最深的误解。而且人们忽略了一点，就是鸟儿们在真正饥寒交迫和悲伤低落的时候是不会唱歌的，歌声只会献给欢愉的事情，就连那些以哀怨歌声著称的夜莺、燕子、戴胜鸟也不例外。而天鹅这个属于阿波罗神的高贵鸟儿，一定有着更出众的预知未来的能力，它们之所以会欢唱，是因为已经预见了在另一个看不见的世界里，有着无比美好的事物在等待着它们，那个时刻比以往的任何时刻都令它们欣喜。而我，也和美丽的天鹅一样，是主神面前最虔敬的仆从，我把我的忠心献给了主神，主神也会赐予我预知未来的能力，所以我没有理由比临死的天鹅悲伤。你们想让我解答哪些问题就尽管提出来吧，只要雅典司法机构的诸位官员不反对。"

"非常感谢你，苏格拉底。"西米亚斯说，"就由我先来说吧，等说完我的疑惑，克贝会告诉你他对于你刚才的观点无法接受的地方。我亲爱的朋友，我想我们俩在对于问题的探究精神上是一致的，我认为倘若一些问题的答案是可知的，但我们在有生之年因为某些障碍的阻挠，不去刨根究底而放弃获得最完美答案的机会，着实是不应该的。对那些值得深究的问题漠然视之、不求甚解，其实是意志力薄弱的表现，我们不能就这样轻言放弃。所以我们有两种做法可以选择，一个是竭尽全力去求教，或者调动自己的一切能力去探究，目的就是要能求得事实和真理；另一个会比第一个略微容易一些，那就是在神灵没有给我们准确而可靠的启示，让我们充满信心地走完人生的旅程时，我们可以借助人类智慧的结晶，也就是最杰出可靠的理论，当作横渡人生之海的木筏。我想我至少要尽责任做这两件事中的一件。在你说完刚才的话之后，我将不再感到羞怯和畏缩，我会畅快地吐露真言，这样才不会在将来某个时候为今天的退缩感到后悔。我思考了许久，也和克贝讨论了一番，实际上我认为你的陈述里有严重的漏洞。"

"亲爱的西米亚斯，你的想法很可能是对的，请你快些告诉我，我的不足在哪里？"苏格拉底说道。

"好的，我想我可以给你打一个比方，"西米亚斯认真地说，"就拿乐器来说，被校准过音调之后，其具有的和谐音调是看不见摸不着的非物质概念，可能也具有某种神性。但是赋予它和谐音调的乐器本身，则是由一堆比如木头和琴弦之类的实在物质构成的，它们是会腐烂毁灭的。这样和谐的音调和乐器紧密联系在了一起，共存亡。设想乐器损坏了，琴弦断了，那个校准过的和谐音调还存在吗？难道不应该随着乐器这个实物的损坏而跟着消失不在了吗？但是按照你刚才的逻辑，那个和谐音调是不生不灭的，会很稳定地存在于某个地方，即使它的载体已经腐烂消失。你不觉得这样的说法会让人难以接受吗？我们是毕达哥拉斯[1]的信徒，他有一个关于灵魂的理论你一定也听说过。他的意思是：我们的身体是被固定在冷、热、干、湿这些能承受的极限值之内的，而我们的灵魂是在调和了这些极端的张力

1　毕达哥拉斯：古希腊哲学家、数学家和音乐理论家。

之后，按一个恰当的比率合成的，是一个平均值或者说调和品。如果这个理论是正确的，那么即使我们的灵魂是纯粹而神圣的，一旦这些身体的极限在某一端被打破，平衡将无法维持，必然会带着灵魂一起毁灭。不管是我刚才的比喻里的乐器，还是其他的调和品，都会在最后一些残骸被焚烧殆尽后，彻底地消失。也有人会觉得，灵魂这样一个依附于身体的调和品，会在死亡这个临界点到来时，第一个逝去。对于这个说法，你能给我们一个解释吗？"

从苏格拉底炯炯的目光中就可知道他听得很认真，也非常乐于对方提出这样的质疑，他笑着说："西米亚斯这番话说得有理有据、言之凿凿，我十分欣赏他这种论述方式。如果你们之中有任何人的智慧在我之上，请不要吝啬，去帮他解答吧。当然，在解答这个问题之前，我更愿意先听听克贝有哪些疑惑和批评，这样好让我组织出更令人满意的语言来回应。如果他们的批评在理，我没有理由不虚心接受；如果有不恰当的地方，我也会为刚才的结论据理力争的。所以，克贝，你别犹豫了，说出你的疑问吧！"

"好的，苏格拉底，"克贝说，"我疑惑的点还是原先那一个，并没有改变。首先我想申明一下，我对'我们的灵魂在我们降生之前就存在'这个说法依旧十分赞同，觉得它很有说服力。但是觉得'我们死后灵魂永存'这个观点有失偏颇，难以找到证据让它立足。还有一点是，我并不赞同刚才西米亚斯所说的，在我看来，灵魂是要比肉体更顽强不摧的，不论从哪方面来比较，都远远优于肉体。也许你们会问：'既然你也知道人死之后连肉体这个相对脆弱的部分也会有一部分能够继续存在，为什么还要怀疑比肉体更加坚不可摧的灵魂会有毁灭的危险？'对于这个问题，接下来我也会和西米亚斯一样，举出实例来回应你们，请你们也仔细地边听边思考我的话。

"假设有一个老裁缝，一生为他人和自己做了无数件大衣。某一天他死去了，但你们会指着他死时身上穿着的完好无损的大衣说：'他的大衣还好端端的，难道他这个裁缝的生命还不如一件大衣持久吗？他的大衣既然还能存留，那作为一个一生可以穿坏无数件大衣的人，他也一定没有死去，而是在另一个地方平安无恙地活着。'换句话说，就是相对脆弱的事物还没有毁灭，那么相对顽强的那个怎么会先一步走向毁灭呢？但是这个理论是站不住脚的，西米亚斯，你觉得呢？你是不是也同意我的观点？我觉得任何一个人只要稍微斟酌一下就能发现不妥的地方。因为一个裁缝一生做了无数件大衣，也会穿坏无数件，但他很可能会在他穿坏最后一件大衣前就去世了。但是我们不能从这一个现象中就得出'一个人的生命力和对生命的掌控力，不如一件大衣'这样的结论。我想，同样的道理可以用在我们所讨论的肉体和灵魂的问题上。首先我要说，我也赞同'灵魂是稳定恒久的，相比而言，肉体则是脆弱易变的'这个说法。我们可以相信一个恒久的灵魂可以消磨掉世间很多具肉体，就像裁缝穿坏的大衣，因为灵魂会不断修复、代谢掉老化的部分，而肉体则会留下岁月的划痕，老化分解。但是灵魂也有先灭亡的时候，那就是当灵魂灭亡的那一刻，它最新依附的肉体还没有灭亡，就像最后一件大衣还完好无损一样。虽然灵魂离开肉体后，脆弱的肉体会迅速地死亡、腐化，但也不能否认是灵魂先一步灭亡的。如果我上述的论点你们都能接受，那还不能笃定地说'灵魂在我们死后仍然存在于某个地方'。如果一个人提出的观点，比你的理论更接近于灵魂永生论，他不仅愿意承认灵魂先于我们的肉体存在着，也愿意相信在我们的肉体死亡之后有些灵魂仍然不灭，会再次来到世间寻找新的宿主，再经历一次又一次的生死轮回，因为灵魂的生命力是超过自然界肉体的。但他还必须再进一步承认灵魂在经历这么多番肉体的生死轮回后，并没有一丝一毫的损伤消耗，也不会在某一次的肉体死亡时跟着一起陨灭。不然他是没有理由理直气壮地相信，他此次面对的死亡不会是灵魂所能经历的最后一次死亡，仍偏执地对灵魂重生抱有信心。因为他无法知道灵魂是否在前几次肉体死亡时经历了致命的创伤，已经奄奄一息。如若那人不是愚钝得不可救药，那么或者还有另一种可能，就是那个人有足够的证据证明灵魂就是永生不灭的，不然在面对死亡的时候，或多或少都会有一些恐慌和不安，担心这一次的死亡会让灵魂彻彻底底地消散。"

斐："在后来回忆起当时的情况时，我们都表示在默默听了这些论证后感到十分茫然失措。因为讨论之初毫不怀疑的信念，都被这不断延伸的论证打乱了，让我们不禁怀疑原来一直坚持的观点是否正确，也不再有底气去接着讨论下面的事情。我们迟疑了，心中感慨到底是自己的理解判断力还很欠缺，还是说很多事实本身就经不住反复推敲。"

厄："我很能理解你当时的感受，亲爱的斐多，因为我自己也有同样的感觉。往后我们还能对什么样的事情抱有绝对的信心呢？克贝的那番话把先前苏格拉底严密的理论击破了，我一直以来都十分欣赏克贝那段把灵魂比作和谐音调的论述，实在是天衣无缝。快点告诉我当时的苏格拉底是什么反应，他有没有像其他人一样失望或羞恼？还是说他依旧十分淡然，奇迹般地拾起线索挽回了原先的论点？我真的迫不及待想要知道当时的每一个细节。因为我需要一个让我自始至终都能信服的论点，来支撑'灵魂在肉体死后仍然存在'这个命题。"

斐："相信我，亲爱的厄刻克拉底，苏格拉底是个经常制造奇迹、让人吃惊的人。在这样一个紧张而微妙的场合里，他着实让我折服，但是你要知道，让我折服的不是他一贯的对答如流，而是他的态度、敏锐的观察力，以及挽回局面的能力。首先，他在面对那两个提出异议的孩子时，展现出了超乎寻常的淡定与包容，他仍以愉悦而感激的口吻去回应他们的诘问。其次，他在全场寂静时，第一时间察觉到了我们这些听众心理天平的倾斜，了解到了我们的困惑。最后，他在发现我们气馁的时候，让我们重新打起精神，将思维投入他的论点里，继续先前的讨论。"

厄："那你快点告诉我他都是怎么做到的呢？"

斐："是这样的，当时我紧挨着他的右边坐着，那是一个脚凳，所以他比我高出一大截，刚好可以把手搭在我的头上。于是他像往常一样，十分自然地用手指开始抚弄我脖子上的卷发，并且一边卷着一边亲切地对我说：'斐多，多么迷人的一束头发呀，但我猜想明天你就会剪掉它了。'"

"我是想要剪掉呢，苏格拉底。'我回答他。

"但我希望你能听我的，不要去剪掉它。'

"为什么呢？'

"因为如果我们放弃了原先的论点，就像剪掉了的头发一样，无法再将它复原。'苏格拉底说，'如果把我换作你，在今天轻易地让真理从身边溜走，我将会像阿基维斯[1]一样发誓，发誓在找到合适的论点驳回西米亚斯和克贝的反对意见之前，决不让头发再次长出来！'

"但是，亲爱的苏格拉底，'我说道，'现在同时有他们两个对手呢，即使是赫拉克勒斯也很难以少胜多。'

"你现在就点名让我做你的伊俄拉俄斯[2]吧，趁着天色尚早。'苏格

1　阿基维斯（Argires）：在维吉尔、荷马等的作品中指围攻特洛伊城的希腊人。

2　伊俄拉俄斯（Iolaus）：赫拉克勒斯的侄子，是他同父异母的孪生兄弟伊菲克勒斯（Iphicles）的儿子，也是这位大英雄终身的情人和伙伴。

拉底说。

"好的，没问题，"我说，"可是我想你弄反了，我才是伊俄拉俄斯，而你是我要求助的赫拉克勒斯。"

"这并不是重点，因为结果都没有区别。"苏格拉底说，"但是，我们首先得防止一个问题。"

"什么问题？"

"厌倦！"他严肃地说，"就是人们在听了太多的论证后，厌倦了。这是一个十分严重的问题，无法想象一个厌恶探究论证的人，有多么令人惋惜。其实变成这样也很常见，假设一个人反复地被看似真诚可靠的朋友们欺骗玩弄，心中最为信赖的人一次又一次地失信于他，长期经受这样的打击，难免会对周边世界的看法产生改变，变得再难以相信任何人，就像惊弓之鸟。同理，对论证的厌倦也是这样产生的，你注意到了吗？"

"确实，我也发现了这样的情况。"

"这样的人是不是也该自我反省呢？"苏格拉底说，"他们怎么可以对人性的理解如此得片面又偏激，这样如何和他人构建起良好的人际关系？他们应该懂得，这个世界上绝对的大善人和大恶人并不是大多数，占绝大部分的人是那些徘徊于这个区间的普通人。'

"你是怎么知道的呢？'我问他。

"这个是显而易见的。'他回答说，'从一些极端的事物里就能推理出来，一个巨人或者矮人，一只有小马那么大的狗或者一只松鼠那么大的狗，或者其他有特例性的生物，都是不多见的。同样的道理，极端的快与慢、美与丑、黑与白都是很少见的。可想而知，在大多数时候，处于中间值的事物是绝大多数，极端事物则占少数。'

"确实是这样的。'

"所以说，就算举办一个'比狠毒大赛'，参赛者中能出类拔萃的也一定寥寥无几。'

"可以想象是那个情况。'

"话虽这么说，但你这个问题把我的论述带得偏离主题了，我们讨论的重点应该在原先的那个话题上，所以让我们言归正传吧。当一个人在不管逻辑艺术的情况下，相信一个命题的正确性，突然又在某个时候对那个命题产生怀疑，如此反复地动摇心中的判断，特别是那些常常不厌其烦地推敲某个理论的人们，他们比普通人聪明的地方在于，能更早地发现没有哪一个事物或者理论可以永远站住脚，都会被不停地推翻、更正。就像河床里的水位随着潮汐上下起伏，不可能固定在某一位置上一样。'

"你说得很有道理。'我点头说。

"好的，亲爱的斐多，'苏格拉底说，'有很多命题是有理有据、真实可信的，并且已经被人们推论出来了，但是有些人总是因为某些原因不停地动摇原先的结论。他们不在自己身上寻找原因，不想着是自己的才智不够、探究能力和判断力不足，而是把责任一股脑儿地推给命题本身，放弃进一步探究，结果使得自己的一生庸庸碌碌，且与真相擦肩而过。这难道不是一件极其可悲的事情吗？'

"是的。'

苏格拉底说："非常好！第一步我们不能让这样一个不好的观念先入为主，即'论证的内容可能没有绝对的正确性'。并且要意识到自己还是崇尚理性的人，我们必须调动起身上的每一种感觉，打起十二分精神，这一点十分重要，特别是我这样一个濒死的人，必须刻不容缓。而你们诸位也请在余下的生命里，努力地做到这样。我现在有一个不好的倾向，就是更愿从自我肯定的角度来看待这个问题，而不关心纯粹地从哲学的角度对待。你们也都清楚，一个受教育程度不高的人，在辩论的时候常常声嘶力竭地希望获取别人对他的认同，而不关心所要辩论的事实内容本身。我想我现在也可能会犯和他们一样的毛病，但也还有一些区别：虽然我有时也会希望得到听众的认可，但更多的时候我最想要的并不是这个，而是让自我的信念不断地巩固。你们说，我这样来看待自己的处境是不是非常的自私呢？如果我的论点本身是正确的，那么它就会正确，不用怀疑。另外，我也即将面临死亡，那可能是一个终点，这个时候我怎么会甘于屈服，让我的同伴们跟我一起陷入苦恼呢？想必我这些愚蠢的念头会在我死亡的时候就一起跟着消亡了，若它们还能延续下去，那恐怕不是一个小的灾难呢。

"西米亚斯和克贝，我亲爱的朋友，这就是我接下来要采取的态度。我希望你们也能有所醒悟，把注意力集中在真理问题上，而不是驳倒我苏格拉底。对于我说的观点，哪怕有一丝觉得真实可信，那么就请大胆地承认并接受，要不然就请举出更好的观点来推翻它。你们不要因为觉得我的处境特殊、情绪激动，就让我得过且过地带着遗憾离开，像一只蜇了人的蜜蜂一样，飞走后还留下一根毒刺在那里。"

苏格拉底继续说道："好的，我们必须接着把话题推进。首先我想确认一下你们两个各自的论点，如果我的记忆和理解有所偏差，请你们及时提醒并纠正我。西米亚斯在我看来确实存在些许疑惑和烦恼，他觉得灵魂虽然比肉体更优越、更神圣恒久，但是也会像调好的音调一样，跟着乐器的损毁而消亡。然后是克贝，他似乎和我一样认为灵魂会比肉体存活更久，但是他也提出灵魂在经历几番肉体生死轮回之后，难免会有消磨损耗，很可能会在最后的肉体还没死亡时先一步趋向灭亡。同时，在他看来，真正的死亡是就灵魂的陨灭而言的，因为灵魂依附的肉体会不停地被摧毁、更替。西米亚斯和克贝，你们想要表达的就是这些意见吗？我有没有理解错？"

"我们想要说的就是这些观点。"

"好的，我想要先确认一下，你们二位是对我先前的所有论述都持怀疑的态度，还是说你们愿意接受其中的一部分？"

"我们赞同其中的一部分，想反驳的也是一部分。"西米亚斯和克贝回答说。

苏格拉底问："那么，你们说说对以下的两个结论有什么看法。首先，我们提出过'学习的过程即回忆的过程'，并且若这个说法成立，就有'我们的灵魂在我们降生之前就存在于某个地方'的结论。"

"好吧，我代表自己先说吧。"克贝说，"我和先前一样，仍然觉得这个论述十分严密而有说服力，我愿意接受它。"

"我和克贝的想法一样，"西米亚斯接着说，"我想我以后也不会怀疑这个结论的正确性。"

"但是你们发现了吗，我来自底比斯的朋友？"苏格拉底问，"倘若你们刚才提出的观点'和谐是一件调和品，而灵魂则是物质在多个极限值的张力下的调和品'不改变，那你们可能会出现一个矛盾。我想你们一定不会同意'调和品在调和它们的物质存在之前就已经存在了'这个说法，对不对？"

"当然不可能同意，苏格拉底。"

"但是就你刚才的'灵魂在依附肉体之前就已经存在了'和'灵魂是由还不存在的成分构成的'两个观点而言，加起来就等于你刚才否定的那个结论。所以，你所做的比喻并不是很恰当。如果先有乐器和琴弦，以及未校准过的音调，最后才有校准过的和谐的音调，但是先一步毁灭的却是和谐的音调。你觉得这样的两个观点能同时成立吗？"

"完全不能。"西米亚斯说。

"所以说，如果一定要让好几个观点同时成立，那么它们必须是能和谐共存的。"

"确实是这样，没错。"西米亚斯说。

"那么，接下来你必须做出选择。"苏格拉底说，"因为你所同意的两个论点无法同时成立，它们是相互矛盾的，所以你只能接受其中的一个。你是愿意接受'学习即回忆'，还是'灵魂是一种和谐'？"

"好吧，苏格拉底，不得不承认，我会选择前者。"他回答说，"因为后面一个论点很难找到相应的佐证。虽然它能让我和在座的许多人为之动摇，但也依旧只是一个表面上看起来合理的比喻而已。现在我想我明白了，作为一个论据，表面上讲得通是远远不够的，那是诡辩。所以我们必须时刻保持警惕，因为它们常常会在几何学等领域让我们猝不及防，带领我们走进误区。另外，回忆和学习的理论则是经过推敲验证的。'我们灵魂在我们降生之前就存在'这个理论和'灵魂拥有真实的最后标准'的理论是能共存的。因为我已经被这个说法征服了，找不出任何能反驳的地方，所以我不得不放弃'灵魂是一种和谐'这个主张，即使提出这个主张的人是我自己。"

"亲爱的西米亚斯，还可以从这个角度想这个问题。"苏格拉底说，"一个由几种物质调和出来的和谐，或者任何一个调和品，可以和它的组成物状态不同步吗？"

"这是不可能的。"

"好的。我想在主动和被动方面，它不能够和组成它的物质不同吧？"

西米亚斯表示赞同。

　　"所以一个调和品不仅不会控制组成它的物质，还要受制于那些物质。"

　　西米亚斯表示同意。

　　"然后在动作、声音等其他方面，它也不会和组成物质有相悖的地方吧？"

　　"是的，都不会有相悖的地方。"

　　"非常好！那么每一个调和品，在被调和到平均值的时候，就成为了一种和谐，对不对？"

　　"我不太能理解你的话。"

　　"就是说，假定在调和的时候，调得比平均值高了，那就等于高出了和谐；相反，如果调得低于平均值，那就等于达不到和谐的标准。"苏格拉底补充道。

　　"就是这样的。"

　　"那你觉得灵魂是不是也有这样的情况呢？就是说它们的值不是统一的，会有的比较多，有的比较少，哪怕差距只有一点点。"

　　"灵魂不会这样的。"

　　"那么请你们专心地听我说，"苏格拉底说，"我们是不是都认为，灵魂也是分善恶和优劣的，比如有的灵魂充满了智慧与美德，而有的灵魂则充斥着愚昧与邪恶？"

　　"没错，事实就是那样。"

　　"按照这样的逻辑，'灵魂是一种和谐'这个说法还怎么说得通？因为如果灵魂是一种和谐，该如何解释善恶、优劣呢？难道说和谐还要分成很多种吗？善良聪慧的灵魂是音调调准了的，并且它的内部还包含了一个愚蠢邪恶的灵魂所不具备的和谐，因为愚蠢邪恶的灵魂是没有调准的音调。"

"这个我一时也答不上来，"西米亚斯眼神茫然地说，"但有一点，我相信每一个赞同那个观点的人都会那么说。"

"但是我们之前都已经接受了那一个观点，"苏格拉底说道，"就是'灵魂之间没有多与少的差别'，这不就等于说'和谐与和谐之间不存在度数，或者说值的差别'，不是吗？"

"是这样的。"

"那么，一种音调，它不比和谐的音调高，也不比和谐的音调低，它也是和谐的，所以在曲调上来说，它是恰到好处不高不低的，对吗？"

"对的，很对！"

"如果一个音调恰到好处，不高也不低，那么它所包含的和谐是不是也相同，不会多一分，也不会少一分呢？"

"一定都是相同的。"

"也就是说，灵魂与灵魂之间没有质量多少的差别，和谐的音调之间也是一样的道理。"

"说得正是。"

"那么在这样的条件下，灵魂的和谐不会高于也不会低于和谐的标准值。"

"当然不会的。"

"在这样的情况下，假如说邪恶代表着不和谐，而善良代表着和谐，那么灵魂和灵魂之间相比，所包含的善恶有多和少的区别吗？"

"不会的，不是那样。"

"西米亚斯，我的想法是这样的，"苏格拉底说，"按照之前的论点来推理，灵魂若是和谐的就不会包含一丁点儿的邪恶，因为和谐也是绝对而纯粹的，它的存在不会包含着一丝一毫的不和谐。"

"你说得很对，确实不会。"

"既然是灵魂，那么就该是纯粹的善良的，不会带着邪恶的影子。"

"绝不会，就像我们刚才所说的一样。"

"那么你的意思是，任何有生命的个体，他的灵魂本性都是一样的，是善良的，不掺入任何其他的东西？"

"是的，没错，苏格拉底。"

"你是否也赞同这个观点呢？一旦你先认定了'灵魂是一种和谐'这个说法，那么就不会再得出接下来的结论了。你说是不是？"

"是的，确实不可能。"

"好的，既然你已经知道了灵魂是充满智慧的，那么还会认为在人体中占支配地位的是除了灵魂之外的其他部分吗？"苏格拉底问。

"当然不会，我不那么认为。"

"当灵魂的意愿和身体的本能发生冲突时，灵魂是会妥协还是反抗呢？举个例子吧，比如一个人饥饿难耐，但是灵魂迫使他不去进食；或者一个人很渴，但灵魂却让他远离水。这些灵魂与肉体关于欲望斗争的例子还很多。你们是如何看待这个问题的呢？"

"灵魂当然可能会反抗。"

"可是你们还记得吗？方才我们也同意了另一个观点，那就是灵魂作为一种和谐、一种调和品，是不能够与调和它的事物产生一点矛盾的，更不用说去掌控它们了，相反必须时刻和它们步调一致，紧紧跟随。"

"是的，我们确实也得出过这个结论。"

"好的，那我们现在也肯定都意识到了灵魂和肉体的运转是相反的。灵魂主宰着它的组成物质，用各种各样的手段和方式制约着它们。有的时候会是折磨的方式，比如疾病和身体劳累等让人难受的办法；也有时会温柔体贴，带着鼓励；同时，又有很多时候会和欲望与情绪相互穿插，但能明显地看出它们之间是相悖的关系。就像荷马在《奥德赛》中描述奥德修斯那样：

"接着他捶他的胸脯，这样就责骂了他的心：'忍耐吧，我的心，比现在更糟的你都已经忍耐了。'

"你觉得荷马在写下这些话的时候，也会觉得灵魂能受身体感觉的左右吗？我想他必然会觉得处于统治地位的是灵魂，而不是身体的感觉，所以灵魂是太过于神圣了，超出了普通和谐的范畴。"

"苏格拉底，你说的就是我对灵魂的感觉。"

"好的，那么既然是这样的情况，我们就无法再同意'灵魂是一种和谐'这个观点了。不然我们不仅会和荷马的意见相左，也会产生自我矛盾。"

"正是这样。"

"那很好，"苏格拉底说，"我们目前似乎已经在安抚底比斯女神哈耳摩尼亚[1]方面小有所成了。可是，亲爱的克贝，我们该为卡德摩斯[2]做些什么呢？什么样的论证才能让他也得到一样的安抚呢？"

克贝回答道："这个我对你有信心。因为你刚才回应西米亚斯的反对意见时，表现好得出乎我的意料。当西米亚斯说完他的论点时，我就觉得那实在是无懈可击，很难找到反驳的突破口。但是他竟然在第一回合就败给了你，所以接下来卡德摩斯的论点也被你击溃，就没什么好惊讶的了。"

1　哈耳摩尼亚（Harmonin）：和谐女神，战神阿瑞斯与爱与美之女神阿佛洛狄忒之女，忒拜（Thebai）国王卡德摩斯（Kadmos）之妻。

2　卡德摩斯：希腊神话中的英雄。腓尼基的首领阿革诺尔（一说是腓尼克斯）之子，忒拜的创建者，又是传说中将腓尼基字母传入希腊的人。

"我亲爱的朋友，谢谢你的赞赏，但还先请别如此过誉，不然可能笑不到最后。就把命运交给主神来安排吧，我们的任务只是用荷马的方式来切磋一下，验证你的论点是否站得住脚。

"在我看来，你的观点可以概括成下面的说法。你觉得，一个终其一生都浸淫在哲学中，完全不去沾染其他任何谋生门路的哲学家，对自己死后会优于他人的自信，是极其盲目而愚蠢的。除非能有一个非常有力的证据来证明灵魂一定是永生不灭、坚不可摧的。你也赞同灵魂是具有神性并且寿命很长的，在我们的肉体降生之前就已经存在于某个地方了，在那段时间灵魂积累了大量的知识和美德，但是这些都不能表明灵魂能够绝对永生。你认为灵魂一旦进入肉体，便开始了漫长的生命倒计时，经历着无数次的肉体死亡和重生，越来越疲惫，很可能在某一次肉体死亡时跟着一起走向生命终点。所以只要不是一个极度愚昧无知的人，都会有理由畏惧死亡的降临，因为他知道无法证明灵魂是绝对永生的，所以并不能预测这一次面对的死亡是否也是灵魂生命的终点。

"亲爱的克贝，我又重申了一次你所表达的困惑。我这么做是因为能把所有的内容细节都呈现在大家的面前，不会遗漏任何一个要点，同时也是在给你补充完善论点的机会。"苏格拉底说。

克贝说："谢谢你的好意，我想我不需要再补充完善了，你概括得很全面精准。"

苏格拉底沉默了半晌，思索了一番，继续说道："克贝，解答你的疑惑可不是一件轻松的活儿呢，因为需要有关生育及毁灭等的完整理论做铺垫。现在虽然我的时间不多了，但你若是愿意听，我会和你说说我的理解。同时，你若是在我的论述里找到了任何对你的论点有价值的细节，我会十分乐意你去借鉴。"

"很好，我会那么做的，我十分喜欢你的论述。"克贝回答说。

"好的，那就仔细听我说吧。亲爱的克贝，自打我年轻的时候，就对自然科学这个领域有着特殊的热情。若是能弄清楚每一个生命产生、死亡、维持生命的奥秘，那是多么了不起啊！不过有几个问题让我一直苦苦不得其解。首先，我想不通'生物是如何繁殖的？是不是真的如某些人所说的，由于冷热交替产生了发酵'。其次，我也不懂'我们到底是在用什么的哪个部分思考问题，是血液吗？还是体内的空气或者火，或者说大脑才是我们视觉、听觉、嗅觉的源泉'。而且也不能理解'我们有了这些感官之后，才接受了信息产生了记忆，然后被确定加工成了知识'。然后我又对这些机能是如何丧失的进行了研究，也探讨了宇宙里和地球上的各种现象。最后，我竟然发现自己其实非常不适合研究这些问题，具体原因我会接着告诉你的。原本我也和别人一样，觉得自己对很多事物都通晓，可是后来我越深入思考越迷糊，觉得自己以前的观点十分可笑，特别是有关人成长的问题。我以前认为人的成长是因为吃进了食物，然后食物里的肉会累积到身体的肉上，骨头则会累积到身体的骨头上去，其他的物质也以此类推，它们的体积逐渐由小变大，于是我们的身体就从小个子长成了大个子。你觉得，我曾经的观点是否有道理呢？"

"我觉得很有道理呢！"克贝回答说。

"当时我也那么觉得，于是有了进一步的思考。那时，当我看到两个身高有差距的人站在一起时，我就会自然想到，高的那个比矮的那个高出了一个头；看到其他体积有差别的生物站在一起时我也会有同样的想法。因为'十比八多了二，所以十比八大'，'两尺又比一尺长，因为两尺比一尺长了一尺'。这些都是显而易见的，不是吗？

"哎呀，我发誓，我现在再也不会去绞尽脑汁对这类事情追根溯源、探求究竟了。甚至连自己都不能让自己信服，比如一加一的时候是前一个一变成二还是后一个一变成二，或者都变成了二。我很难相信，当它们分开时，两个竟然都不是二，而是一。它们等于二仅仅是因为相加在一起。我现在也不能理解除法的规则，除以一就变成了二，原因恰恰和相加相反，前者是合并，后者是分离。我现在不能说我了解了什么是合二为一，因为依照这个逻辑来想问题，我是无法明白为什么有生死和存在的，也想不清任何问题。最终，我完全舍弃了这种思维方式，并形成了自己的全新而独到的思维方式。

"可是，有一次我听到有个人说阿那克萨戈拉写过一本书，他在书中写道：'天心是世界万物产生发展的原因，正是由于天心的存在，才有了天地间的秩序。'这一说法让我如获至宝，在进行了深刻的思考和推理后，不知道是为什么，我觉得'天心应该是世界万物的起源'这一说法似乎是正确的；如果天心真的是万物之源，那么秩序也属于万物，秩序也是由天心产生，在秩序产生之后，再将其他万物对应放入所谓的秩序之中。因此，如果有人想弄清'某一特定东西为何生、为何死或者为何存在'的原因，那么他就需要找到对这一东西的生死和存在能产生最好的影响的因素。如果真是这样的话，无论一个人是对他本身还是本身以外的其他实物，需要思考的唯一一件事就是什么是最美好、最高尚的善。这是在明白与其属于一个体系之中的，什么是比最好、最高的善次之的善，即所谓的次善为前提。

"另外非常惊喜的是，这些思考使我能够大胆地进行猜想，领略过阿那克萨戈拉的思想后，我认为自己发现了能对事物因果关系的存在进行解释的权威思想。在刚刚接触其理论学说时，我猜想：首先，他会从地球的形状说起，比如是扁平的还是圆的，会依次阐述地球形状的原因和逻辑上的必然性，以及地球形状之所以如此的合理性和优越性。其次，如果他提出‘地球中心说’，即地球处在中心位置，那么他一定会说明为什么地球在中心比较好，如果以上他都解释说明了，并且说得很有道理，我就不用再试着去寻找其他解释了。根据相同的思路和理解，关于太阳、月亮和其他天体的相对速度、运行轨迹，以及与之相关的所有现象的存在的合理性解释我同样认为是对的。出乎意料的是，阿那克萨戈拉除了主张以‘天心产生秩序’来解释它们处在最合理即最好的状态之外，又提供了其他的解释。我觉得，仅仅通过赋予一个现象一个解释，以及赋予一个宇宙一个解释，就能够清楚地解释‘每种现象最后的情况’和什么是普遍的善。我不会在获得一个希望之后因为吝啬金钱而放弃它。我想尽快买到并且拜读这部不朽的著作，这样就可以在最短的时间内明白什么是至善和次善了。

"我的朋友，在我带着这个美好设想拜读这本书的时候发现，令人失望的是，作者没有将关于‘天心’的理论贯彻书中，也没有运用世界秩序的因果关系继续说明，只是另外举出一些虚无的东西当作原因，比如空气、以太和水等。这种前后不一的表现让我很不高兴。为了说明‘天心是苏格拉底的行为的根本原因’，他举出如下例子，如我现在为什么会躺在这里，是因为我具有坚硬的骨头、灵活的关节、能自由收缩的肌肉和起着保护支撑作用的皮肤，这些部分一起组成了我身体的一部分，因此我才能走来并躺在这里。而当让其解释我与你们交谈的行为原因时，他又举出声音、空气、听觉及成千上万的其他原因来做类似的说明，却忽略回避了真正的原因。雅典认为判我死刑是对的，我却认为我坐在这里是对的。我觉得坐在这里比接受雅典所命令的其他惩罚更好。如果我认为偷偷逃走更好，就不会因为肌肉和骨头的存在还留在这里，相反则会逃到麦拉加或波埃提亚周边地区了。但是，这些东西并不是真正的原因，充其量不过是我运动的必要条件罢了，因为如果不是我选择要做这样的动作，即使我有这些骨头、肌肉，它们也不会主动做出这些行为。我想这大概就是人们经常犯的错误，他们无法分辨'事物的原因'和'构成原因的必要条件'，而'天心'就是他们对后者的称呼之一。再举个例子，人们对地球的看法也是莫衷一是，有的人认为地球固定在天空中的某一点，有个不停旋转的涡流环绕着它；有的人则认为地球被一个空气柱托了起来，就像一个浅口盘子一样被顶了起来。但是他们都没有仔细想过，什么才是让万物在任何时间都在各自轨道上运行的真正动力，他们只在自然物质中寻找，但是常常一无所获，或是只能收获谬误。他们甚至幻想有天能找到比阿特拉斯[1]神更巨大、永恒、持久的神，从而来解决这一问题所带来的困扰。让人惋惜的是，没有人想过是超自然的善或道德责任给予一切以规范，让万物并行不悖。我从来没有从谁身上学到这种对于原因的解释的方法，于是我只能自己尝试着用一种方法进行实践，不知你愿不愿意让我给你做个示范，克贝？"

"我真的非常愿意。"

"从此之后，"苏格拉底说，"在我因为对自然科学的探索而变得力不从心的时候，我突然有了这样一个想法，我一定要防范近似于人们在观察、探究日食时会遇到的危险；有时候，如果他们不在水之类的中介物质中对日食进行观察，他们极有可能使自己的眼睛受到伤害。我意识到跟这差不多的事情会降临到我的头上，因此，我十分恐惧，当我亲眼对对象进行观察，并试图用自身的各种感官来对其进行了解的时候，我的灵魂极有

---

1 阿特拉斯：或译亚特拉斯（希腊语：Ἄτλας），是希腊神话里的擎天神，属于提坦神族。他被宙斯降罪用双肩支撑苍天。传说中，北非国王是阿特拉斯的后人。

可能被刺瞎。因此，我决定寻求理论的协助，并尝试使用理论来穷尽事物的本来面目。可能我举的例子很不合适，这是由于我坚决否认，一个仅凭理论进行的调研，能够比一个谨遵事实进行的调研产生更多惟妙惟肖的比喻。但是，无论如何，我确实是这样开头的，在每一种情形中，我的当务之急就是确认我认为最可靠的理论，接下来，所有与之相符的事物——无论是与原因有关或是与别的任何因素有关——我便假设这个事物是真实的，而所有与之不相符的事物，我便假设这个事物是虚假的。但是，我应当更详细地将我的想法解释给你听，因为我觉得目前你还无法理解。"

"我确实无法理解，"克贝说，"我一点儿都不理解。"

"好，"苏格拉底说，"我是这样认为的，并没有什么新的观点。实际上，我常常将它挂在嘴边，无时无刻不在说它，尤其是略早于我们这场讨论的时候。在我试图将我自创的因果理论解释给你们听的时候，我提出这样一个意见——请你们把自己耳熟能详的我的一些原则看作一个新的起点——即，我假设美、善、伟大及别的一切类似品格的存在。假如我的设想被你们所接受，并且相信这些品格是真实的，我期待借由它们的协助，将因果理论解释给你听，并寻得灵魂不灭的证据。"

"我肯定不会否认，"克贝说，"不要再浪费时间了，赶紧把你的论断说出来吧。"

"这样的话，请你进一步考虑一下你是不是认同我的建议。我认为超出绝对美范畴的事物也能体现出美的原因，是由于它同时也拥有绝对美，而不是由于别的缘由。你认同我这样的见解吗？"

"我当然接受。"

"很好，这就是我意识里的边界，对于这种玄妙的因果理论，我没有办法理解。假如某个人对我说，一个客观事物美丽的原因，是由于它有绚丽的色彩、多样的形状，或是别的一切特性，对于这样的阐述我向来都是置之不理的——在我看来，它们相当混杂——但我却诚恳地、坦率地，并且毫不怀疑地认同如下阐述：一个客观事物之所以美丽，是由于在它之中显示出了绝对美，或是由于它和绝对美有所联系（无论是因何产生联系的）。我不是盲目相信明确的细节，我唯一相信的是如下事实：是绝对美使事物变得美。我认为没有人能做出比这还要稳妥的回答了，并且我坚信，只要我一直笃信这个答案，我将战无不胜；对所有人而言，以'是绝对美使事物变得美'作答是稳妥的。你是否认同？"

"是，我认同。"

"如此看来，大的事物为何大和大一点的事物为何大一点的根本原因，是由于它们具备大的属性，而小一点的事物为何会小一点，是由于它们具备小的属性。"

"是这样的。"

"因此，对于'甲比乙高很多，乙比甲矮很多的观点'，你会跟我一样不承认如下的说法：很显然的，任何事物比另一个事物高的理由，是因为高的属性，即由于高的属性的存在；任何事物比另一个事物矮的原因，也很显然，是因为矮的属性，即，由于矮的属性的原因。我估计你会恐惧，假如你说'某人比另一个人高很多'，你可能碰到一个逻辑上相反的结果：第一，高个高、矮个矮，全是因为一样的东西；第二，高个高出一个头，但一个头是很矮的物体，并且，高个高的原因，恰恰是因为一个矮的物体，这难道不是很难自圆其说吗？"

克贝笑答："这的确很难说得通。"

"此后你会怯于说出，'十比八多二'或是'十比八多是因为二'，你会说'十之所以比八多是因为，或者是由于，十是一个相对较大的数字'。并且你也会怯于说，'四尺比二尺的长度多一半'，你会说'四尺长一些是因为它是较大的尺寸'——因为这跟刚刚所举的例子同样凶险。"

"的确如你所说。"

"如果我们接下来把一添加到一之上，你一定不愿说，我们之所以得到二是因为'加'，或是在进行除的运算时，说我们之所以能得出结论是因为'除'。你会高声宣布，除具备自身适用的普遍性的事实外，你几乎不知道还有任何别的方法是一个特定的客观事物之所以产生的原因；但在我所举的例子中，只有'分有对偶性'才是你所能够接受的二产生二的原因。一切变成二的事物，一定要分有对偶性；一切变成一的事物，也都一定要分有单位元素。你不会对这些除法、加法，或是别的相似的细节进行考虑，而是会将这些任务交给比你睿智的人，让他们引入他们的阐释之中，而你却如俗话中所说的那样，因噎废食，并且缺乏经验，因此会紧抓住你认为可靠的假设不放手，然后墨守成规地进行回答。一旦有人抓住那个假设不放手，你则会置之不理、默不作声，一直到你可以思考出源自于假的结果是不是互相符合为止。当你无法逃避对该假设本身的证实时，你会采取相同的应对手段，思索一切基础性更强、更能吸引你的假设，直到你寻得一个使自己满意的结果。假如你希望寻得真理的任何一个部分，你就不会和那两个火力全开的批评家中的任何一个人一样，仅凭对原则及其后果的讨论就将二者混为一谈。也许他们对那样的课题提不起丝毫的兴趣，因为他们沉溺在自我陶醉中无法自拔，甚至不惜为此打乱所有别的事物。但是我猜测，假如你是一位哲人，你一定会遵循我所描绘的程序行事。"

"你说得一点都没错。"西米亚斯和克贝起身说道。

厄："斐多，我并没有感到诧异，这一点我可以对你保证。我认为，就算是对一个并不聪明的人而言，苏格拉底也已然将他的观点表述得十分明确了。"

斐："厄刻克拉底，显然当时在场的所有人都有同感。"

厄："毋庸置疑，因为即使是我这种并未身处当场并且是初次听闻这段言论的人也深有同感。但是，讨论是如何继续进行下去的？'

斐："我认为，在苏格拉底清晰明了地阐明了自己的观点，而我们也认同这个世界上有各种各样的'相'，并且很多事物能够用'相'进行准确地描述的原因，是由于那些事物拥有了'相'之后，他继续问：'既然你赞同这个观点，我觉得，在你说西米亚斯比苏格拉底高，但是他比斐多矮的时候，你指的是否是，那一瞬间里，在西米亚斯的身上同时具备了高与矮两种属性？'

"的确，我正有此意。'

"但是，仅就表述形式而言，'西米亚斯比苏格拉底高大'这一叙述是否真实？他是西米亚斯并不是肯定其相对高大的真正原因，他所偶然具备的身高才是真正原因。反过来说，他之所以比苏格拉底高大，并非由于苏格拉底是苏格拉底，而是由于相对于西米亚斯所拥有的身高而言，苏格拉底具备矮的属性。"

"对的。"

"关于西米亚斯比斐多矮，并非由于斐多是斐多，而是相较于西米亚斯拥有矮的属性而言，斐多拥有高的属性。"

"就是这样的。"

"因此，这就是为何在描述中西米亚斯既矮又高，因为他位于两者中间，其矮的属性被另一个人的高的属性超越。换个角度说，相较于另一个人矮的属性，他保持了自身高的属性的优势。"他又笑着说，"我好像是在助长一种装腔作势的风气，但是，我说的一定是事实。"

西米亚斯完全赞同。

"我之所以这样说的原因是我希望你们能够共享我的看法。我认为高的'相'不但自身肯定地反对既高又矮，并且在我们的身体里高的属性也绝不会容忍矮的属性，并且绝不会接受被超越。如下两种行为它会择其一而为之：当与之相对的矮的属性靠近它的时候，它会忍让并后退，否则就会在对立的一方到达之后，它已然不复存在。它不可能和我一样稳住自己的立足点并包容矮的属性。假如它可以，它就会改变自己之前的模样，可是我，绝不会因为接纳了矮的属性，便变得和以前面目全非。我还是我，只不过稍稍矮了一些，但是我具备的高的属性却不能容忍矮而不去为高打气。相同的，我们身体里具备的矮的属性也会对变成高产生抗拒。别的所有属性，也不会在维持其现状的同时又转变为与之相对立的属性；如果碰到那种情况，它不是退让，就是毁灭。"

"我十分赞同你的观点。"克贝说。

此时此刻，我们中的某个人——我记不清他是谁了——说："注意，在我们之前的探讨中，我们不是对与你现在所言恰恰相反的观点（大来自小中，小来自大中，与此同时，相反的属性由对立面而来）表示过赞同吗？现在的情况好像表明我们之前的观点是错误的了。"

苏格拉底将目光停留在那个人身上，说："你很有勇气，因为你勾起了我的回忆，但是你并未理解我们现在的讨论与我们之前的讨论之间有何不同。之前我们讨论的是，相对立的事物源自于相对立的事物，而当下我们所讨论的是，相对立的事物绝不会转变为其对立面——我们体内的对立面不会，世上的一切对立面也不会。我的朋友，之前我们讨论的是具备相对立属性的客观实体，同时以属性的名称来给它们命名，但是当下我们讨论的是属性本身，正是由于它存在于客观实体之中，客观实体才能因此得名，而其名称正是来源于这些属性。我们认为对立面根本不会容忍对立面之间存在互相转化的可能。"他边说边将目光投向克贝，"克贝，我猜对于他所说的话，你没有什么好担心的吧？"

"这回我没有什么好担心的，"克贝说，"虽然还有许多别的事物让我感到不安。"

"因此，你都认同对立面绝不会变成其自身的对立面这一公理，是吗？"

"完全赞同。"

"接下来我们继续思考，看看你是否认同。你承认热和冷的存在么？"

"嗯，当然承认。"

"你觉得它们跟雪和火有什么不同吗？"

"当然有。"

"热和火及冷与雪完全不同？"

"当然。"

"但是我猜测，按照我们先前所说，你会赞同，就其现状而言，雪绝不会包容热并且依旧保持着雪的状态（一如既往，仅仅是受到了加热）。当热靠近雪的时候，要是雪不想消亡，除了后退，它别无选择。"

"确实如此。"

"并且，当寒冷靠近时，火如果不想熄灭，也只能退却。它也绝不会勇敢到可以包容寒冷并且依旧保持着火的状态（一如既往，仅仅是受到了寒冷）。"

"所言非虚。"

　　"因此我们发现，在一些情况下，比如刚刚所举的这些事例中，'相'的名称并非只运用在'相'本身，同时对于其他的一些事物也适用（并非'相'，但是具备能够被辨别的特征）。但是，下面这个例子似乎可以将我的观点表述得更加清楚明了。奇数是否必须一直用我现在对它的这个称呼命名？"

　　"是的。"

　　"这便是问题所在了：从这个角度看，它是一个特例吗？或是除去奇数，还有其他的事物（与奇数不同），在我们使用它原名的同时还常常一定要将'奇'这个字眼儿冠在它身上，因为其实质就是绝不失去'奇'？我会以数字三为例来向你阐明我的观点（别的数字也可以，姑且先以三为例吧）。你是否感到'三'除了必须常常使用它自身的名称之外，还要被冠以'奇'之名，即使'三'和'奇'并不完全相同？三、五和一切相隔的整数，任何一个都是固定的奇，即使它跟奇数并不完全相同。同样的，二、四和一切在另一个序列中的数字和'偶'也并不完全相同，但是它们中的任何一个数都永远具有'偶'的属性。你是否认同？"

　　"我当然认同。"

　　"好的，请格外留心我接下来要说出的论点。已经很明了，对立面自身并不相容，但是似乎一切事物（即使本身不是对立面，但时常有对立面包含其中）都不接受和它们体内的'相'相对立的'相'，并且在对立的'相'靠近之时，该事物不是消亡就是退却。我们一定要说明，'三'绝不会在它依然是'三'的情况下变成偶数，哪怕会面临死亡或是别的任何可怕的后果。"

　　"是这样的。"克贝说。

　　"但是'二'跟'三'，绝不是相对立的。"

"嗯，二者并不对立。"

"因此，不只相对立的'相'不能相互靠近，有很多东西都不可以接受对立面的靠近。"

"你所言非虚。"

"要是可以的话，我们是否需要对它们划定范围，以明确它们究竟是什么？"

"肯定的。"

"这样的话，克贝，你觉得可以用如下语言来对它们进行界定吗？——某种具备它们的'相'的事物逼迫它们使用别的'相'，并时常使用某些与别的相对立的事物的'相'。"

"此话怎讲？"

"这与我刚刚说的话有异曲同工之妙。我希望你明白，在三的'相'具备任意一个集合的客观实体之时，它会逼迫它们变成'奇'与'三'。"

"那是当然。"

"并且在我看来，和拥有这一属性的'相'相对立的'相'，绝不会加入这样一个集合。"

"是的，绝不会这样。"

"只有奇的'相'才会产生这样的作用吗？"

"是的。"

"因此，该'相'的对立'相'是偶喽？"

"是的。"

"因此，偶的'相'绝不会加入三的'相'？"

"是的，绝不会。"

"或者我们可以这样说，'三'与'偶'不可能相互包容。"

"正是如此。"

"因此数字三是奇数？"

"是这样的。"

"我刚刚提议让我们对如下所述进行划分：即使它们并不是自身与一个特殊的对立面相对应，但是它们却不接受这样的对立面；以当前的例子而言，虽然三与偶并不对立，但是它也无法包容偶，这是由于三一直与偶的对立面为伍，并且二和奇、火和冷，乃至于许多别的事物，也都是这样的。既然这样，你是否可以接受如下的定义：一个对立面不但不包容其自身的对立面，也不包容与之为伍的'相'的一切（它能够碰上的）对立面。我将要唤醒你的记忆，反复聆听一件事会有好处的。五不可能包容偶的'相'，五的两倍——十，同样不可能包容奇的'相'。偶数倍具有其自身的对立面，但是同一时刻它也不可能包容奇的'相'。一点五倍或是别的分数，比如零点五或是零点七五之类的倍数，也不可能包容整数的'相'。我认为你可以跟得上我的思维，并且你会赞同我的说法。"

"我跟得上并且我十分赞同。"克贝说。

"那么请你在我的引导下快速重温一下我们的观点，并且不要使用明确的语句给出答案，你所需要做的就是仿照我的例子依样画葫芦。我之所以这么说是由于除去我最初所说的'稳妥的答案'，我从我们刚刚讨论所得到的结论中又看出了另一个稳妥的办法。假如，我们可以这样说，你对我提问：'想要身体保持热的状态，身体中必须有什么？'我不会回答'必须有热量'，即使这个回答稳妥而又充满技巧，但我会依据我们探讨的结论，给出一个在理性层面上引人入胜的回答——必须有火。假如你问：'如果身体被疾病困扰，身体中必须有什么存在呢？'我不会简单地回答是疾病，我会给出发烧的答案。以此类推，假如你提出'要让一个数字变成奇，该数字一定要包含怎样的因素呢？'的问题，我会给出单位元素的答案，而不会说是奇性。相似的例子还有很多，这下你已经完全理解我希望你去做的事情了吧？"

"我完全领会了。"

"既然如此，请告诉我，如果想要人体保持存活，那么人体里一定要有什么？"

"灵魂。"

"总是这样的吗？"

"嗯，是的。"

"因此，当灵魂占据身体的时候，生命常常会随之而来吗？"

"是的，生命会随之而来。"

"生命是否有对立面？"

"当然有。"

"那究竟是什么呢？"

"是死亡。"

"根据我们之前得出的结论，这样说来，灵魂绝不会接纳伴随着灵魂而来的事物的对立面了？"

"当然不会。"克贝答道。

"很好，还记得之前我们是怎么为不接纳偶数的'相'命名的吗？"

"叫非偶数。"

"对于不接纳正义或者文化的事物，我们是怎么称呼的？"

"我们称前者为不义，称后者为没文化。"

"很好，那么我们怎么称呼那个不接纳死亡的事物呢？"

"叫作永生。"

"灵魂不会接纳死亡？"

"绝不会接纳。"

"因此灵魂是永生的？"

"的确，它获得了永生。"

"很好，"苏格拉底说，"你觉得，我们能否说那一点已然得到证实了？"

"苏格拉底，它已经得到全面的证实了。"

"克贝，还有这样一个问题横亘在你的面前。假如奇数不会腐朽，以此类推，三是否也一定不会腐朽呢？"

"很显然。"

"接下来，我们以此类推，假如不热的事物不会腐朽，因此，当你对雪施加热量的时候，雪能在维持原状和不消融的情况下退却吗？它既不会消亡，也不会对热的作用坐以待毙。"

"确实如此。"

"同样的，我猜测，假如不冷的事物不会腐朽，那么，当任何一个冷的事物靠近火的时候，火绝不会熄灭或是消亡；它会退让，并在毫发无损的情况下逃离。"

"嗯，一定是那样的。"

"对于永生的事物，我们也一定要给出相同的结论。假如永生与不腐朽可以画等号，那么，当死亡降临的时候，灵魂不会就这么甘愿死去。根据我们刚刚的结论推断，灵魂绝不会接纳死亡或是甘愿死去。正如我们所言，三绝不会变成偶数，奇数也不会变成偶数；火绝不会变成冷，火里所包含的热也不可能变成冷。'然而，'可能会有人提出异议，'（与我们达成的共识一样）如果偶数不断临近，奇数既然不会变为偶数，它为何不停止存在，并让一些偶数类的事物取而代之？'在对该问题做出回答的时候，我们无法坚持'奇数无法停止存在'——理由是，非偶数的事物并非不会腐朽，奇数和三会退却并且逃离。我们是否也能够在火、热和所有与之相似的事物的疑问上一样坚信不疑？"

"当然可以。"

"因此，对于永生而言，假如我们赞成永生同样不会腐朽，那么，灵魂即永生的、不会腐朽的。否则我们就要提出别的论点了。"

"就这方面而言，我认为我们并无必要，"克贝说，"假如永生、恒常的事物不能免于毁灭，要想出别的能够做到这一点的事物就显得十分困难了。"

"我认为没有人会不承认，"苏格拉底接着说，"无论如何，主神、生命的'相'或者一切永生的事物，都绝不会停止存在。"

"确实是这样的，没有人会不承认，并且，我以为，哪怕是主神，也会表示认同。"

"因为永生即无法毁灭，因此，假如灵魂真的是永生的，那么它一定也是无法毁灭的。"

"肯定是这样的。"

"因此，当死亡逼近一个人的时候，他包含生命的那部分死去了，但是永生不灭的部分却在死亡逼近的时候退却了、逃离了，毫发无损，并且无法被毁灭。"

"事实显然是这样的。"

"既然如此，那么，克贝，'灵魂是永生不灭的，并且我们的灵魂一定会存在于另一个世界里'是不会有错的了？"

"苏格拉底，"克贝说，"在我看来，我确信你的论点是正确的，我也没有什么好批评的。但是，假如西米亚斯或是别的任何人想要做出任何批评的话，他最好不要说出来。这是由于，假如有什么人希望对这个主题发表更多言论或是进一步聆听的话，我无法看出他还能在什么样的场合下继续下去。"

"实际上，"西米亚斯说，"到目前为止，按照你们的说法，我已经没有任何疑惑了。但是，这个题目是如此的宽泛，而我又对我们软弱的人性给出了极低的评价，我依旧会产生不自觉的焦虑。"

"这十分合理，西米亚斯。"苏格拉底说，"并且，就算你已经认同了我们之前提出的设想，它们依旧需要更为准确的考量。假如你与你的友人们严谨地验证这些设想，我相信只要你们的心灵可以触碰得到，你们一定会找寻到事情的本来面目；假如你们确定自己已经发现了事情的本来面目，你们便不需要深究了。"

"这话没错。"西米亚斯说。

"但是，各位，"苏格拉底说，"你们还应当关注另外一方面。假如灵魂是永生的，那么，除了我们活着的时候它需要我们的照顾，别的时间段它也需要我们关心；如今看来，假如忽视了这一方面，情况会变得十分凶险。假如死亡是一种全面的解脱，那么，对于穷凶极恶的人来说，这无疑是一个极大的福音，因为一旦死去，他们不但获得了身体上的解脱，而且也使得灵魂从他们自身的邪恶之中解脱出来。因为灵魂就其现状而言，显然是永生的，如果它不能变得尽善尽美，它一定没有办法避开邪恶，求得安全。这是由于除了自身的教养与训练外，在步入另一个世界之时，灵魂不会携带别的任何东西；并且，有人对我们说，对于一个刚刚离开现实世界并步入另一个世界的人来说，教养与训练是至关重要的。

"有传言说，所有人去世的时候，监管他一辈子的守护精灵都会试图指引他去往一个所有死人都必须去的集合处。守护精灵会举出几个与他们相关的案例以便对其一生做出裁决，然后出发进入另一个世界，但是一定要由一个职责是将灵魂护送到另一个世界的官员指引。当这一切按部就班地完成，他们依照要求留下之后，会有另外一个官员在过了很长一段时间之后再引导他们回来。

"这段旅行显然不会像忒勒福斯[1]所描绘的那样。忒勒福斯说：'有一条路一直通向地狱。'但是我确信这路并不笔直，而且也不止一条。假如它是笔直前行的，则无须官员的指引，而且也没有人会在仅有的一条道路上迷失方向。实际上，以世上的一些形式和习惯作为判断的依据，路上一定布满岔路或十字路口。

"那个富有智慧和修养的灵魂，会跟随着向导进入下一个世界，这样就不会对周围的环境感到太陌生。但是相反，那个因为和肉体过分融合、受到玷污的灵魂，则不会顺利地去到下一个世界，它会眷恋不舍地徘徊在尸体附近，久久不得安息，最终被特定的守护精灵强行从人间带走。但是等它进入下一个世界的时候，也不会受到其他灵魂的欢迎，因为大家都知道这是一个肮脏而罪恶的灵魂，双手沾满了鲜血，都会刻意地回避、排斥它。在它又经历一番孤独凄怆的游荡之后，才会被带去适合安置它的地方。但是在那里，生前善良正直的灵魂则会受到礼遇，主神会陪伴与指引它，给每一个善良的灵魂都安排一个好的安身之所。那可能就是地球上某个不为我们所知晓的神奇区域，因为连我们的地理学家都对地球的了解十分匮乏，提出关于地球本质和体积的猜想也难以找到依据。"

"苏格拉底，地球的神奇区域是怎样的？"西米亚斯说，"我知道很多关于我们这个地球的理论，却没有听过你这个版本的，跟我解释下吧。"

1　忒勒福斯（Telephus）：赫拉克勒斯与奥革（Auge）之子。

"哎呀，西米亚斯，你真的没听说过吗？我觉得不需要格劳科斯[1]从专业角度来解释这些神奇的区域，而且，如果要证明我说的神奇的区域确实存在，估计格劳科斯也很难做到。就算我知道如何来解释这些神奇的区域，我觉得我需要耗费的时间绝对比我的生命还要长。就算这样，我也必须告诉你我相信这样一个神奇的区域确实存在。"

"嗯，"西米亚斯说，"这样说也没错。"

"那么，我相信如下的内容，"苏格拉底说，"第一，地球如果是球形的，并且位于天空中间，那么它就不会坠落，而且不需要其他力量来支撑——天空的平衡性和它本身的平衡就足够防止它坠落。所有物体在平衡的状态下，在平衡一致的环境里，就不会向任何一个方向偏离，因为有平衡的力量，就会保持平衡悬浮的状态。这是我相信的第一点。"

"这也是真理啊。"西米亚斯说。

"第二，"苏格拉底说，"我相信地球是很大的，我们居住在费西斯（Phasis）河和赫丘利之间，这只占了地球很小很小的一部分。我们居住的四周都是海洋，就像蚂蚁和青蛙居住在池塘周围一样；地球上还有很多其他的人跟我们一样居住在这里。地球表面到处都是低洼之地，这些地方聚集着水、雾和空气，但是地球本身其实是处于到处是星星的宇宙之中（专家们称之为以太），与宇宙一样纯净。水、雾和空气是宇宙里的杂质，它们不断积累到地球的低洼之处。我们表面上不知道我们是居住在地球的低洼之处，我们自以为我们生活在地球表面。就如同当人们生活在大海深处时，他们也会觉得自己生活在地球表面，他们看到的太阳其实是通过海水映照

---

1 格劳科斯（Glaucus）：古希腊神话中一位鱼尾人身的海神。在古罗马诗人奥维德的《变形记》中，格劳科斯原本是一个年轻的凡人渔夫，他在打鱼时发现岸边一种神秘的药草能让鱼起死回生。好奇之下，他吞食了这种药草，醒来后就变成了鱼尾人身，大洋之神俄刻阿诺斯和海后忒提斯就把他迎入海神之列。

下来的，或许他们觉得海就是天空。如果他们又懒惰，从来没有到过海面，从来不曾想过把头探出海面，亲眼看看我们周围的世界（也不曾想过要听听看过这个世界的人怎么描述这个世界），那他们就不会知道我们周围的世界比他们深海里的世界要纯洁和美好得多。其实我们何尝不是跟他们一样，我们也是住在地球的低洼之地，也像井底之蛙一样自以为自己生活在地表，把空气当作地球移动时所经过的天空。另外，我们太软弱也太懒惰了，没有穿越空气，跑到地球的表面去。当人们插上翅膀，飞去地球的表面，把头伸出来看到宇宙时，就跟鱼跳出海面一样。如果一个人本来的能力可以让他看到真正的天空，他会知道那才是真正的天空、真正的地球。我们所居住的地球已经不是原来的样子，它的一草一木都被我们毁坏、腐蚀，就如同海水能腐蚀海里的东西一样，海里没有让人看得上眼的植物，也没有完整无缺的岩石，只有低洼及沙石和烂泥。从我们的标准来评断这些事物，它们没有一个能让我们认为是美丽而完美的。但是在宇宙里的东西，相比于我们所认识的世间的东西，是优越很多的。西米亚斯，如果现在这个时机适合做假设性的描述，那么你听我说这些关于宇宙的事情是很值得的。"

"是啊，确实是这样的，苏格拉底。"西米亚斯说，"对我们这些凡夫俗子来说，能听一听这些关于宇宙的深刻道理也是令人欣喜的。"

"好的，我亲爱的朋友，"苏格拉底说，"从宇宙中来看，我们的地球（像我们平时看到的球一样）是由十二片皮包裹起来的。每一片皮都有不同的颜色，这些颜色都是我们不曾见过的，艺术家所用的颜料跟这些颜色相比，简直就是小巫见大巫。这十二片彩色的皮的颜色比艺术家所用的颜料要更鲜亮、更纯粹。有的是美丽而奇妙的淡紫色，而另一部分却是金黄色。白色的部分比我们所知道的白色更亮，其他的颜色也是繁杂而鲜艳

的，完全是你想象不出的美丽动人。地球周围笼罩着空气和水汽，也掺杂
了不同颜色的洼地，五彩斑斓的颜色闪闪发光，绵延不绝。我们地球上的
树、花朵、水果是美丽而匀称的，而从宇宙的角度来看，山和石头都是有
光泽且晶莹透亮的。地球上你所看到的那些珍贵的宝石——碧玉、红宝石、
绿宝石和其余的宝石——都是宇宙里石头的碎片而已。在宇宙里面，所有
的东西都跟珍宝一样宝贵和美丽，甚至比珍宝更好。因为在宇宙里面，石
头处于最自然的状态，没有被损毁，没有被海水侵蚀，不像我们低洼之地
的石头，被堆积物和沉淀物所挤压，沾上了污垢和疾病。其实地球本身不
仅有石头，还有金、银和其他金属夹杂点缀，世界各地到处都是各种各
样的矿石，呈现在人们眼前。如果你能亲眼看到这些矿石，已经是你的
福气了。

　　"地球本身有各式各样的人和动物，他们中的一些人居住在内陆；另
一些人围绕空气而住，跟我们围绕海洋居住是一样的；还有一些是居住在
岛上，由空气包围着。总之，就好像人类是适应海洋的，他们是适应空气
的。我们周围的空气，对于他们来说就像是陆地一样。他们那儿的气候非
常适宜，能让他们远离疾病，生命也比我们更加长久；他们的视力比我们
好、听力比我们好，理解力和感受力也远胜于我们，因为空气比水更加纯
净，以太又比空气纯净。

　　"他们那里也有神和神殿，甚至有教堂；与神相关的神谕、寓言、显
圣都真实地在他们眼前存在，太阳、月亮和星星也是唾手可得；其他我们
望尘莫及的事物对于他们来说也都近在眼前。

　　"我说的这些都是地球本身和它本身所包括的东西。在地球本身的内
部和它的表面，都有许多空的地方，有一些比我们居住的地方深而广，另
外一些比我们居住的地方深却小，也有的浅却很宽。它们都是由或窄或宽

的渠道联系起来的，而流经的洪水又是有冷有热的，怪异又川流不息，夹杂着泥浆、火山熔岩。洪水涌来，这些区域便被淹没了。

"我说的这些回环往复的运动，都是由地球自身内部振荡造成的，而这种振荡的原因我会慢慢跟你阐述。

"地球里有一处低洼之地比别的低洼之地更大些，所以就穿越到了另外一边。荷马说'在我们看不到的很远的地方，有一条最深的峡谷'，说的就是这个地方。在一些时候，荷马和其他一些著名的诗人把这个峡谷叫作塔塔洛斯 [1]。地球上所有的河流最终都流淌到这里，汇进这个峡谷，然后再一直向前；这些河流在流动的过程中都获得了地球的能量。这些河流不断地流动，是因为液体没有它们自己的根据地，所以只能随波逐流，并产生波涛，这样带动它们周围的空气，这些空气掺杂着液体，冲向地球的另一端，然后又折返回来。就如同我们呼吸的过程，呼进呼出，并伴随着可怕的风。当水撤离到低洼之地的时候，地球的河流就会涌来填补这些低洼之地，灌溉这些地方；当水回流，河流也会回流，涌进它们原来的河道和地球自身。当这些水流按照它们自己的路线抵达这些低洼之地的时候，它们就形成了大海、湖泊和喷泉。当河流再次到地球内部的时候，就会到达更远的地方，有些也会在近处，最后所有的河流又回到塔塔洛斯，有的比原先更高，有的比原先低一些，不过它们都会比它们高涨的时候要低一些。河流也会流入不同的位置，有的甚至会流到原先相反的地方，还有的是绕着地球跑了一圈（它们就像是蜿蜒的蛇一样，绕着地球跑了好几圈）。在排水之前，它们都尽可能地让自己往下沉。它们可以选择任何一

1　塔塔洛斯（Tartarus）：是"地狱"的代名词，从混沌（卡俄斯）中诞生，是地狱冥土的本体。是人死后灵魂的归所，用冥河与人间世界连通。神话中哈迪斯成为地狱的代名词（事实上他是冥王）。复仇女神平时居于此，责罚犯下永恒罪孽的人或神。

个方向往下流动，但极限是中心点，无论是哪个方向，最终的结果都是向上的。

"地球上的这些纵横交错的河流中，有四条值得特别强调一番。第一条是最伟大的大洋河[1]，它围绕着地球的最外层，生生不息。与之运行方向相反的是一条名为悲河[2]的河流，悲河流经荒凉之地，从地下穿过，最后汇入目的地——悲湖（Acherusian Lake）。绝大多数的灵魂都会到达这里待上一段时间，时间或长或短，之后就会被送出去投胎为动物。第三条河流叫作火河[3]，顾名思义，这条河流最大的特点就是它的发源地有一大片火焰在熊熊燃烧，形成了比海还要广阔的一片泥浆湖，沸腾的泥浆冲出了一条弯弯曲曲的河道，它渗入地心，在地球里面蜿蜒曲折，路经悲湖，但是它的水不和悲湖混杂，而是各行其道。再往下一点火河就流到塔塔洛斯峡谷。最后一条河最为神秘，它与火河的方向正好相反，源头的情形是另一番景象，那里满眼是毫无生机的铅灰色，让人毛骨悚然，有人把它叫作恨域（Stygian Region）。这里竟然会自然生成一片湖，它叫恨湖[4]。恨湖拥有神秘的力量，并将它赐予了第四条河流，使得这条河恰好与蜿蜒的火河以相反的方向螺旋前行，从不相交。最后与火河隔水相望，同样汇入塔塔洛斯峡

1　大洋河（Oceanus）：十二提坦神的老大，大洋河之神，他是那条环绕着宇宙转动的液体腰带，故而他的结尾也是开端：这条宇宙之河自我组成一个圆圈在转动。他的妻子是他的妹妹忒提斯，他们生了三千海洋女神和几乎世上所有的河流泉水。

2　悲河（Acheron）：古代希腊、罗马神话里所称的地狱里的河流，即冥河，也以此来称呼地狱、冥府。悲河，也称苦恼河，欲入冥界者必先通过此河，想过河的死者必须支付渡资，否则会被冥河摆渡人卡隆无情地抛入河中。据说冥河的水质比重比阳世间的水轻上许多，有"羽沉河"的称号，除非借着冥界的船只，否则人的肉身几乎是不可能渡过的，至于无知的亡灵在冥河水中久久之会为之侵蚀。

3　火河（Pyriphlegethon）：哈迪斯掌管的火河，即地狱火河（传说中冥界五大河之一）。

4　恨湖（Styx）：也称为憎恨河、愤怒之河、守誓之河，提坦神俄刻阿诺斯之女。据说神若是渡过那条河会失去神性，所以常被神用来作为发誓之用。

谷。诗人给这条河流取了个名字，叫作哀鸣河[1]。

"上面就是地球表面及河流交错的大致情形了，每一个刚刚去世的人的灵魂都会被他的专属守护精灵带去一个地方接受审判。这个审判对所有亡灵都是公正的，无论你生前过着怎样的生活。不过，你生前的所作所为会直接决定你灵魂的归所。那些被判定为过得中庸、不好不坏的人，会坐上驶向悲河的船，在悲湖中接受净化，即根据他们生前的行为奖善惩恶，使其得所应得。而被判定为罪无可恕，譬如犯了严重的渎神罪、谋杀罪等类似罪的人，他们则会堕入塔塔洛斯峡谷，永受折磨，不得复生。

"那些被判定为犯了罪，但并不是罪无可恕的人是另一种情况。比如说，有的人一时冲动打了他的父亲或母亲，或是一时冲动杀了人，但是事后直到死前都在忏悔自己的过错，那么，虽然他们死后也被丢进塔塔洛斯峡谷，可是一年之后就有一次逃离的机会。那个时候会有一个大浪打来，杀人犯会被冲到哀鸣河，对父母动粗的人则被冲到火河。漂荡的途中会路过悲湖，此时他们有了一次赎罪的机会，他们拼命地喊叫那些被他们伤过的人的名字，企求原谅，忏悔自己的罪过，如果能得到受害者的原谅，他们就可以离开河，去向湖里，如果失败就只能回去继续过河里的生活。他们未来的命运完全由被害者掌握，这是正义的法官给他们的应有惩罚。

"与之相反的，那些被判定为生前心地善良、高风亮节的人，就会获得赦免，获得自由与解放，他们不会被囚禁于地球的区域，而可以向上去往纯净的国度，在那里幸福地生活。他们之中还有少数被哲学净化过的人，他们脱离了肉体的羁绊，聚居在一起，可以向上去往更加纯净的国度。我难以用言语形容那里的美妙，现在时间也不允许我这么做，不过，你们可

1　哀鸣河（Cocytus）：悲河在希腊北部的支流，是由地狱中服苦役的罪犯的眼泪所形成，所以水面上经常有着听来极为恐怖的哀鸣，因而得此名。

以自行想象。因此，此生我们要竭尽全力追求智慧与善，因为与之对应的奖赏是超乎你们想象的。

"当然了，我描述的灵魂去处的种种场景不可能和事实完全符合，毕竟我还没有真的去过，但是我敢保证和现实是相差无几的。因为如你们所知，我们有充足的证据证明灵魂是永生不灭的。坚守这个信念可以让我信心满满地接受即将到来的命运，死亡也不能叫我害怕。这就是我为什么要向你们如此详尽地解释灵魂的归所的原因。"

苏格拉底接着说："除了坚守灵魂不灭的信念，我还有一个办法可以帮助你们消除对死亡的畏惧。那就是把身体上的快乐和物质享受视作对灵魂有害的东西，远离这些东西，而去追求获得知识的快乐。这就是用真正的内在的灵魂的美——节制、善、勇敢、慷慨、诚实来代替外在的美。不论是西米亚斯、克贝还是其他人，你们将来都会各自走向自己的旅程。而我呢，现在就要踏上这条路，正如一个悲剧人物所说的，'现在已经到了命定的时刻'。我要去洗澡了，我可不想把死后为我洗澡的麻烦事丢给女人们去做。"

克里托说："苏格拉底，你说得很对，我再同意不过了。对于你的孩子和我们，你还有没有什么要嘱咐的？有没有什么心愿希望我们帮你达成？"

"没有什么特别的了，克里托。"苏格拉底说，"如果非要说，那也是我一直叮嘱你们的那些话——关心你自己，认识你自己。只要你们能把我的话记在心里，并且这样做，就是给予我和我的家人最大的幸福了。但是如果你们忽略自己、随波逐流，不按照我给你们指明的道路前行，那么，无论你们此刻向我做多少承诺都是徒劳。"

"我们定会谨遵教诲，你说的我们都将铭记在心。"克里托艰难地忍住悲痛说，"可是，我们该怎么埋葬你呢？"

"随便你，如果你们可以让我不离去，不像一抹烟尘从你们指尖流过最好了。"苏格拉底一边说着，一边文雅地对众人微笑，"你们看，我没法说服克里托，让他相信这里正在说话的人就是苏格拉底。他觉得我现在已经是躺在那里一动不动的尸体了。看来我刚刚费尽口舌描绘的灵魂去处的极乐状态，并没有让克里托获得安慰。请你们帮我向他保证，我死后，灵魂不会留下，而是离开，去向另一个国度，这样他会比较容易接受这个事实，不再把我的肉体死亡当作是一件可怕的事，会为我的离去祈福并感到快乐。相信我，克里托，我说的句句属实，因为说谎对我的灵魂也有损害。所以，你应该振作起来，告诉自己，你将要埋葬的只是苏格拉底的身体，不是他的灵魂，至于那副皮囊，你想怎么埋葬都可以。"

斐：交代完这些，他就起身去另一间屋子洗澡，只让克里托一人服侍，其余的人在原地候着。在等候的这一段时间，我们当中有的人咀嚼回味着苏格拉底说过的话，有的人如大梦初醒般在那强调即将砸在我们头上的厄运：那就是在今后失去苏格拉底的生命里，失去这一个仿佛是我们父亲的人的漫长岁月里，我们都会沦为没有人疼的孤儿！没过一会儿，苏格拉底洗完澡出来，和他的妻子和儿子见面——他有两个年幼的儿子和一个较为年长的儿子。苏格拉底只是简单交代了一下遗愿，便让妻子带着他们离开了。

时近黄昏，刚刚沐浴完毕的苏格拉底周身还氤氲着淡淡的湿气，他回到我们中间，一如往常坐下来与我们交谈，可是没过几分钟，一个人的到来让这交谈不得不中止。"苏格拉底，"狱卒的到来让在座的人不寒而栗，但是随后他说的话却让人有些意外，"不管别人怎么想，你真的是我遇到的所有人当中人格最无可挑剔的人。虽然我只是执行政府的指令，告诉那些人要喝毒药，可是他们不管，只把我当作夺走他们生命的刽子手，怨恨我、诅咒我。而你，苏格拉底，完全不同，你知道谁是真正该对自己生命负责的人。所以聪明如你，想必也知道我的来意了——再见了，苏格拉底，我衷心希望你能坦然接受这必然发生的一切。"一边说着，他的眼泪夺眶而出，随即转身离开了这里。

苏格拉底抬起头看着狱卒的背影喃喃自语："再见了，我的朋友，我不会让你失望的。"于是，他转过身对我们说："他是多么可爱的一个人啊！我在监狱的这段时间多亏有他经常来看我，还和我讨论问题，帮我解闷。如你们所见，他还是个很有同情心的人，会为了我的离去而洒泪，真是让人感动。现在该我们做些什么了，克里托，去看看毒药准备好了吗？没有的话让那人快点备上。"

"为何那样着急呢，苏格拉底？太阳还没下山呢。"克里托说，"我知道很多人在直到行刑的前一刻还抓紧一分一秒享受美酒、爱人的陪伴，能晚喝一秒毒酒就晚喝一秒。你没有必要赶着去喝啊，我们还有很多时间。"

苏格拉底气定神闲，语气一如既往地平和，仿佛面对的众人都是自己疼爱的小儿子："克里托，你说的那些人我知道，他们对人世的留恋我也可以理解，对他们来说，在人间多逗留一秒就是从死神手上多赢得一秒。但是对他们来说自然而然的事情对我来说可不一定是件美事。晚喝一秒毒药又能为我赢得什么呢？在世间多一秒钟已不能给我任何意义，生命于我已是隔岸的灯火，我若留恋、纠缠，就一点儿也不符合我的风格了。亲爱的，听我的话，别再胡闹了。"

听了苏格拉底的这一席话，克里托也不再说什么了，他向站在身边等候召唤的仆人摆了摆手，那仆人便转身出去了。令人窒息的时间在等待中慢慢蚕食着他们佯装坚强的神经。最终那个仆人还是回来了，带来了大家最不愿意见到的那个人，以及一杯看似普通，却实实在在、满满当当地盛着足以叫人致命的毒药。这时候，打破沉默的是我们的苏格拉底，他亲切地和那人打招呼："伙计，你比我懂这一套程序，说吧，我该怎么做？"

那人对苏格拉底的态度大为惊讶，他的语气反而略不自然了："呃，喝完酒后走几步，感到两腿沉重时你就躺下吧，这时药力就会发作了。"

说罢便把杯子递到苏格拉底面前。我的天，厄刻克拉底，你想象不到一个面对死亡的人竟会如此冷静。苏格拉底毫不迟疑甚至可以说是爽快地接过杯子，仿佛那不是毒药，而是一杯美酒。从他的脸上看不到任何的畏惧，藏在眉毛下的眼睛如往常一般沉稳，他凝视着那人的脸，庄重地问道："请问，我可以洒点这饮料在地上来祭拜我的神吗？"

但是得到的回答却是冰冷无情的："不可以，我们只准备了刚刚好的分量。"

"好吧，那就算了。但是我想我是有权向众神祈祷并祈盼神的庇护的：我希望自己能在另一个世界里得到幸福。好了，我要说的就这么多了。"言毕，苏格拉底将毒药一饮而尽。

听到这里，你大概也跟我们一样无法再克制自己的情绪了，刚刚那种悲鸣已经撞得胸口生疼，而当我们看到苏格拉底确确实实把毒药喝得一滴不剩时，那种悲鸣瞬间不受任何控制，冲向眼睛化作眼泪，冲向嘴巴化作哀号，冲向四肢化作软骨散。我不仅是为苏格拉底的即将离世感到悲痛，更是为即将失去良师益友的自己感到痛心疾首。克里托那小子，比我还没出息，在我崩溃之前就已经跑出去痛哭流涕了。阿波罗多洛，那个从一开始就哭哭啼啼让人不得安宁的家伙，哭声震得我的耳朵都疼了。这个时候，站出来扮演安慰人角色的竟然是苏格拉底，我想再没有比这更安宁、更温和，但也更让我们心酸的声音了："我的朋友们，你们知道的，我把女人支开就是不想看到这一场景啊。你们坚强点、镇定点好吗？就当是为了我好，因为我曾听人说过，每个人都应该以一种安静平和的心情走完最后一程。"

他的这番话让我们顿时惭愧地停止了哭泣。就像那人（带来毒药的那个人）所说的，苏格拉底走了几步，觉得腿变沉了就躺了下来。那人走上前，熟练地用手按压着苏格拉底身上的各个部位，问他是否有感觉，从脚到腿，逐渐上移，并把苏格拉底正在变冷变麻木的消息第一时间告诉了我们。那人还说，药力抵达心脏时苏格拉底就会离开我们了。多希望这一切都不是真的！可是这毕竟不是梦境。

我们来看看苏格拉底给世人留下的最后一句话是什么吧。当寒意侵入腰部，他意识到大限已到，于是缓缓揭开脸上的布，向着空气艰难地吐出最后一句话："克里托，我还欠阿斯克雷皮阿斯一只公鸡，你可千万要记得帮我还了……"

克里托连忙接过老师的话："你放心，我一定照办。还有什么事要嘱咐的吗？"

这一次，克里托耳边的空气没有泛起任何涟漪，他的希望落了空，苏格拉底丝毫没有想要回应的迹象。没过多久，人们看到苏格拉底突然抖了一下，想必是灵魂挣脱肉体的羁绊，朝向永恒的国度而去了。克里托眼里噙着泪，看到布下面，那熟悉的、曾经闪耀着智慧光芒的双眼此刻已然失去光泽。还有什么比这更让人心酸的？于是，他走上前去将苏格拉底的眼睛和嘴巴缓缓合上。但是他同时也感觉到一种复杂的感情——快乐与痛苦奇异地交织在一起，在场的人莫不如此。

到此为止，我们敬爱的苏格拉底的临终情形俱已呈现在你面前，亲爱的厄刻克拉底，不知你现在是何想法？或许和我一样，正在缅怀我们这个时代最勇敢、最智慧、最正直的人，他的谆谆教诲犹在耳畔，他的精神万古长青！